# 最低工資標準對企業行為影響機制研究

李後建 編著

財經錢線

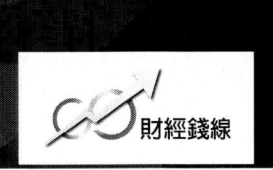

# 前言

　　現代企業作為承擔社會責任的主體之一，它在謀求自身利益最大化的同時，會考慮對社會產生的經濟效益和社會福利。要正確認識並科學管理現代企業，離不開對企業行為的準確把握。政府權力是企業行為的一個外在推動因素，它的存在不同程度上限制或促進了企業的部分行為。其中，最低工資標準是政府部門干預勞動力市場的重要手段之一。最低工資標準是指勞動者在法定工作時間或依法簽訂的勞動合同約定的工作時間內提供了正常勞動的前提下，用人單位依法支付的最低勞動報酬。相對於單個企業而言，最低工資標準的制定是一種外生政策，是企業必須遵守的規定。政府主要通過最低工資制度來保障勞動者權益，進而影響企業行為，從而實現政治目標。而企業必然會在滿足政府要求的同時，採取相應的對策以謀求經濟效益。這意味著雖然企業行為是企業戰略內生決定的，且最低工資標準政策只是一個外在影響因素，但最低工資標準對企業行為的影響是毋庸置疑的。

　　全書由十章組成，第一章對研究背景、研究意義、研究內容和研究方法等相關內容進行了系統描述；第二章對相關理論及現有相關文獻進行了梳理；第三章至第九章從實證的角度探究了最低工資標準對企業不同行為的影響，並相應地提出了政策建議，其中第三章至第六章主要研究企業的生產行為，而第七章至第九章主要研究企業創新行為；第十章對全書進行了總結，並對最低工資標準方面進一步的研究方向進行了展望。本書創新之處如下：第一，探究了最低工資標準對企業行為的影響，揭示了最低工資制度的負外部性；第二，考慮了在面對最低工資標準上浮時不同規模企業的企業行為的差異；第三，強調了國有股權在維護最低工資制度和管理企業行為之間的作用。全書寫作思路清

晰，層次鮮明，重點突出，具有重要的學術價值和應用價值，對指導政府制定最低工資標準相關政策以及企業應對最低工資標準政策均具有理論和實踐意義。

如今，最低工資標準逐步攀升，無形之中增加了企業的雇傭成本，尤其是工資水準低的企業飽受影響。若同行競爭者所在地最低工資標準並無明顯變化，意味著企業競爭壓力會增大。最低工資標準雖然會對企業產生一定的負面衝擊，但也會促進企業轉型升級，提高生產率。基於達爾文主義的適者生存論，外部競爭壓力會驅使企業進行變革和創新。這也符合效率工資理論假說，即工人的勞動生產率與工資率呈正相關，提高最低工資標準有利於提高企業員工生產率。因此，探究最低工資標準對企業行為的影響，無疑對企業發展與市場平衡都具有重要的理論和實踐意義。

限於筆者水準，書中定有不當之處，懇請讀者多提寶貴意見。

李後建

# 目錄

1 緒論 / 1

    1.1 研究背景 / 1

    1.2 研究問題的提出 / 3

    1.3 研究意義 / 3

    1.4 研究範圍 / 5

    1.5 研究內容 / 7

    1.6 研究方法 / 8

    1.7 技術路線圖 / 10

    1.8 創新之處 / 11

2 理論基礎與文獻綜述 / 13

    2.1 理論基礎 / 13

    2.2 文獻綜述 / 15

3 最低工資標準上調對企業應用信息技術的影響 / 21

    3.1 引言 / 21

    3.2 理論和證據 / 23

    3.3 研究設計 / 25

    3.4 實證結果與分析 / 28

    3.5 本章小結 / 40

## 4 最低工資標準如何影響企業雇傭結構 / 42

4.1 引言 / 42

4.2 理論背景與文獻綜述 / 44

4.3 研究設計 / 47

4.4 實證檢驗 / 51

4.5 本章小結 / 60

## 5 最低工資標準如何影響企業產能過剩 / 62

5.1 引言 / 62

5.2 理論和證據 / 64

5.3 計量模型構建與數據來源 / 66

5.4 實證結果及分析 / 69

5.5 本章小結 / 83

## 6 國有股權、最低工資標準與企業在職培訓 / 85

6.1 引言 / 85

6.2 理論基礎與研究假設 / 87

6.3 研究設計 / 90

6.4 實證結果與分析 / 94

6.5 本章小結 / 108

## 7 最低工資標準上調對企業創新的影響 / 110

7.1 引言 / 110

7.2 理論與證據 / 112

7.3 研究設計 / 116

7.4 實證結果與分析 / 119

7.5 本章小結 / 135

## 8 企業規模、最低工資與研發投入 / 137

- 8.1 引言 / 137
- 8.2 理論基礎與研究假設 / 139
- 8.3 研究設計 / 142
- 8.4 實證結果分析 / 148
- 8.5 本章小結 / 156

## 9 國有股權、最低工資標準與企業創新 / 158

- 9.1 引言 / 158
- 9.2 理論基礎與研究假設 / 159
- 9.3 研究設計 / 163
- 9.4 實證結果與分析 / 167
- 9.5 本章小結 / 172

## 10 結論與展望 / 175

- 10.1 結論 / 175
- 10.2 展望 / 177

參考文獻 / 179

後記 / 203

# 1 緒論

## 1.1 研究背景

在西方國家，最低工資制度由來已久，並且體系相對完整。然而，在中國，最低工資標準的立法和實施都相對較晚。1922 年 8 月中國共產黨擬定了《勞動法案大綱》，提出應制定保障勞動者最低工資的相關政策。在第二次國內革命戰爭和抗日戰爭時期，中國共產黨領導下的中央蘇維埃政府制定的《中華蘇維埃共和國勞動法》明確規定要保證勞動者最低限度的工資；1949 年 9 月中國人民政治協商會議第一屆全體會議通過的《中國人民政治協商會議共同綱領》明確規定「人民政府應按照各地企業情況規定最低工資」。然而由於各種原因，上述種種規定一直未能以法律形式貫徹落實。直到 1993 年 11 月 24 日勞動部頒發《勞動部關於印發〈企業最低工資規定〉的通知》（以下簡稱《最低工資規定》），中國才初步形成了最低工資標準的基本法律框架。不過，根據企業最低工資規定，中國並未為全國設定統一的國家最低工資標準，而是將最低工資標準設定和執行的任務下放到地方政府。在中央政府的引導和監督下，每個省級區域都會根據當地的經濟社會條件，如基本的生活支出、平均工資、勞動生產力、失業率等，來設定本地的最低工資水準。因此，這種最低工資標準的制定方式為地方政府在制定最低工資方面提供了較大的自由裁量空間，從而使得最低工資在不同的地區表現出較大的差異性。特別地，最低工資政策規定最低工資標準的調整不得超過每年一次，企業如果違反最低工資政策，那麼將面臨所欠工資 20% 至 100% 的處罰。另外，在計算最低工資時，國家法律、法規以及相關政策規定，加班費、極端工作條件下的補償以及其他非工資性福利等不包含在最低工資標準之中。1994 年 7 月，最低工資政策被正式寫入《中華人民共和國勞動法》。截至 1995 年年底，中國已有 24 個省（市、

區)設定了各自的最低工資水準。截至 2004 年，中國所有的省份都設定了各自的最低工資標準。

2003 年 12 月 30 日，《最低工資規定》正式頒布並取代《企業最低工資規定》。2004 年 3 月 1 日起施行《最低工資規定》。最低工資標準的確定和調整方案由各省、自治區、直轄市人民政府勞動保障行政部門會同同級工會、企業聯合會以及企業家協會研究擬訂，並報經勞動保障部門同意。2011 年修訂的《最低工資規定》擴大了最低工資標準的覆蓋範圍，使得最低工資標準的覆蓋範圍擴大至個體經營者，小時最低工資標準覆蓋至臨時工作者。其次，新修訂的《最低工資規定》強化了最低工資標準的監督與執行，同時也加大了對違反最低工資規定的處罰，使得違反最低工資規定的處罰提高至所欠工資的 1 倍至 5 倍。最低工資標準一般採取月最低工資標準和小時最低工資標準的形式。月最低工資標準適用於全日制就業勞動者，小時最低工資標準適用於非全日制就業勞動者。此外，《最低工資規定》要求當地政府在公報上發布最低工資標準和適用範圍，同時規定，在最低工資標準出現新的調整時，地方政府必須於一週內在當地政府公報和至少一種全地區報紙上予以發布。最低工資標準發布實施後，地方政府可以根據實際情況予以調整，但每年最多調整一次。

近些年來，隨著社會經濟提速發展和跨越發展，各省（市、區）都持續地提高了最低工資的標準。最低工資標準的提升有可能會增加企業的用工成本，從而導致企業必須採取相應的措施來緩解最低工資標準上調所帶來的勞動力成本壓力。然而，在短期內，為了緩解最低工資標準給企業帶來的勞動力成本壓力，企業可以採取的策略較多，包括裁員（裁掉那些年輕的和低技能的工作者）（Neumark et al., 2006；Pereira, 2003；Gindling & Terrell, 2010）、削減員工福利（Acemoglu & Pischke, 2003；Hashimoto, 1982；Neumark & Wascher, 2001；馬雙、甘犁，2013）等。面對諸多可供選擇的應對策略，企業可能並不僅限於選擇某一種應對策略。在通常情況下，企業會根據市場狀況並結合自身的優勢來選擇特定的占優策略組合以應對最低工資標準的上調。毋庸置疑，企業針對最低工資標準上調所採取的應對策略會引發資源在企業間的重新配置，不同的應對策略會對資源配置產生異質性影響，從而影響整體經濟的發展（劉貫春等，2017）。當然，由於中國勞動力市場的各項法律制度並不健全，部分企業出現了違反最低工資規定的情況（葉林祥等，2015）。結合中國的經濟發展狀況，一個自然而然的疑問是：最低工資標準的提升將如何影響企業行為？不同類型的企業將採取何種策略組合來緩解最低工資標準上調帶來的勞動力成本壓力？在經濟轉型的關鍵時期，探究最低工資標準對企業行為的影

響顯得至關重要，它有助於我們深刻理解最低工資標準可能產生的經濟效應，為相關部門制定有效的勞動力市場政策提供一定的參考價值。

## 1.2 研究問題的提出

現實問題與理論問題的交集是本書的研究問題，本數研究問題的提出思路如圖1-1所示。

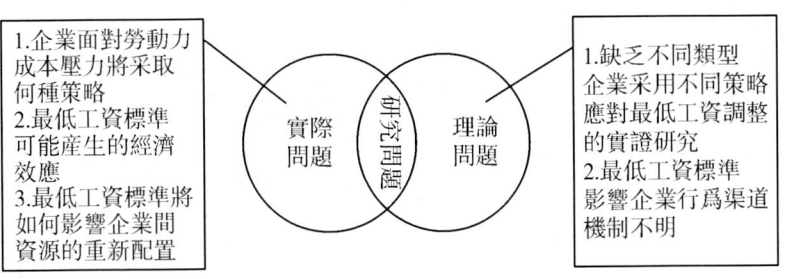

圖1-1 研究問題的提出思路

## 1.3 研究意義

對大多數發展中國家的研究發現，上調最低工資標準會增加被覆蓋部門勞動者的工資，但對就業的影響並不明確。一些研究表明，最低工資標準上調並不會導致失業（Bhorat et al., 2013b; Dinkelman & Ranchhod, 2012; Lemos, 2009），而另一些研究者提供的證據表明最低工資標準上調會導致勞動者覆蓋部門工人失業（Alaniz et al., 2011; Bell, 1997; Bhorat et al., 2014; Comola & Mello, 2011; Fajnzylber, 2001; Gindling & Terrell, 2007; Maloney & Mendez, 2004）。但對於未被覆蓋部門而言，工資的地板效應無法驗證。一些研究者提供的證據表明，最低工資標準上調會導致工人從正式部門轉移至非正式部門（Comola & Mello, 2011; Muravyev & Oshchepkov, 2016）。另一些研究者則發現，對於非覆蓋部門而言，最低工資對就業或工資的影響並不明顯。不過，在這些實證研究中，最令人意外的一個結論是最低工資標準上調有時候會提高未被覆蓋部門勞動者的工資。經濟學家把這一發現稱之為「燈塔效應」。對此，大多數的解釋是，最低工資標準在未被覆蓋的勞動力市場上起著用工計價標準

的作用。

　　另一類研究則評估了最低工資標準對貧困的影響，不過這些研究並未形成一致意見。大多數研究發現最低工資標準上調並沒有或者很少導致失業，而是在某種程度上降低了分配不公的程度（Alaniz et al., 2011；Bird & Manning, 2008；De Janvry & Sadoulet, 1995；Devereux, 2005；Gindling & Terrell, 2010）。不過，另一些研究者則並不提倡實施最低工資政策，這是因為最低工資標準導致的失業成本超過了最低工資標準可能帶來的分配收益。Morley（1995）進一步指出，最低工資標準對貧困的影響取決於最低工資標準上調是否發生在衰退期。如果在經濟衰退期上調最低工資標準，那麼最低工資標準則可能導致貧困率上升；如果在經濟繁榮期上調最低工資標準，那麼最低工資標準有助於降低貧困率。不過還有學者指出，只有當最低工資標準對勞動力市場產生不利影響時，最低工資標準的上調才會導致貧困現象惡化（Arango & Pachón, 2007；Neumark et al., 2006）。

　　作為世界上最大的新型經濟體，中國為我們提供了一個獨特的制度環境來探究發展中國家情境下企業如何應對最低工資標準政策。自1993年引入最低工資標準制度以來，中國就頻繁利用這一政策工具來管制勞動力市場。特別地，隨著中國經濟的繁榮發展，大量的低技能勞動力和農民工湧入私人部門，這對最低工資標準的監督和執行帶來了巨大的挑戰（Shen & Yao, 2008）。在這種情境下，最低工資標準政策帶來的實際影響引起了經濟學家和政策制定者的廣泛興趣。大量的學者探究了中國的最低工資標準對雇傭結構（李後建等，2018）、產能過剩（李後建、王穎，2018）、資源配置（蔣靈多、陸毅，2017；劉貫春等，2017）、企業創新（李後建，2017）、工資（劉柏惠、寇恩惠，2017；孫中偉，2017；劉貫春、張軍，2017）、創業（周廣肅，2017；吳群鋒、蔣為，2016）、就業（馬雙等，2017；任玉霜等，2016；王增文等，2015；鄭適等，2016）、企業出口（趙瑞麗等，2016；馬雙、邱光前，2016）、在職培訓（馬雙、甘犁，2013）、收入分配（張世偉、賈朋，2014；付文林，2014）產生的影響與影響機制。這些研究不僅為後續研究奠定了理論基礎，而且為相關政策的制定提供豐富的經驗證據。然而，遺憾的是，現有的研究並未系統地探究最低工資標準對企業行為的影響。在經濟轉型的關鍵時期，企業作為引領中國經濟發展的主力軍，它們不僅承擔著推動經濟發展的重大任務，而且肩負著驅動中國經濟轉型的艱鉅任務。因此，企業的各種行為通常與中國的經濟命脈緊密相連。探究最低工資標準這種典型的勞動力市場制度對企業行為的影響不僅有助於深化我們對企業行為邏輯的理解和豐富這一類的相關文獻，而且為相

關部門引導企業產生有利於經濟發展大局的行為而制定出科學的政策提供經驗證據和有益參考。

## 1.4 研究範圍

### 1.4.1 最低工資標準

最低工資是指勞動者在法定工作時間內提供正常勞動的前提下，其雇主或用人單位支付的最低金額的勞動報酬，它採取月最低工資標準和小時最低工資標準兩種形式。一般地，最低工資標準包含以下三個部分：①維持勞動者本人最低生活的費用，即對勞動者從事一般勞動時消耗體力和腦力給予補償的生活資料的費用；②勞動者平均贍養人口的最低生活費；③勞動者為滿足一般社會勞動要求而不斷提高勞動標準和專業知識水準所支出的必要費用。

### 1.4.2 企業行為

企業作為社會經濟的基本活動單位，在內在動力結構的驅使下，對來自外部環境的刺激會做出相應的反應。其中，企業內在動力結構表現為企業目標；企業外部環境則表現為影響企業目標實現的外部條件。本章重點分析企業在內部動力和外部約束作用下，追求企業目標和企業利潤的各項經濟活動。本章探討的企業經濟活動主要聚焦於生產行為和創新行為，具體內容包括：

第一，近些年來，信息技術功能逐漸完善且相對便宜，更為重要的是，信息技術的廣泛應用可以為企業節約大量低技能勞動者，從而獲得戰略競爭優勢。那麼，本書所關注的是，面對最低工資上調所帶來的勞動力成本上升的壓力，企業是否會利用信息技術替代勞動力以降低交易成本，提高企業的生產率。

第二，企業的雇傭結構指的是雇員與企業的關係以及雇員在企業內部的配置問題，作為經濟中的生產單位，企業的雇傭結構對勞動市場效率和企業的生產效率有著重要的影響。根據標準的經濟學理論可知，在完全競爭的勞動力市場，最低工資標準上調會減少最低工資工人的雇傭數量。部分研究發現，最低工資上調將會對女性、青年群體和低技能工人的就業有更加強烈的消極影響。因此，在本書中，我們將檢驗企業如何調整非生產性、低技能正式職工比例和臨時工比例來應對最低工資標準的變化，並進一步驗證勞動力市場女性就業歧視的問題。

第三，產能過剩是中國當前供給側結構性改革過程中亟待解決的首要問題之一。本書將詳細地考察最低工資是否會通過作用於企業的成本與要素投入而影響企業的產能利用率。換言之，面對最低工資上調，企業是投入更多資本來替代勞動力、淘汰附加值低的產品生產，從而提高企業機器運轉率和全要素生產率，還是通過投資更多無形資產、進行技術和管理創新，使企業生產不斷接近最優水準。

第四，在勞動力成本不斷攀升的背景下，提升人力資本水準，促進製造業轉型升級是當前中國經濟轉型的重大任務之一。理論上，如果勞動力的流動性較強，那麼最低工資上調會迫使企業減少在職培訓，這是因為未進行在職培訓的企業可能會從那些已進行在職培訓的企業中「挖走」員工；如果勞動力的流動性較弱，最低工資上調造成了企業薪資缺口，那麼企業可能會增加在職培訓。因此，本書將重點考察最低工資標準上調會對企業在職培訓產生怎樣的影響，以及最低工資標準會通過哪些渠道來影響企業通用技能培訓。

第五，儘管提高了企業勞動力成本，但企業對勞動力的需求仍基本保持不變。提升最低工資標準，為何沒有降低企業對勞動力的需求呢？針對這一疑問，本書將系統地探究最低工資標準上浮：是否會激勵企業通過創新來提高市場競爭力，從而獲得更多的利潤來應對最低工資標準上浮帶來的勞動力成本壓力；是否會使企業為了彌補最低工資標準上浮造成的工資缺口，擠占企業分配到創新項目上的資金，從而對企業創新產生「擠占效應」。

第六，研發投入不僅是企業獲得可持續收入和市場競爭優勢的重要戰略，也是國家經濟增長方式從要素驅動型向創新驅動型轉變的原動力。企業作為研發的主力軍，它們在驅動中國經濟轉型的過程中發揮著至關重要的作用。作為直接影響企業低技術工人成本的勞動力市場規制手段，最低工資標準的不斷上調會對企業研發投入強度造成什麼影響我們還不得而知。鑒於此，本書深入分析最低工資上調會迫使企業提高研發投入強度，尋求新的要素來替代勞動力或通過實施組織變革或創新來改善效率，還是會增加企業的用工成本，擠占企業本可以用於研發投資活動的現金，降低企業的研發投入強度。此外，本書還將國有股權比例作為企業對最低工資標準遵守程度的代理變量，考察在最低工資標準遵守程度不同的條件下，最低工資標準上調對企業創新影響的異質性。

## 1.5 研究內容

### 1.5.1 最低工資標準影響企業行為的現狀分析

（1）企業現狀

本書的研究數據主要來源於2011年12月至2013年2月世界銀行對中國製造業企業的問卷調查數據，目的在於瞭解中國製造業企業所面臨的營商環境。該調查問卷分為兩個部分：第一部分包括企業基本信息、基礎設施和公共服務、顧客和供應商、競爭環境、創新與科技、政府與企業關係、營運障礙等；第二部分包括所調查企業的財務現狀，如成本、現金流、員工結構、存貨管理等。根據世界銀行問卷調查數據，本書對企業規模、年齡、外資比例、國有股權、高管性別等企業基本信息進行統計，同時，本書還對信息技術應用、外部技術許可證、創新水準、生產能力、在職培訓等企業行為進行統計分析，為本書的研究奠定基礎。

（2）研究現狀

收集相關文獻資料，對現有文獻進行進一步整理總結。文獻研究圍繞最低工資標準對企業行為的影響機制展開，通過釐清現有文獻的研究成果和研究動態，瞭解現有研究中最低工資標準與企業行為之間的關係，為後續的理論框架構建和實證分析提供重要的理論基礎。

### 1.5.2 最低工資標準影響企業行為的機制分析

通過對相關理論和文獻的梳理，我們發現，為了應對最低工資標準上調帶來的勞動力成本上升壓力，一方面，企業可能會尋求更高技術含量的生產要素來替代勞動力（Card & Krueger, 1995），從而激勵企業創新；另一方面，企業也可能會投資無形資產來推動企業創新。同時，最低工資標準的上調會減少就業數量，當最低工資設定的標準高於均衡工資時，勞動力市場的勞動力供給將會增加，而勞動力需求則會減少，此時勞動力將會過剩，企業的雇傭結構就很有可能發生變化。此外，最低工資上浮可能會「倒逼」企業進行結構調整，通過淘汰相對落後的產能（Rebecca & Chiara, 2016），投入更多資本來替代勞動力，促進企業全要素生產率的提高，推動產能利用率的提升，但最低工資上浮也可能使企業在面對勞動力成本上升壓力時，減少支付非工資性福利（馬雙、甘犁，2014），加大勞動者的工作強度，延長工作時間，降低勞動者體能，

弱化勞動者對企業的歸屬感與奉獻精神，致使企業不能處於最優水準生產，從而加重企業產能過剩。因此，我們認爲最低工資上浮可能會通過薪酬成本、勞動生產率、員工培訓等機制影響企業創新、研發投入、產能過剩等企業行爲。

### 1.5.3 最低工資標準對企業行為影響的異質性效應和機制

第一，最低工資標準對不同類型企業的影響效應評估。首先，本書運用OLS（Ordinay Least Square）、PSM（Propersity Score Matching）等方法來評估最低工資標準對企業創新、產能過剩、研發投入等企業行爲的影響效應。同時，本書運用控制方程法（Control Function Approach）、工具變量（IV）等計量方法對最低工資標準對企業行為的影響效應進行穩健性檢驗。其次，本書根據企業規模和企業類型對調查樣本進行分組，就最低工資標準對企業行為影響的異質性進行檢驗。這對政府部門有針對性地制定相關政策和完善市場監管機制至關重要。

第二，最低工資標準對不同企業行為的影響機制檢驗。本書利用結構方程模型、仲介效應分析等實證檢驗方法，檢驗最低工資標準對不同企業行為的作用機制，其邏輯關係如圖1-2所示。該框架反應出，一方面，最低工資標準對企業行為直接產生影響；另一方面，最低工資上浮有可能會通過增加薪酬成本、研發成本，提高勞動生產率，對企業行為產生間接影響。

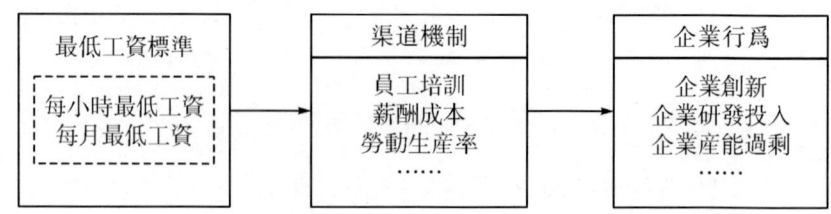

圖1-2 最低工資標準影響企業行為的機制分析框架

第三，揭示在經濟轉型的關鍵時期，最低工資標準對企業行為的影響機制，深化我們對最低工資標準可能產生的經濟效應的認識，為相關部門制定有效的勞動力市場政策和尋求中國供給側結構性改革的有效戰略選擇提供經驗。

## 1.6 研究方法

針對上述核心問題與研究思路，本書採用規範研究與實證研究相結合、定

性研究與定量研究相結合的方法，遵循「文獻綜述與理論梳理→形成假設→篩選樣本與數據採集→實證分析→形成結論」的研究思路逐層深入。具體來說，將採用如下幾類研究方法：

### 1.6.1 規範分析法

立足於企業的本質和企業決策的非隨機性，根據本書的研究目的和研究內容，本書以最低工資理論為核心，結合效率工資理論、工作搜尋理論、勞動力市場理論和企業行為理論構建合理的理論分析框架。在此框架下，本書就最低工資水準對企業行為的作用機制進行探討，試圖從理論上探究最低工資標準和企業行為之間的內在聯繫，進而判斷最低工資制度對企業行為的影響方向。同時，結合文獻資料和現實情況，本書將企業規模、國有股份等納入機制討論中，從理論和邏輯上分析最低工資對企業行為的影響，並提出一些具有實踐指導意義的對策建議，從而優化企業行為，促進社會經濟良好發展。

### 1.6.2 文獻研究法

本書充分利用各類數據資源，首先，通過查閱本書相關書籍及 CNKI、Science Direct、EBSCO 和 Springer Link 等多種文獻資源數據庫，對最低工資理論、效率工資理論、工作搜尋理論、勞動力市場理論和企業行為理論等相關理論進行收集、閱讀；其次，我們根據最低工資制度實施與就業、企業在職培訓與工資水準和生產效率等方面的關係，系統地閱讀與梳理相關文獻的內容，同時即時跟蹤其研究動態，探明研究對象的性質和狀況，從而對最低工資標準的研究內容具有整體的、動態的把握；最後，本書對所整理的文獻進行簡單述評。通過文獻整理和述評確定本書具體的研究主題，並為構建理論模型和研究假設奠定基礎。

### 1.6.3 實證分析法

本書通過採用不同的計量經濟分析方法對最低工資標準與企業行為之間的關係及其作用機制進行檢驗。首先，本書採用 Probit 和 Tobit 模型進行基準迴歸，初步評估最低工資標準對企業行為的影響；其次，考慮到最低工資可能存在一定的內生性問題，為確保研究的可靠性，我們採用 PSM、控制方程法、替換變量等方法進行一系列的穩健性檢驗；再次，為了探究在不同國有股份比例與企業規模條件下，最低工資標準對企業行為的差異性影響，我們檢驗了國有股份、企業規模等變量與最低工資的交互項對企業行為的影響；最後，為了檢

驗最低工資究竟是通過哪些因素來影響企業行為的，本書利用仲介效應分析檢驗員工薪資、研發支出員工培訓等變量的仲介作用。

## 1.7 技術路線圖

本書技術路線圖如圖1-3所示。

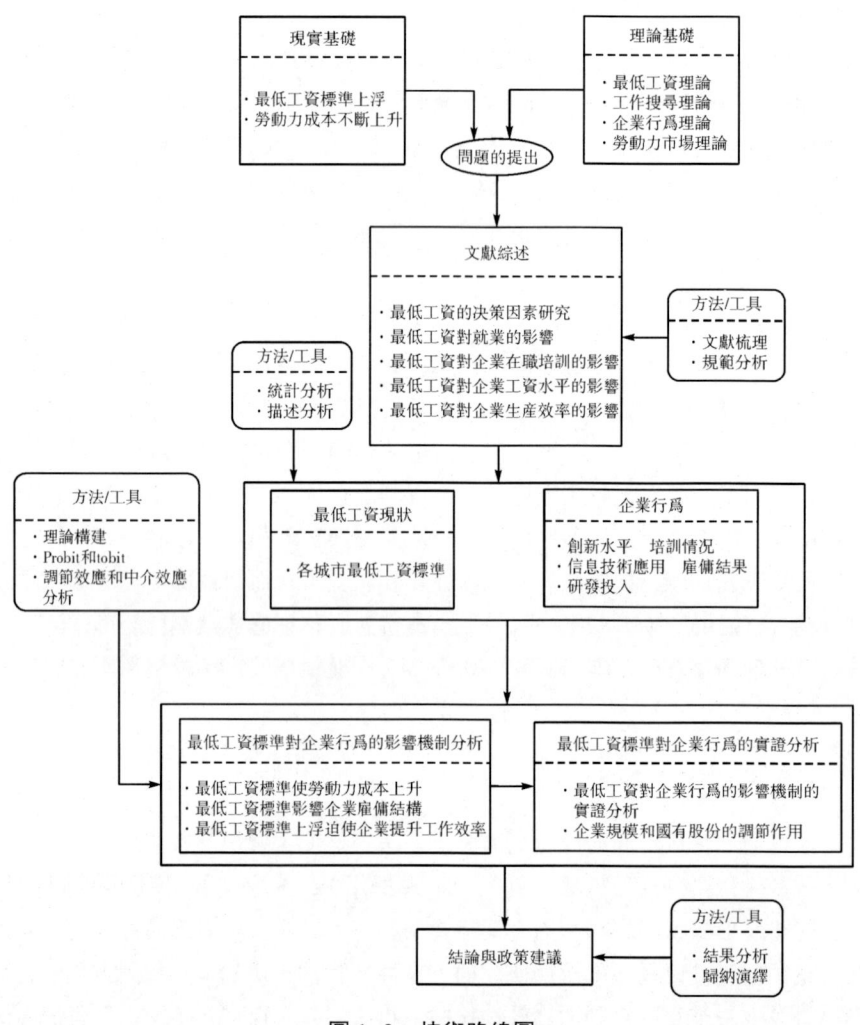

圖1-3 技術路線圖

## 1.8 創新之處

最低工資標準的設立，是政府對勞動市場的干預，它的本質是為了維持勞動者的生活水準，但卻對勞動市場產生了一定的影響。大量文獻對最低工資標準的制定所產生的影響進行了研究，主要集中在就業（Stigler, 1946；Welch, 2010；Cubitt & Hargeraves, 1996；馬雙等，2012；向攀等，2016；張丹丹等，2018）、企業在職培訓（Acemoglu, 1981；Rosen, 1972；Grossberg & Sicilian, 1999；Acemoglu & Pischke, 1999；Arulampalam et al., 2004；Metcalf, 2010；馬雙、甘犁，2014）、工資水準（Brown, 1999；Dinardo, 1996；Lee, 1999；楊娟、李實，2016；馬雙等，2012；賈朋、張世偉，2013；趙秋運、張建武，2013；張軍等，2017）、生產效率（Mowday, 1979；Akelof, 1982；Neumark & Wascher, 1994；Rebecca & Chiara, 2016；Rebecca & Chiara, 2016；Parrotta et al., 2014；許和連、王海成，2016；王小霞等，2018）等方面。可見，上述研究尚未系統分析最低工資標準的正外部性和負外部性，且未考慮到不同性質和規模企業的差異性。基於此，本書專門就最低工資標準對企業行為進行研究，主要具有以下三點創新：

第一，本書探究了最低工資標準對企業行為的影響，揭示了最低工資制度的負外部性。最低工資制度既是政府對勞動力市場進行經濟性規制的重要措施，也是政府干預市場的一種重要手段。儘管最低工資標準在某種程度上是為了保障勞動者勞動權益，促使收入的公平分配。然而，從現有的經驗來看，它起到的收入分配作用甚微（翁杰、徐聖，2015）。最低工資制度會不會給社會造成一些尚未預料到的負外部性，現有文獻無法給出答案。基於此，本書從理論和實證的角度分析了最低工資對企業創新、在職培訓、雇傭結構和產能利用率的影響，實證分析表明最低工資會弱化企業創新、強化女性就業歧視、降低在職培訓比例和產能利用率。當然，本書還探究了最低工資標準對其他企業行為的影響，如信息技術應用和研發投入，這些研究表明了最低工資標準的正外部性。本書的研究不僅揭示了最低工資標準對企業行為的積極影響，還指出了最低工資制度的負外部性。

第二，本書考慮了不同規模的企業在面對最低工資標準時企業行為的差異。大量研究證實了不同規模企業的行為存在顯著差異，這顯然豐富了有關企業行為的理論基礎，同時也為企業活動提供了有指導意義的參考框架。然而這

些研究大多直接探究企業規模對企業創新（鄒國平等，2015）、企業績效（邢斐、王紅建，2018）、生產效率（孫曉華、王昀，2014）等方面的影響，鮮有研究考慮到最低工資背景下企業規模的作用。由於最低工資標準對企業行為影響的有效性通常取決於企業對最低工資標準的遵守程度（葉林祥等，2015），而小企業的監督異常困難，其不遵守最低工資制度的程度要比大企業更加嚴重（Long & Yang, 2016）。因此，本書在進行了充分的理論分析後，將企業規模作為調節變量，檢驗在最低工資制度遵守程度不同的情況下，最低工資標準對企業研發投入影響的異質性。這一研究進一步拓展了現有關於中國製造業企業研發投入影響因素的研究，為完善勞動力市場機制、制定有效激勵企業研發投入的相關政策提供了理論依據和實證支持。

　　第三，本書強調了國有股份在最低工資和企業行為之間的作用。毋庸置疑，不同類型的企業在制度遵守上存在一定差異。因此，我們不僅將企業規模作為制度遵守的代理變量，還考慮了不同國有股份比例的企業在最低工資遵守上的差異。本書將國有股份作為最低工資標準遵守程度的代理變量，將國有股份比例作為調節變量，考察了在最低工資標準遵守程度不同的條件下，最低工資標準上調對企業創新影響的異質性。本書的研究在一定程度上彌補了現有文獻在考慮制度遵守程度不同的條件下對最低工資標準與企業創新之間關係研究的不足。

# 2 理論基礎與文獻綜述

## 2.1 理論基礎

### 2.1.1 最低工資理論

最低工資是指勞動者在法定工作時間提供正常勞動的前提下,其所在用人單位必須按法定最低標準支付的勞動報酬。最低工資理論由威廉·配第最先提出,他認為薪酬和其他商品一樣,有一個自然的價值水準,這一價值就是工人生活的基本消費需求。最低工資不僅是工人維持生存的基本保證,也是雇主進行生產經營的必要條件。如果低於這一水準,勞動力的再生產就無法進行,社會的穩定和發展就無法維持。最低工資理論後經過發展成了資產階級古典政治經濟學的一個傳統理論。

### 2.1.2 效率工資理論

效率工資理論產生於20世紀70年代後期,源於發展經濟學。效率工資指企業付給員工高於市場平均水準的工資,是用來激勵員工的一種薪酬制度,目的是提高生產率和企業績效。效率工資理論認為,工人的勞動生產率與工資率呈正相關關係,它主要受實際工資水準的影響;若雇主想獲得較高的利潤,就應該想方設法提高工人的勞動生產率,而提高工人的工資水準可以激勵員工提高工作效率,這樣就大大降低了工人「消極怠工」的可能性。

若所有企業都通過效率工資來提高企業效率,勞動力市場的平均工資就會高於勞動力市場的出清水準,導致非自願失業。因此,效率工資理論後來被新凱恩斯主義運用,用以說明發達國家工資剛性的存在會導致非自願失業。

### 2.1.3 工作搜尋理論

在經濟學領域,「搜尋」(Search)一詞最早由斯蒂格勒在其著作《信息經

濟學》中提出，他認為搜尋是指消費者在做出最終購買決策之前，總會詢問大量賣家以找到最優價格。這種現象就叫作搜尋。伴隨著斯蒂格勒的信息搜尋理論的發展，由菲爾普斯等經濟學家提出並發展的工作搜尋理論也得到蓬勃發展。該理論認為：在勞動力市場上信息不充分的條件下，企業的工資報價是未知的，因此工作搜尋者會通過搜尋活動來逐漸瞭解工資分佈，通過比較工作搜尋的邊際成本和可能獲得的邊際收益來決定是否繼續搜尋。顯然工作搜尋是信息搜尋的一個特殊形式，是信息搜尋理論在勞動力市場的具體應用，其本質是相同的。

### 2.1.4 勞動力市場理論

在 Dunlop（1957）和 Kerr（1954）提出的「內部勞動力市場」「外部勞動力市場」的基礎上，Doeringer 和 Piore（1971）提出了勞動力市場理論，又稱二元勞動力市場理論。他們認為，在現代資本主義經濟中，勞動力市場被分成主要勞動力市場和次要勞動力市場，兩個勞動力市場以不同的機制運行，勞動者即使擁有相似的人力資本量，在不同勞動力市場也並不能獲得相同的報酬。兩個市場之間相對封閉，勞動者很難在兩個市場間實現自由流動並以此來減小因勞動力市場不同而帶來的勞動報酬差異。主要勞動力市場具有較高的勞動報酬、優厚的福利待遇、較強的工作穩定性、良好的工作環境、較多的培訓機會及良好的晉升前景等特徵，主要勞動力市場多集中在核心經濟部門；次要勞動力市場則與之相反，其具有勞動報酬低、福利待遇差、工作流動性強、工作環境差、培訓機會少、缺乏晉升機制等特徵，次要勞動力市場主要集中在邊緣經濟部門。

### 2.1.5 企業行為理論

企業行為理論起源於經濟學大師亞當·斯密提出的「經濟人」假設，並研究了企業與顧客的行為。在此基礎上，Cyert 和 March 率先討論了企業策略性決策，奠定了企業行為理論基礎。他們於 1963 年發表著作《企業行為理論》，並於 1992 年出版了第二版，對企業行為理論進行了完善和補充。Cyert 和 March 將企業行為理論定義為對企業決策進行驗證和確定的一般性理論。企業行為理論的基本認知假設包括：①滿意原則，即在做決策時遵循滿意原則而非最大化原則；②不能達到一個滿意的預期結果會引發搜尋過程；③在不確定環境中，企業傾向於採用一些規則、標準化的營運程序、慣例等來規避風險。基於這些假設，企業行為理論得以快速發展，並對組織理論、戰略慣例、社會

科學探索等領域有著巨大的影響。

## 2.2 文獻綜述

### 2.2.1 最低工資的決策因素研究

1919 年，國家勞工組織制定的第一部《國際勞工組織章程》將「支付工人足以維護適當生活標準的工資」作為最低工資的標準。之後，考慮到各國的國情不同，國際勞工組織制定了最低工資的一般原理和方法。厘定最低工資水準時需要考慮兩方面的內容：①根據國家的一般工資水準、生活費用、社會保障福利和其他階層人員的相對生活標準，最低工資能滿足職工和其家庭成員的生活需要；②要考慮與之相關的經濟因素，包括經濟發展的水準、勞動生產率水準，同時還要保持高的就業水準（姚萍，2011）。

一般情況下，國內法定最低工資水準由省、自治區、直轄市政府會同同級工會、企業家聯合會或企業家協會，根據各地區不同的經濟發展速度而厘定和調整（姚萍，2011）。政府在運用最低工資標準這一宏觀調控工具時，通常都會綜合考慮多種因素，進行全面的評估。其中，最低工資標準與失業保險金、最低生活保障金的銜接和差距是衡量最低工資標準是否合理的關鍵因素之一（王蓓，2017）。國內學者們關注對體面工資的研究，翟志俊（2011）認為隨著經濟和社會的進步發展，在保持原有功能（馬克思所描述的生存和延續後代的費用）的基礎上，最低工資制定標準將受到培養教育子女、社會保障的費用、醫療保健、自我發展需要等費用的影響，並且逐步地向體面工資接近。王蓓（2017）認為比重法和恩格爾系數法作為計算最低工資標準的通用方法，存在較大缺陷，不能滿足實踐要求。而以剖析各收入水準層次人群的消費結構為出發點，全面估計居民個人對於各類商品的基本需求的 ELES 模型法才能精準測算最低工資，確保最低工資標準的合理性。

在歐洲國家的所有行業中，工會和雇主協會都在針對行業特定的代表性工作職業所規定的工資底線上討價還價。Luciani（2014）發現，對於三分之一的法國公司而言，行業水準是最低工資設定過程中的主導水準。在英國，在行業層面，雇主組織和工會就職業特定的工資底線進行討價還價，公司不能選擇退出行業層面的協議；在公司層面，如果工資高於行業工資水準，雇主和工會會就增加工資進行討價還價（Fougère & Gautier, 2018）。

### 2.2.2 最低工資對就業的影響

最低工資標準的建立，是政府對勞動市場的干預，它的本質是為了維持勞動者的生活水準，卻對勞動市場產生了一定的影響，尤其對就業方面的影響，至今仍然存在很大的爭議（Brown，1999；羅小蘭，2007；張軍等，2017）。經典的經濟學理論認為，最低工資標準的提高會打破勞動力市場的均衡，對就業造成不利的影響。一方面，企業作為勞動的需求方，當面臨最低工資過高、企業生產成本增加時，就會通過減少雇傭數量來降低成本的手段保證利潤，從而抑制就業的增長（Stigler，1946；馬雙等，2012）。同時，最低工資標準的提升，促使勞動密集型產業轉型升級或轉移產地，也造成大量低技能工人面臨失業的衝擊（張丹丹等，2018）；另一方面，地區間最低工資的差異驅使勞動力發生流動，跨省轉移所產生的耗損造成了最低工資對就業的抑制現象（楊翠迎、王國洪，2015）。

儘管最低工資抑制就業的言論層出不窮，但也有學者提出了其他觀點。向攀等（2016）認為，最低工資促進的勞動力流動不僅局限於地區間的流動，它也會形成失業者向非正規部門流動、非正規部門勞動者向正規部門流動的局面。Welch（2010）經過實證也發現，最低工資的提高降低了正規部門的勞動力需求和就業水準，導致勞動力向非正規部門流動，提升了非正規部門的就業趨勢。具體來說，最低工資標準的實施及提高並不一定會導致雇主解雇工人。一方面，它有可能通過減少工人福利、增加固定資本和人力資本投資等手段來抵消最低工資標準提高帶來的損失（Fraja，2010）。而低生產率工人也會為了獲得更高工資而接受教育和培訓，從而促進就業（Cubitt & Hargeraves，1996）。另一方面，最低工資的引入會對抑制低工資工人的怠工產生積極影響，從而降低廠商的監督成本，降低其效率工資的支付，並最終降低總失業水準（Agenor & Aizenman，1999）。當然，也有學者認為最低工資標準對低技能就業者的影響有一個閾值，即最低工資標準與就業者（非部門為主）呈現出倒「U」形的關係。在閾值之前，最低工資標準的提升會抑制就業，在超越閾值之後，就業趨勢會隨著最低工資標準的增加而提升（羅小蘭，2007）。蔡昉（2010）認為中國的劉易斯拐點已經到來，勞動力剩餘由過剩轉為相對短缺，工人對工資上漲的需求逐步提升，最低工資標準的提升有助於促進工人就業。因此，總的來說，最低工資標準的實施及提高會導致正規部門工資上升和失業率增加，而對非正規部門影響的結論並不一致（向攀等，2016）。

### 2.2.3 最低工資對企業在職培訓的影響

從理論上說，對於企業專用性知識的培訓並不會提高員工在其他企業的勞動生產率，僅提高員工在本企業的勞動生產率，這類培訓不存在外部性（馬雙、甘犁，2014）。因此，在面臨最低工資標準上調帶來的生產成本壓力時，企業更願意通過不違背社會責任與社會道德的方法來解決最低工資所帶來的問題，即通過培訓在職員工，提高其工作技術能力和企業專用性知識，提高工作技能培訓的「溢出效應」，從而彌補最低工資上漲帶來的資本損失。同樣地，Acemoglu（1981）認為，對於企業中生產率足夠低的員工，若他們與企業的「匹配收益」足夠大，企業將會增加員工的在職培訓，那麼最低工資制度的實施反而使企業完全獲得培訓帶來的收益，即生產率的增加。另外，也有部分學者經過研究發現，英國最低工資的提高增加了企業對員工培訓的可能性和力度（Arulampalam et al., 2004；Metcalf, 2010）。

然而，也有大量學者認為，企業提供在職培訓的前提條件是員工接受工資的相應扣減，而最低工資的實施無疑會在一定程度上阻止該情況的發生，從而阻礙企業提供在職培訓的可能。正如 Rosen（1972）的研究觀點，若最低工資高於企業願意支付的最高工資，企業將不願意提供培訓。尤其是當企業的培訓具有較強的外部性時，最低工資的上調將會不可避免地減少企業在職培訓（Welch, 1978）。同時，Hashimoto（1982）分析指出，最低工資的上調不但會導致公司減少專用性知識的培訓，而且還會使得企業不再提供通用性知識的培訓。馬雙和甘犁（2013）的實證結果也表明，最低工資的提高可能會減少製造業企業對員工的培訓或企業的培訓投入。針對性別和年齡的培訓差異，Grossberg 和 Sicilian（1999）研究發現，相比就職於沒有最低工資約束的企業的工人，在實施最低工資制度的企業中工作的男性所獲得的培訓更少。而 Neumark（2001）研究發現，最低工資規定的實施減少了青少年的在職培訓。另外，Acemoglu 和 Pischke（1999）分析指出，由於換工作的成本較大、新雇主與求職者信息不對稱等，如果企業提供培訓能使工人在職勞動比解雇的效率高，甚至使邊際收益高於最低工資的話，企業就有動力提供在職培訓。但是他們在實證檢驗之後卻沒有發現最低工資和在職培訓之間存在統計上的顯著相關。Norris 等（2003）的研究也發現，英國的最低工資對醫藥行業從業人員的培訓沒有直接影響；1999 年英國最低工資的再引入對工人培訓也沒有影響（Arulampalam, 2004）。

### 2.2.4 最低工資對企業工資水準的影響

根據勞動經濟學理論，在買方壟斷的勞動力市場中，如果初始最低工資標準較低，則調高最低工資標準將會對就業和收入分配產生積極影響；但在競爭性的勞動力市場中，調整最低工資標準對收入分配的影響並不確定（Brown，1999）。儘管最低工資對收入的總體影響的相關結論不一致，但可以確定的是，有關最低工資對收入的影響主要集中在低收入群體這一點上已基本達成共識（Dinardo，1996；Lee，1999；楊娟，李實，2016），最低工資將更多地增加勞動密集型或人均資本較低企業的平均工資。孫中偉和舒玢玢（2011）通過對珠三角農民工數據的分析指出，最低工資標準對農民工收入增長具有促進作用；楊娟和李實（2016）通過對2011年和2012年流動人口動態監測數據和地市級層面宏觀數據進行研究後發現，雖然最低工資的增長對就業具有負面影響，但它對農民工收入的提高仍非常顯著。

當然，對於不同政策環境、不同行業或是不同人均資本水準的企業，最低工資上漲的影響也存在異質性。馬雙等（2012）利用1998—2007年規模以上製造業企業報表數據進行的分析顯示，最低工資每上漲10%，製造業企業平均工資將整體上漲0.4%~0.5%。賈朋和張世偉（2013）在迴歸方程中加入工資分段虛擬變量，研究了不同工資區間內，最低工資增長率對工資增長率的溢出效應。研究表明，隨著相對工資區間的升高，溢出效應呈下降趨勢。在國際貿易背景下，趙秋運和張建武（2013）研究發現，最低工資的扭曲使得資本和勞動要素在部門間再分配，導致中國資本密集型部門不斷深化以及勞動密集型部門漸趨萎縮，最終使得中國總體勞動收入份額持續下降。同時，最低工資在正規和非正規部門的整個分配過程中存在著巨大影響（Fajnzylber，2001）。具體表現為，最低工資標準對正規部門就業者工資收入提升彈性大於非正規部門就業者，且從分位數看表現為「U」形（張軍等，2017）。因此，最低工資標準上漲拉大了部門間和部門內就業者的工資差距。進一步地，總體勞動收入也會因最低工資標準的收入分配效應而逐漸拉開差距（Lee，1999）。

### 2.2.5 最低工資對企業生產效率的影響

西方主流經濟學工資決定理論認為，勞動力價格具有成本與報酬的雙重性質，最低工資標準的調整將會影響企業的勞動力需求、要素投入與產出。因此，《最低工資規定》的出抬，對於企業的影響不僅可能提高企業的勞動力成本，還可能對企業勞動生產效率產生影響。首先，大量文獻提供了最低工資標

準提高企業生產效率可能的渠道機制。例如，最低工資上浮不僅有利於調動低收入工人的生產積極性（Mowday, 1979；Akelof, 1982）、吸引更富有經驗才干的求職者（Neumark & Wascher, 1994），還能通過改善身體營養狀況增強工人的體力（Leibenstein, 1986），從而進一步推動企業生產力提升。其次，企業在面臨單位勞動力成本上升的同時，往往會通過減少勞動力雇傭、加大有效勞動時間、增加生產任務、提升生產技能等方式提高單位勞動的生產率，進而彌補成本的上升（鄒豐華、呂康銀，2019；蔣靈多、陸毅，2017）。再次，在市場產能過剩狀況嚴重時，最低工資上浮會「倒逼」企業進行結構調整，淘汰相對落後的產能（Rebecca & Chiara, 2016），並通過投資更多無形資產、培訓等方式進行創新和提高市場競爭力（許和連、王海成，2016；Kaufman, 2010；王小霞等，2018）。最後，最低工資標準上浮會產生要素替代效應（Hicks, 1932），即企業會投入更多資本來替代勞動力，淘汰附加值低的產品生產線（Rebecca & Chiara, 2016），從而提高企業機器運轉率和全要素生產率。

有大量學者也認為最低工資上浮會降低企業的勞動生產效率。首先，面對勞動力成本上升壓力，企業會減少支付非工資性福利（馬雙、甘犁，2014），加大工人的工作強度、延長工作時間（Zavodny, 2000），而這會降低勞動者體能、弱化工人對企業的歸屬感與奉獻精神，致使企業不能在最優水準生產。其次，最低工資上浮會導致市場勞動力供給增加，與此同時工人可能會拒絕在沒有最低工資制度時接受的工資（王光榮、李建標，2013），使得企業勞動力流失率增加，從而弱化企業的生產效率。此外，企業為控制成本還有可能會縮減工人職位、裁減最低工資保障範圍的勞動者，這又導致低技能工人與高技能工人的互補效應減弱，不利於企業的創新與技術進步（Parrotta et al., 2014）。最後，最低工資制度實行後，只有企業支付的工資高於工人保留工資時，才能使公平偏好工人提供較高的努力水準（王光榮、李建標，2013）；當支付工資低於工人預期工資時，這可能會導致工人努力程度的降低（Brandts, 2004），進而降低企業的生產效率。

### 2.2.6 最低工資對企業其他行為的影響

現有關於最低工資影響企業行為的文獻，除了探討上文提到的最低工資對就業、企業在職培訓、工資水準、生產效率的影響以外，還探討了最低工資對企業稅收遵從、規模擴張、企業出口、外資持股、資源配置等行為的影響。田彬彬和陶東杰（2019）認為在成本效應和替代效應的綜合作用下，隨著最低工資標準的提高，企業稅收遵從度呈現出先降低後提高的「U」形變化趨勢。

楊用斌（2012）提出最低工資的提高，有助於中國內銷型外商直接投資企業規模的擴張，而不利於外銷型外商投資企業的發展。林靈和閆世平（2017）的研究發現最低工資標準向上調整對外資持股的影響存在雙重異質性效應：一是資本異質性效應，最低工資標準提高對港澳臺資持股比例的負面影響顯著大於對外商持股比例的影響；二是行業異質性效應，外資持股減少的效應在勞動密集型行業中較強，在技術密集型行業中較弱。Gan 等人（2016）利用 1998 年至 2007 年中國大中型製造業企業的企業層面數據，研究了最低工資水準變化與企業出口行為之間的關係，並發現中國企業的出口和在國際市場上的相對優勢不會受到當地勞動力成本上升和最低工資標準提高等因素的影響。此外，也有學者認為最低工資上升對企業出口的可能性和企業出口規模均產生顯著的負向影響，且對勞動密集型行業企業的負向影響更強（奚美君等，2019）。孫楚仁等人（2013）則認為最低工資標準上浮不僅會通過選擇效應（即迫使低效率企業退出出口市場）降低企業的出口概率，還會通過勞動力成本上升所導致的價格效應降低企業的出口額。

### 2.2.7　文獻述評

從現有的文獻來看，最低工資標準對企業行為的影響研究是當前學術界研究的前沿和熱點之一。現有關於最低工資標準影響企業行為的研究主要將視角集中在企業就業、企業在職培訓、企業工資水準、企業生產效率等方面。這一系列最低工資標準影響企業行為的文獻表明，最低工資標準不斷調整的同時，企業必然採取相應的措施來應對最低工資標準帶來的勞動力成本壓力。然而，現有文獻大多研究最低工資標準對某一特定企業行為的影響，遺憾的是，鮮有文獻從企業多種組合行為的角度入手，探討最低工資標準對企業多種組合應對策略的影響。由於不同的應對策略會對企業資源配置產生異質性影響，從而影響企業整體經濟的發展（劉貫春等，2017）。因此，在眾多包括裁員、削減員工福利、尋求創新、增加研發投入等企業應對最低工資上浮的策略中，企業可能並不僅限於選擇某一種應對策略。通常情況下，企業可能會根據市場現狀並結合自身的情況來選擇特定的占優策略組合以應對最低工資標準的上調。因此，本書在結合中國的經濟發展狀況的情境下，探討最低工資標準的提升將如何影響企業行為、不同類型的企業將採取何種策略組合來緩解最低工資標準上調帶來的勞動力成本壓力是至關重要的，它不僅幫助我們深刻理解最低工資標準，也為相關部門制定科學有效的勞動力市場政策提供重要的理論指導。

# 3 最低工資標準上調對企業應用信息技術的影響

　　加強企業信息化建設是當前推動供給側結構性改革順利開展的關鍵環節。本章使用世界銀行提供的關於中國製造業企業營商環境質量調查數據，檢驗了最低工資標準對企業信息技術應用的影響及作用機制。研究結果顯示：最低工資標準上調會激勵企業應用信息技術。進一步，本章還揭示了最低工資標準影響企業信息技術應用的調節機制，即勞動生產率和企業規模會負向調節最低工資標準對企業信息技術投資水準的積極影響，而企業年齡的調節效應並不顯著。此外，穩健性檢驗結果表明，最低工資標準上調對企業信息技術應用的積極影響具有較強的穩健性。不過，最低工資標準上調對企業信息技術投入水準的積極影響會隨著企業信息技術投入水準的提高而逐漸弱化。本章豐富了有關勞動力市場管制對企業內部資源重構影響的相關文獻，具有一定的理論和實踐意義。

## 3.1 引言

　　最低工資制度是一項重要的勞動力市場管制手段，並受到經濟學家越來越多的關注。然而，實施最低工資制度所帶來的經濟後果一直備受討論。一些研究提供的證據表明最低工資制度能夠幫助青年就業並起到減貧效應（Alaniz et al., 2011; Gindling & Terrell, 2010）；而另一些研究則發現勞動力市場制度，如最低工資制度和就業保護法在保護低工資工人權益方面沒有發揮明顯的效果，反而帶來了失業、收入差距以及貧困等諸多問題（Acemoglu & Angrist, 2001; Neumark et al., 2006; Neumark et al., 2005; 馬雙等, 2012）。實施最低工資制度之所以會帶來這些意外影響，根本原因在於最低工資標準的有效性被

雇主的各種補償行為削弱了（Wang & Gunderson, 2015）。例如，企業可以通過調整雇傭結構、工作時長、附加福利等來應對最低工資標準上調。特別地，隨著中國最低工資標準的上調，製造業企業可能採取的措施是減少雇傭人數（馬雙等，2012）。然而，根據新古典經濟學理論可知，在其他條件保持不變的情況下，企業雇傭人數的減少可能會降低勞動生產率。為了防止勞動生產率由於雇傭人數的減少而降低，企業迫切需要尋求一種新的資本來替代勞動力。

近些年來，信息技術已經變得更加強大，且相對便宜，並以較快的速度滲透到各行各業（Iyengar et al., 2015）。研究發現，為了獲得戰略競爭優勢，企業會將更多的資源投入到基於信息技術的系統和設備上（Pavlou & El Sawy, 2006; Sambamurthy & Subramani, 2005）。更重要的是，信息技術的廣泛應用可以為企業節約大量低技能勞動者（寧光杰、林子亮，2014）。那麼，隨著信息技術的發展，企業是否會利用信息技術替代勞動力以應對最低工資標準的上調？這一問題的解答不僅有助於我們認清最低工資標準上調對經濟發展的影響，而且可以為勞動力市場管制改革提供參考。

然而在中國學術界，大量研究主要關注最低工資標準對工資水準（馬雙等，2012）、收入分配（楊娟、李實，2016；王湘紅、汪根松，2016；向攀等，2016；邱俊鵬、韓清，2015；翁杰、徐聖，2015；張世偉、賈朋，2014）和就業（馬雙等，2012；賈朋、張世偉，2012；劉玉成、童光榮，2012）的影響。鮮有研究探討企業如何調整要素資源配置來應對最低工資標準的變化。更為重要的是，我們並不清楚企業的這種調整策略能在多大程度上緩解最低工資標準上調對企業績效造成的不利影響。在本章中，我們試圖通過檢驗最低工資標準上調對中國製造業企業信息技術應用的影響及其作用機制來彌補現有文獻的缺陷。

與現有文獻相比，本章在以下兩個方面略有貢獻：第一，本章以轉型經濟背景下的中國製造業企業為研究對象，探究了最低工資標準對企業信息技術應用的影響及作用機制，拓展了現有關於中國製造業企業信息技術應用的研究，為完善勞動力市場機制，有效推動企業信息化建設提供了理論依據和實證支持；第二，進一步補充了中國供給側結構性改革的理論經驗。我們從實證角度檢驗了最低工資標準對企業信息技術應用的影響及作用機制，而強化企業信息技術應用是當前順利推進中國製造業供給側結構性改革的關鍵一環。因此，本章有助於更好地理解最低工資標準上調對中國製造業供給側結構性改革驅動力的影響，從而為中國製造業供給側結構性改革的有效戰略選擇提供了理論基礎。

## 3.2 理論和證據

最低工資制度是國家通過立法的形式干預企業工資分配的一種制度，也是用以降低貧困率、改善收入分配的一種經濟手段。儘管最低工資制度的推行增加了低收入群體的收益，但它卻給企業帶來了勞動力成本上升的壓力。現有的經驗證據表明，企業會通過各種策略來應對最低工資標準上調帶來的勞動力成本上升壓力（Wang & Gunderson, 2015）。本章關心的是，企業會不會通過採用信息技術來應對最低工資標準上調帶來的勞動力成本上升壓力？現有文獻為我們提供了一些理論和間接證據。

第一，為了應對最低工資標準上浮帶來的勞動力成本上升壓力，企業可能會尋求更高技術含量的資本來替代勞動力（Card & Krueger, 1995）。由於信息技術能夠替代低技能勞動者從事的程序化工作（寧光杰、林子亮，2014），並且它的價格相對便宜（Iyengar et al., 2015）。由此，最低工資標準上調可能會激勵企業採用信息技術來替代這些低技能勞動者，以節約勞動力成本，提高企業的生產率。Brynjolfsson 和 McAfee（2014）認為信息技術革命已經對勞動力市場產生了深刻的影響，因為它能逐步替代人類從事諸多工作。Bresnahan 等（1999）認為計算機商務系統在完成自動化程序和明確的任務時是最有效的。因此，計算機商務系統可以代替人類完成這部分工作，特別是在記帳、信息存儲、簡易計算和相似任務等方面，信息技術的應用可以使得企業實現計算機決策系統地替代人類決策。信息技術通常能夠替代那些無技能的工人完成常規的勞動任務（Atasoy et al., 2016）。通常地，無技能和低技能勞動者的工資可能稍高於當地規定的最低工資標準，當最低工資標準上調時，這部分人的工資受到最低工資政策影響的可能性最大（葉林祥等，2015）。根據生產要素替代理論可知，當勞動力生產要素價格提高時，理性的企業通常會尋求能夠替代勞動力且價格相對便宜的生產要素，而信息技術這種生產要素能在較大程度上滿足企業的需求。由此推之，最低工資標準上調會激勵企業應用信息技術來替代那些受最低工資政策影響最大的工人完成常規的勞動任務，以降低企業的勞動力成本，緩解最低工資標準上調對企業帶來的負面影響。

第二，為了應對最低工資標準上浮帶來的勞動力成本上升壓力，企業可能通過應用信息技術來降低交易成本，從而彌補最低工資標準上調給企業造成的薪酬缺口。大量文獻提供的證據表明信息技術的應用降低了企業的交易成本

(Afuah, 2003; Malone et al, 1987; Clemons & Row, 1992)。根據交易成本理論（transaction cost theory）可知,信息技術能夠發揮「電子仲介效應」,即信息技術強化了企業搜尋（Afuah, 2003）、監督和控制潛在交易對象的能力（Bensaou, 1997）。這顯然有助於減少機會主義的威脅並提高市場治理方式的可行性（Zenger & Hesterly, 1997）。通過一些不同的系統和程序,信息技術能夠展現「電子仲介效應」,如開放的電子數據交流系統、企業對企業的電子集市以及供應鏈管理系統等（Chatterjee et al., 2006）。這些系統能夠促使企業使用標準接口模塊和互聯的業務流程來搜尋合作夥伴並與其達成交易（Gosain et al., 2004）。通過降低交易夥伴行為的識別、契約和監督成本,信息技術的電子仲介效應能夠減少市場方式的治理成本（Afuah, 2003）。因此,信息技術的應用能夠降低企業的交易成本,從而彌補最低工資上調帶來的薪酬缺口。此外,信息技術的應用還能夠發揮「電子整合效應」,從而降低企業的協調成本。通過一些不同的系統,信息技術能夠展現「電子整合效應」,如內部信息系統和企業資源規劃系統（ERP系統）。內部信息系統能夠使得企業將組織的最佳實踐通過軟件編碼並促使各業務部門更加有序營運（Kim & Mahoney, 2006）。ERP系統使得企業能夠有效整合企業內部資源和相關的外部資源,然後通過標準化的數據與業務操作流程,緊密集成企業的各類資源,最終實現企業資源的優化配置與業務流程的優化（Nagar & Rajan, 2005）。因此,信息技術的應用能夠降低企業的協調成本,從而彌補最低工資上調帶來的薪酬缺口。

第三,為了應對最低工資標準上浮帶來的勞動力成本上升壓力,企業可以通過應用信息技術來增加企業收益,從而彌補最低工資標準上調給企業造成的薪酬缺口。根據資源基礎觀（Grover et al., 2009; Nevo & Wade, 2010; Saraf et al., 2007）可知,信息技術的應用有助於增加企業的收益。這是因為信息技術的應用通過新價值訴求、新營銷和銷售渠道以及顧客生命週期管理的改善來增加企業的收益。一方面,信息技術系統有助於企業創造新價值訴求來更好地滿足顧客的需求,並為顧客開發新的產品。例如,顧客管理系統的應用會增加顧客需求方面的知識,從而有利於產品和服務的個性化,最終帶來更好的顧客反響（Ansari & Mela, 2003）並提高一對一的營銷效果（Mithas et al., 2006）。另一方面,信息技術的應用有助於企業開闢新的營銷和銷售渠道來提高現有顧客對產品和服務的認知並吸引新的顧客。例如,信息技術系統有助於企業通過大量新的信息技術渠道,如電子郵件、短信息系統、網站和目標數據庫等來瞄準目標客戶,從而增加企業的收入流;此外,信息技術的應用通過增加顧客聯繫、顧客知識和提高顧客保留率和顧客滿意度來改善對顧客生命週期的管理

（Bardhan，2007）。據此，較高的顧客滿意度會導致較高的顧客忠誠度和支付意願（Homburg et al.，2002），最終會增加企業的收益（Babakus et al.，2004）。因此，信息技術的應用有助於提高企業的收益，從而緩解最低工資標準上漲給企業帶來的成本壓力。

## 3.3 研究設計

### 3.3.1 數據來源與樣本分佈

本章的研究數據主要來源於 2011 年 12 月至 2013 年 2 月世界銀行對中國製造業企業的問卷調查，目的在於瞭解中國製造業企業所面臨的營商環境。該調查問卷分為兩個部分：第一部分包括企業基本信息、基礎設施和公共服務、顧客和供應商、競爭環境、創新與科技、政府與企業關係、營運障礙等問題；第二部分包括企業的財務現狀，如成本、現金流、員工結構、存貨管理等。為了保證樣本具有良好的代表性，世界銀行通過以企業註冊域名為抽樣框的分層隨機抽樣來確定被調查企業。被調查對象為企業的高層管理者。這次調查主要通過郵件和電話回訪的方式來回收樣本，歷經一年多的調查，共收集到有效樣本 2,848 個，其中國有獨資企業為 148 個，占總樣本比例的 5.2%，其餘為非國有獨資企業。這些企業均勻分佈在參與調查的 25 個城市、26 個行業領域，充分考慮了地區、行業和企業差異。因此，這次調查所確定的樣本具有良好的代表性。刪除了存在缺失值的樣本之後，我們最後得到的可用樣本量比原始樣本量有了明顯的減少。由於關鍵變量信息缺失致使大量樣本丟失，這有可能會破壞原始調查過程中抽樣的科學性，從而影響到有效樣本的整體代表性。為此，我們將總體樣本和有效樣本進行獨立樣本 t 檢驗，發現其他主要信息在這兩組樣本之間並不存在明顯差異，這意味著樣本的大量丟失並不會對抽樣的科學性造成實質性的損害。

各城市最低工資標準來源於我們手工整理的最低工資標準數據庫，具體而言，我們通過瀏覽各級政府網站、政策文件、統計公報、官方報紙等多種方式查找，搜集了 2009 年 25 個城市的最低工資標準。我們將 25 個城市 2009 年的最低工資數據與世界銀行提供的企業問卷調查數據庫進行匹配和整理加工，以便於檢驗最低工資標準對企業信息技術應用的影響及作用機制。

### 3.3.2 變量定義

(1) 因變量：信息技術應用

在實證研究中，用兩個變量來衡量企業的信息技術應用狀況，分別是信息技術投資占員工總數的比例並取自然對數和企業中經常使用電腦的員工比例。前者體現的是短期內企業的技術投資量，後者體現的是信息技術的使用率（寧光杰，林子亮，2014）。信息技術投資的信息來自問卷中問題「在近三年內，企業平均每年用於計算機及其他信息處理設備（包括打印機、終端機、光學和磁性讀取設備、無線射頻識別設備、操作系統和軟件等）的支出是多少」的答案。

(2) 自變量：最低工資標準

根據許和連、王海成（2016）的建議以及《最低工資規定》，我們使用每月最低工資標準。

(3) 控制變量

在本章中，控制變量主要包括：①企業年齡，定義為調查年份減去企業成立年份，然後取其自然對數。通常地，雖然年老的企業具有豐富的市場經驗，它們對投資方向和風險有更加準確的把握，但是年老的企業也會由於自身資源的剛性和核心能力的固化而無法兼容新資源的投資。②企業規模，定義為企業職工總數的自然對數。儘管規模越大的企業越有能力承擔信息技術應用風險，但是規模越大的企業也會由於缺乏靈活性而難以規避和調整風險，正所謂「船小好調頭、船大好頂浪」。③所有制結構分為外資控股比例：外資股份的比例、國有控股比例、國有股份所占比例。④女性高管，定義為一個虛擬變量，若高管性別為女性賦值為1，否則賦值為0。⑤國際質量標準認證，定義為一個虛擬變量，若企業擁有國際質量標準認證，則定義為1，否則為0。國際質量標準認證通常要求企業建立起質量管理體系，深化全面質量管理，這顯然對企業內外部之間的銜接與協調提出了更高的要求，因此，國際質量標準認證會促使企業進行信息技術投資，以期通過信息化手段來強化企業的內外部管理。⑥外部技術許可，定義為企業使用了來自外資企業的技術許可證時賦值為1，否則為0。⑦市場範圍，定義為企業的產品銷售範圍，在本章中，我們以省級市場為參考組，設置了兩個虛擬變量，即全國市場和國際市場。⑧城市經濟發展水準，具體定義為城市人均GDP的自然對數。除此之外，我們還控制了行業的固定效應，以捕捉行業特徵差異對企業信息技術應用的影響。

### 3.3.3 模型設定與估計

我們借鑑相關文獻的經驗做法（Weigelt & Shittu，2016），將本章的基準實證模型設定如下：

$$IT_i / computer_i = \alpha_0 + \alpha_1 mw_c + \beta Z_i + \varepsilon_i \qquad (3-1)$$

在計量模型（3-1）中，$IT_i$表示第 i 個企業的信息技術投資，即企業有關信息技術投資支出占企業員工總數的比例並取自然對數[①]；$computer_i$表示企業中使用電腦的員工比例；$mw_c$表示第 c 個城市最低月工資標準；$Z_i$表示控制變量集，包括企業年齡（lnage）、企業規模（lnscale）、所有制結構（外資控股比例（foreign）和國有控股比例（government）、女性高管（female）、國際質量標準認證（certification）、外部技術許可（license）、市場範圍（國內市場（national）和國際市場（international）和城市經濟發展水準（lngdp）等特徵變量以及行業固定效應。$\varepsilon_i$表示隨機擾動項。在可用的有效樣本中，信息技術投資支出為零的樣本有99個，占6.96%，這意味著有6.96%的企業在最近的三年內沒有進行信息技術資源投資。基於上述數據分佈特徵，使用 Tobit 迴歸模型是合理的。這是因為當因變量是連續變量，並且在區間［0, 13.071］截斷時，使用 Tobit 迴歸是恰當的，同樣地，企業中使用電腦的員工比例也是一個取值區間［0, 1］的連續變量，故也使用 Tobit 進行迴歸模型進行估計。進一步地，我們估計了聚合在行業性質層面的穩健性標準誤，並允許誤差在行業內部相關。各主要變量的描述性統計數據如表 3-1 所示。

表 3-1 主要變量描述性統計

|  | Obs | Mean | Std. Dev. | Min | Max |
| --- | --- | --- | --- | --- | --- |
| IT | 1,423 | 6.629 | 2.381 | 0 | 13.071 |
| computer | 1,636 | 0.272 | 0.205 | 0 | 1 |
| mw | 25 | 954.8 | 105.116 | 720 | 1,120 |
| age | 1,423 | 14.292 | 8.691 | 1 | 126 |
| scale | 1,423 | 307.564 | 1,481.774 | 5 | 30,000 |
| foreign | 1,423 | 5.239 | 19.867 | 0 | 100 |
| government | 1,423 | 5.174 | 20.751 | 0 | 100 |

---

① IT＝log（ITinvestment/scale+1），其中 ITinvestment 表示信息技術投入總額，scale 表示員工總數。

表3-1(續)

|  | Obs | Mean | Std. Dev. | Min | Max |
| --- | --- | --- | --- | --- | --- |
| female | 1,423 | 0.084 | 0.277 | 0 | 1 |
| certification | 1,423 | 0.714 | 0.452 | 0 | 1 |
| license | 1,423 | 0.244 | 0.430 | 0 | 1 |
| national | 1,423 | 0.736 | 0.441 | 0 | 1 |
| international | 1,423 | 0.094 | 0.292 | 0 | 1 |
| gdp | 25 | 78,689.708 | 19,896.683 | 39,755 | 117,264 |

## 3.4 實證結果與分析

### 3.4.1 基準迴歸

表3-2反應了最低工資標準對企業信息技術應用的影響，其中第（1）至（3）列報告的是最低工資標準對信息技術投資水準影響的基準迴歸結果。由第（1）列的結果可知，在控制行業固定效應之後，最低工資標準上浮對企業信息技術投資具有積極影響，且在1%的水準上顯著。第（2）列在第（1）列的基礎上加入了企業個體特徵和城市經濟特徵變量，迴歸結果顯示，最低工資標準上浮對企業信息技術投資水準仍具有積極影響，且在1%的水準上顯著。由第（3）列提供的平均邊際效應估計值可知，平均而言，最低工資標準每上浮一個單位標準差，企業信息技術投資水準將上升0.84%。表3-2中第（4）至（6）列報告的是最低工資標準對企業中使用電腦員工比例影響的基準迴歸結果。由第（4）列的結果可知，在控制行業固定效應之後，最低工資標準上浮對企業中員工使用電腦的比例具有積極影響，且在1%的水準上顯著。第（5）列在第（4）列的基礎上加入了企業個體特徵和城市經濟特徵，迴歸結果顯示，最低工資標準上浮對企業中員工使用電腦的比例仍具有積極影響，且在1%的水準上顯著。由第（6）列提供的平均邊際效應估計值可知，平均而言，最低工資標準每上浮一個單位標準差，企業中使用電腦的員工比例將上升0.02%。上述結果意味著，最低工資標準上調會激勵企業應用信息技術。對於這一結果的解釋是：在競爭的市場環境中，最低工資標準上調會激勵企業一方面提高生產率，另一方面提高銷售收入，從整體上增加企業的收益以緩解最低工資標準上調帶來的負面衝擊。近些年來，由於信息技術的市場價格在逐漸降

低，並且隨著信息技術的逐步推廣和應用，它給企業帶來的經濟效益在逐漸凸顯，一方面信息技術帶來的溢出效應在逐步強化，另一方面信息技術對勞動力的替代性在逐漸增強。隨著最低工資標準的上調，勞動力成本上升，理性的企業會重新配置生產要素，採用各種信息技術替代部分勞動力的工作，以節約投入成本，提高生產率。此外，在重新配置生產要素的過程中，信息技術的推廣和應用不僅可以降低交易成本和協調成本，而且還可以提高企業的科學化管理水準，從而提高企業的經濟效益。因此，最低工資的上調會給企業應用信息技術帶來強烈的激勵效應。

表 3-2　最低工資標準與企業信息技術應用：基準迴歸結果

|  | IT investment ||| computer use |||
| --- | --- | --- | --- | --- | --- | --- |
|  | （1） | （2） | （3） | （4） | （5） | （6） |
|  | coef. | coef. | dy/dx | coef. | coef. | dy/dx |
| mw | 0.007,5*** | 0.008,5*** | 0.008,4*** | 0.000,4*** | 0.000,2*** | 0.000,2*** |
|  | (0.001,0) | (0.001,1) | (0.001,0) | (0.000,1) | (0.000,1) | (0.000,1) |
| lnage |  | −0.031,6 | −0.031,3 |  | −0.003,0 | −0.002,7 |
|  |  | (0.103,3) | (0.102,3) |  | (0.010,2) | (0.009,3) |
| lnscale |  | −0.316,0*** | −0.312,8*** |  | −0.008,4*** | −0.007,6*** |
|  |  | (0.042,6) | (0.042,2) |  | (0.003,0) | (0.002,7) |
| foreign |  | 0.004,7** | 0.004,6** |  | 0.000,2 | 0.000,2 |
|  |  | (0.002,3) | (0.002,2) |  | (0.000,2) | (0.000,2) |
| government |  | 0.025,2*** | 0.024,9*** |  | 0.002,5*** | 0.002,2*** |
|  |  | (0.005,2) | (0.005,1) |  | (0.000,2) | (0.000,2) |
| female |  | −0.386,3** | −0.382,4** |  | 0.065,0*** | 0.058,8*** |
|  |  | (0.190,7) | (0.188,5) |  | (0.022,0) | (0.019,3) |
| certification |  | 0.365,9* | 0.362,2* |  | 0.057,4*** | 0.051,9*** |
|  |  | (0.195,0) | (0.193,3) |  | (0.010,6) | (0.009,6) |
| license |  | 0.647,6*** | 0.641,1*** |  | −0.012,4 | −0.011,2 |
|  |  | (0.160,5) | (0.159,4) |  | (0.009,9) | (0.008,9) |
| national |  | 0.885,3*** | 0.876,4*** |  | 0.036,2** | 0.032,8** |
|  |  | (0.214,6) | (0.211,4) |  | (0.014,9) | (0.013,3) |
| international |  | 0.266,7 | 0.264,0 |  | 0.046,6** | 0.042,1** |
|  |  | (0.318,9) | (0.315,4) |  | (0.022,8) | (0.020,3) |
| lngdp |  | 0.035,2 | 0.034,9 |  | 0.109,7*** | 0.099,2*** |
|  |  | (0.233,3) | (0.231,0) |  | (0.014,7) | (0.012,7) |

表3-2(續)

|  | IT investment ||| computer use |||
| --- | --- | --- | --- | --- | --- | --- |
|  | (1) | (2) | (3) | (4) | (5) | (6) |
|  | coef. | coef. | dy/dx | coef. | coef. | dy/dx |
| industry FE | Y | Y | Y | Y | Y | Y |
| Constant | −0.763,9 | −1.829,5 | — | −0.139,5** | −1.136,1*** | — |
|  | (0.908,7) | (2.125,8) | — | (0.068,2) | (0.145,5) | — |
| Pseudo $R^2$ | 0.123,7 | 0.244,6 | 0.244,6 | 0.485,1 | 0.541,9 | 0.541,9 |
| Observations | 1,490 | 1,423 | 1,423 | 2,830 | 1,636 | 1,636 |

註：括號表示聚合在行業性質層面的穩健性標準差，*、**、*** 分別表示在10%、5%和1%的水準上顯著。下文含義相同，不再贅述。

控制變量的迴歸系數均比較符合預期。第一，企業年齡對信息技術應用具有消極影響，但並不顯著。可能的原因是年齡較大的企業通常具有豐富的市場經驗，能夠有效地評估應用信息技術的市場風險，有效地規避應用信息技術給企業帶來的風險。然而，年齡越大的企業通常越容易陷入「技術陷阱」，排斥新資源的融入。相對於企業現存的資源而言，信息技術屬於新資源，因此，年齡又是企業應用信息技術資源的障礙因素。第二，在1%的顯著性水準上，企業規模對信息技術應用具有顯著的消極影響。一個可能的解釋是，企業規模越大越有能力抵禦信息技術應用帶來的風險，從而被激勵應用信息技術。然而，信息技術的不可分割性以及固定成本的分攤，使得每個員工分攤到的信息技術成本取決於企業的規模。在這種情況下，企業規模越大，反倒使得企業信息技術投入的比例下降，使用電腦的員工比例降低。第三，在10%的顯著性水準上，外資控股比例對企業信息技術投入具有顯著的積極影響，然而對使用電腦員工比例的積極影響並不顯著。這是因為外資控股比例的增加強化了外商對企業的控制能力，為了提高生產率，佔領中國市場，外商通常有強烈的激勵應用信息技術提高企業管理水準和生產率。第四，在1%的顯著性水準上，國有控股比例對企業信息技術投入水準和使用電腦的員工比例都具有顯著的積極影響。近些年來，面臨國有企業管理混亂和效率低下的境況，政府部門正在積極推動國有企業的整改，鼓勵國有企業信息化建設，深化國有企業改革，提高資源配置效率。在政府支持和保護下，國有企業通常會回應政府部門信息化建設的號召，提高信息技術投入水準和使用電腦員工比例。第五，在5%的顯著性水準上，女性高管對企業信息技術投入水準具有顯著的消極影響，而對使用電腦的員工比例具有顯著的積極影響。可能的主要原因是，相對於男性而言，女性高管具有較低的風險偏好（Elsaid & Ursel, 2011；Faccio et al., 2016）。由於

信息技術投資屬於高風險項目投資,女性高管可能會表現出較低的投資偏好。因此,相對於男性高管而言,女性高管可能會降低對信息技術的投入水準。然而,由於電腦的使用相對成熟,相應的風險也較低。根據前面的闡述可知,相對於男性高管而言,女性高管更傾向於提高使用電腦的員工比例。第六,在10%的顯著性水準上,國際質量標準認證對企業信息技術投入水準和使用電腦的員工比例具有顯著的積極影響。這是因為國際質量標準認證是流程管理實踐中的重要環節,它的目的在於減少內部流程變異並提高效率。為了減少內部流程,企業通常會被要求系統化管理,運用信息技術達到改善流程、提高效率的目的。因此,通過國際質量標準認證的企業會被要求投入更多的信息技術並提高使用電腦的員工比例。第七,在10%的顯著性水準上,外部技術許可對信息技術投入水準具有顯著的積極影響,而對使用電腦的員工比例並無顯著影響。這是因為外部技術許可一方面會促使被許可企業與許可方之間頻繁互動,這顯然會激勵企業運用信息技術來促進組織之間的信息交流,促使知識在企業內部的轉化;另一方面外部技術許可可能會推動企業的資源重組,客觀要求企業引進信息技術設備來配合資源的有效組合。第八,相對於市場範圍在省級市場的企業,市場範圍在國內市場和國際市場的企業有更多的信息技術投入和使用電腦的員工。事實上,市場範圍越廣,表明企業面臨的競爭對手越高,競爭壓力越大,為了在激烈的市場競爭環境中獲取競爭優勢,企業有必要重新配置資源來提高績效,由於信息技術的應用能夠有效地提升企業績效。這顯然會激勵企業進行信息技術投資並有效提高使用電腦的員工比例。第九,在10%的顯著性水準上,城市經濟發展水準對企業信息技術投入水準的積極影響並不顯著,而對使用電腦的員工比例具有顯著的積極影響。

### 3.4.2 最低工資標準對企業信息技術應用的作用機制

(1) 勞動生產率

最低工資標準會提高勞動生產率,其主要原因在於最低工資上調會增加勞動力成本,這有可能迫使企業向資本密集型生產方式轉變,從而導致企業實施組織變革或者增加其他要素投入來改善效率(Metcalf,2008)。例如,最低工資標準上調會激勵企業增加對信息技術的應用,從而替代部分勞動力。不過,根據生產要素邊際技術替代率遞減的規律可知,在其他條件保持不變的情況下,隨著勞動生產率的提高,信息技術對企業部分勞動力的替代效應會逐漸弱化。換言之,隨著勞動生產率的提高,最低工資標準上調對企業信息技術應用的積極影響會逐漸遞減。為了檢驗這一作用機制,表3-3中第(1)列和第

（4）列反應了最低工資標準與勞動生產率①分別對企業信息技術投資水準和使用電腦員工比例的交互影響。表3-3第（1）列的迴歸結果表明，最低工資標準與勞動生產率的交互項系數在1%的水準上顯著為負，這意味著提高勞動生產率會弱化最低工資標準對企業信息技術投資水準的積極影響。進一步地，圖3-1顯示了最低工資標準和勞動生產率對企業信息技術投資水準的交互影響趨勢，由此可知隨著勞動生產率的提高，最低工資標準對企業信息技術投資水準的邊際效應在逐漸遞減。不過，表3-3第（4）列的迴歸結果表明，最低工資標準與勞動生產率的交互項系數在10%的水準上並不顯著，勞動生產率的提高並不會顯著影響最低工資標準對企業使用電腦員工比例的積極影響。這意味著，企業使用電腦的員工比例具有一定的剛性。

表3-3　與企業信息技術應用：作用機制檢驗結果

|  | IT investment ||| computer use |||
| --- | --- | --- | --- | --- | --- | --- |
|  | （1） | （2） | （3） | （4） | （5） | （6） |
|  | coef. | coef. | coef. | coef. | coef. | coef. |
| mw | 0.007,4*** | 0.008,5*** | 0.009,2*** | 0.000,1** | 0.000,2*** | 0.000,2*** |
|  | (0.001,0) | (0.001,1) | (0.001,0) | (0.000,1) | (0.000,1) | (0.000,1) |
| lnproductivity | 0.549,4*** |  |  | 0.014,7*** |  |  |
|  | (0.051,2) |  |  | (0.004,1) |  |  |
| mw×lnproductivity | -0.003,6*** |  |  | 0.000,0 |  |  |
|  | (0.000,7) |  |  | (0.000,0) |  |  |
| lnage |  | -0.043,4 |  |  | -0.002,9 |  |
|  |  | (0.097,7) |  |  | (0.010,0) |  |
| mw×lnage |  | -0.001,8 |  |  | 0.000,0 |  |
|  |  | (0.001,7) |  |  | (0.000,1) |  |
| lnscale |  |  | -0.328,8*** |  |  | -0.008,6*** |
|  |  |  | (0.043,7) |  |  | (0.003,0) |
| mw×lnscale |  |  | -0.001,6** |  |  | -0.000,0 |
|  |  |  | (0.000,7) |  |  | (0.000,0) |
| 其他變量 | Y | Y | Y | Y | Y | Y |
| Pseudo R² | 0.241,2 | 0.240,9 | 0.245,1 | 0.541,7 | 0.551,4 | 0.552,1 |
| Observations | 1,423 | 1,423 | 1,423 | 1,636 | 1,636 | 1,636 |

註：交互項的構建採用的是中心化後的變量。

---

① 在本章中，由於涉及的企業為製造業企業，因此勞動生產率等於企業年度銷售收入減去企業在生產過程中使用的原材料和中間產品成本（近似工業增加值），再除以員工總人數，並取其自然對數。

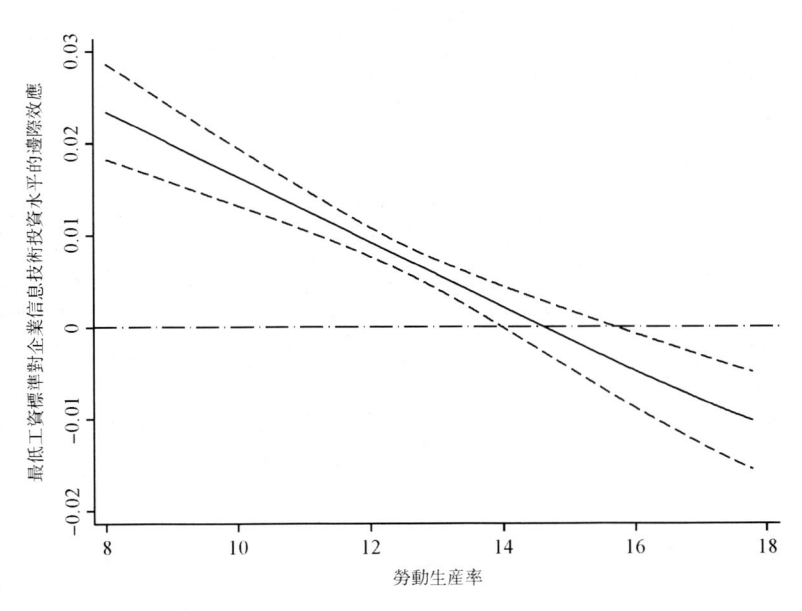

圖 3-1　最低工資標準和勞動生產率對企業信息技術投資水準交互影響的邊際效應圖

（2）企業年齡

企業年齡可能對最低工資標準和企業信息技術應用之間的關係並無顯著的調節效應。主要原因：年齡越大的企業通常擁有豐富的市場經驗，當最低工資標準上調時，年齡越大的企業越能有效地評估應用信息技術的市場風險，從而實現信息技術對部分勞動力的有效替代，降低最低工資標準上調給企業勞動力成本帶來的影響。因此，企業年齡會在一定程度上強化最低工資標準對企業信息技術應用的積極影響。不過，年齡越大的企業通常具有較強的路徑依賴，這使得企業可能會排斥對信息技術的應用（因為應用信息技術可能需要企業重配或重構業務流程），而使用其他替代性策略來應對最低工資標準的上調，如加強人力資源管理實踐（加強對員工的技能培訓）、強化管理實踐等（Riley & Bondibene, 2017）。由此可見，企業年齡又會在一定程度上弱化最低工資標準對企業信息技術應用的積極影響。企業年齡對最低工資標準與企業信息技術應用之間關係的這兩種作用機制此消彼長，從而使企業年齡對最低工資標準和企業信息技術應用之間關係的調節作用並不明顯。為了檢驗企業年齡的作用機制，表 3-3 中第（2）列和第（5）列反應了最低工資標準與企業年齡分別對企業信息技術投資水準和使用電腦員工比例的交互影響。迴歸結果表明，在 10% 的顯著性水準上，企業年齡並沒有顯著調節最低工資標準分別與企業信息技術投資水準和使用電腦員工比例之間的關係。

（3）企業規模

企業通常規模越大，越有能力抵禦信息技術應用帶來的風險，也越容易被激勵應用信息技術。隨著市場競爭的加劇，信息技術成為每個企業參與市場競爭的必備資源。不過，信息技術的不可分割性以及固定成本的分攤，使得每個員工分攤到的信息技術成本取決於企業的規模。舉例來說，甲企業的規模大於乙企業，當最低工資標準上浮時，甲企業只需要購買 1 個單位的信息技術就可以達到期望的最大效用，即替代 10 個單位勞動力，而乙企業僅需要 0.5 個單位的信息技術也可以達到期望的最大效用，即替代 5 個單位勞動力，但由於信息技術具有不可分割性，這使乙企業也必須購買 1 個單位的信息技術。在這種情況下，甲企業每個員工分攤到的信息技術成本要低於乙企業。由此可知，企業規模有可能會弱化最低工資標準對企業信息技術投資水準。為了檢驗企業規模的作用機制，表 3-3 中第（3）列和第（6）列匯報了最低工資標準與企業規模分別對企業信息技術投資水準和使用電腦員工比例的交互影響。迴歸結果表明，在 10% 的水準上，企業年齡對最低工資標準與企業信息技術投資水準之間的關係有顯著的負向調節效應，進一步地，圖 3-2 顯示了最低工資標準和企業規模對企業信息技術投資水準的交互影響趨勢，由此可知隨著企業規模的擴大，最低工資標準對企業信息技術投資水準的邊際效應在逐漸遞減。不過企業規模對最低工資標準與企業使用電腦員工比例的負向調節效應並不顯著。

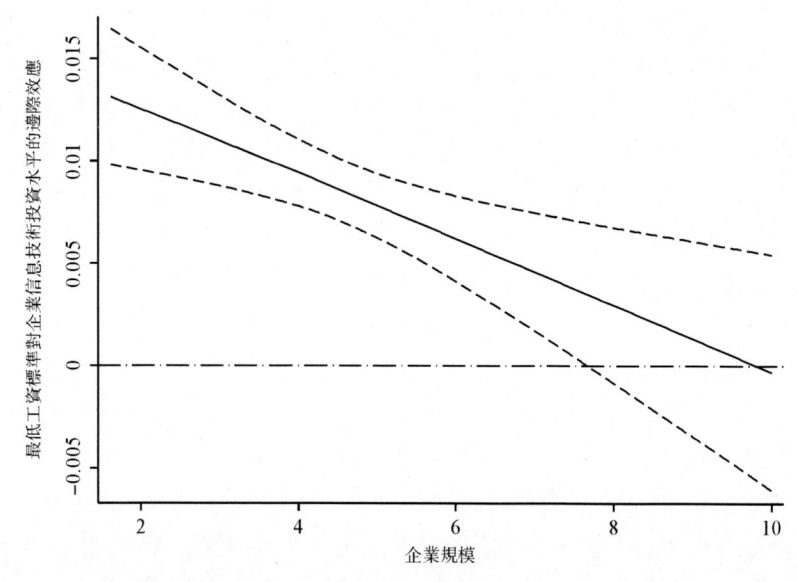

圖 3-2　最低工資標準和企業規模對企業信息技術投資水準交互影響的邊際效應圖

### 3.4.3 穩健性檢驗

（1）反向因果

本章的研究結果顯示最低工資標準對企業信息技術應用具有顯著的積極影響。然而，會不會存在企業信息技術應用對最低工資標準的影響而使得OLS估計產生偏誤。對於這一問題，我們不必過於擔心。這是因為最低工資標準制定對於轄區內單個企業而言是一個特定的外生事件，其效果必然會影響到轄區內特定的企業行為。但是，從相反的途徑來看，如果轄區內單個企業的行為要影響城市最低工資標準的制訂，這會存在較大的實現難度和較高的交易成本。換言之，最低工資標準能夠影響到轄區內微觀層面的企業信息技術的應用，但相反的影響機制可能並不存在。

（2）遺漏變量

基準模型中雖然添加了包括企業個體特徵和城市特徵等控制變量，但因遺漏變量而導致的估計偏誤問題依然可能存在。儘管最低工資的變動相對於微觀企業行為是外生的（馬雙等，2012），但當地方政府在制定最低工資時將其對企業信息技術應用的影響一併考慮時，OLS的估計量很可能是有偏的。事實上，地方政府在確定最低工資標準時除了考慮到城市經濟發展水準外，還會考慮就業規模和職工的薪資水準（馬雙等，2012）。因此，因果關係的識別還需要進一步排除就業規模和薪資水準對企業創新的潛在影響。就業規模通常能夠反應勞動力賣方市場的競爭程度。在其他條件不變的情況下，就業規模越大，勞動力賣方市場的競爭程度越高，這會迫使勞動力不斷地提高勞動技能以強化就業能力。勞動力賣方市場的競爭為企業帶來的正向外部性有利於企業招募更多高技能的員工，為企業應用信息技術提供了必要的人才條件。本章利用城市就業人口總數的自然對數（lnemployee）來衡量城市就業規模。此外，職工平均薪資水準會影響到最低工資標準的制定。一般而言，職工的平均薪資水準會抬高政府制定最低工資的標準，在短期內會給企業帶來較大的勞動力成本壓力，為了應對勞動力成本的上漲，企業可能會在短期內削減信息技術投入，而增加使用電腦的員工比例。本章利用城市職工平均薪資水的自然對數（lncsalary）來衡量職工平均薪酬水準[①]。表3-4在基準模型的基礎上加入了就業規模和職工平均薪資水準這兩個重要的遺漏變量。第（1）列和第（2）列的迴歸結果表明，在1%的顯著性水準上，最低工資標準對企業信息技術投入水準和

---

① 數據來源於2010年出版的《中國城市統計年鑒》。

使用電腦的員工比例都有顯著的積極影響。遺漏的城市特徵變量的迴歸係數與預期一致。

表 3-4　最低工資標準與企業信息技術應用：加入遺漏變量的迴歸結果

|  | （1） | （2） |
| --- | --- | --- |
| mw | 0.009,4*** | 0.000,2*** |
|  | (0.001,2) | (0.000,0) |
| lnemployee | 0.049,9*** | 0.014,2* |
|  | (0.012,5) | (0.008,2) |
| lncsalary | −0.472,4 | 0.270,5*** |
|  | (0.769,1) | (0.042,4) |
| 其他變量 | Y | Y |
| industry FE | Y | Y |
| Constant | 8.931,7*** | −1.415,6*** |
|  | (4.488,3) | (0.204,0) |
| Observations | 1,423 | 1,636 |
| R-squared | 0.251,9 | 0.553,7 |

（3）因果關係中的時間順序問題

在非實驗研究中，因果關係的必備條件通常是在時間上具有順序性。如果缺少這一條件將會引致由於同時性問題帶來的內生性。在本章中，企業的信息技術投入發生在近三年，即信息技術投入最早發生在 2009 年或 2010 年①。而使用電腦的員工比例是 2011 年 12 月至 2013 年 2 月統計的。而在本章中，政府制訂最低工資標準的時間發生在 2009 年。由此可以推斷本章的研究在一定程度上滿足因果關係中的時間順序性，不存在嚴重的時序性問題。然而，我們仍擔心企業成立的時間將是引起時序性問題的一個重要因素，那些在 2009 年之後成立的企業通常是根據當前的最低工資標準來制訂企業的工資標準，這些企業的信息技術應用並不會受到最低工資標準的時間變化帶來的影響，故本章剔除那些 2009 年之後成立的企業，再重新進行迴歸，迴歸結果報告見表 3-5。第（1）列和第（2）列的結果表明，在 1% 的顯著性水準上，最低工資標準對企業信息技術投入水準和使用電腦的員工比例都具有顯著的積極影響，與基準迴歸的結果是一致的。

---

① 問卷調查的時間為 2011 年 12 月至 2013 年 2 月。

表 3-5　最低工資標準與企業信息技術應用：糾正時間順序的迴歸結果

|  | （1） | （2） |
| --- | --- | --- |
| mw | 0.008,4*** | 0.000,2*** |
|  | (0.001,1) | (0.000,0) |
| 其他變量 | Y | Y |
| industry FE | Y | Y |
| Constant | 1.694,9 | -1.141,8*** |
|  | (2.077,2) | (0.149,9) |
| Observations | 1,398 | 1,606 |
| R-squared | 0.244,4 | 0.541,7 |

（4）聯立性偏誤

由於信息技術與計算機技術之間的互補性，因此，信息技術投入水準和使用電腦的員工比例之間可能存在一定的聯繫[①]。單獨對信息技術投入水準或使用電腦的員工比例進行迴歸會引起聯立性偏誤。為了糾正聯立性偏誤，我們使用似不相關迴歸將這兩種信息技術應用方程進行系統估計，所得到的估計結果報告在表 3-6 中，由表 3-6 的第（1）列和第（2）列可知，似不相關迴歸結果與基準模型迴歸結果是一致的，即在 1% 的顯著性水準上，最低工資標準對企業信息技術投入水準和使用電腦的員工比例具有顯著的積極影響。

表 3-6　最低工資標準與企業信息技術應用：糾正聯立性偏誤的迴歸結果

|  | （1） | （2） |
| --- | --- | --- |
| mw | 0.007,8*** | 0.000,2*** |
|  | (0.000,7) | (0.000,0) |
| 其他變量 | Y | Y |
| industry FE | Y | Y |
| Constant | -1.478,2 | -1.020,0*** |
|  | (2.159,3) | (0.186,9) |
| Observations | 1,422 | 1,422 |
| R-squared | 0.191,4 | 0.262,0 |

（5）剔除政治色彩的影響

在所調查的 25 個城市中，由於上海和北京是直轄市，它們的政治地位要

---

[①] 前文的結果已佐證。

高於其他城市，更重要的是它們的發展通常帶有濃厚的政治色彩。因此，直轄市內樣本的政治和經濟等外部環境與其他城市內樣本有著明顯的差異性。在估計的過程中，不考慮這種差異性，勢必會帶來估計的偏誤。為此，我們剔除了上海和北京這兩個城市的樣本，重新對計量模型（3-1）進行迴歸，估計結果報告在表3-7中，由該表可知，所得到的估計結果與前文保持一致。

表3-7　最低工資標準與信息技術應用：剔除直轄市樣本後的迴歸結果

|  | （1） | （2） |
| --- | --- | --- |
| mw | 0.008,9*** | 0.000,2*** |
|  | (0.001,1) | (0.000,0) |
| 其他變量 | Y | Y |
| industry FE | Y | Y |
| Constant | −2.334,9 | −0.999,9 |
|  | (1.881,5) | (0.152,3) |
| Observations | 1,331 | 1,476 |
| R-squared | 0.245,1 | 0.479,9 |

（6）分位數迴歸

由於分位數迴歸能夠更加精確地描述最低工資標準對企業信息技術應用程度的變化範圍以及條件分佈形狀的影響，因此，這一部分使用分位數迴歸來全面刻畫最低工資標準對企業信息技術應用的影響。估計結果報告在表3-8，其中第（1）列至第（3）列報告的是最低工資標準對企業信息技術投入水準在25%、50%和75%分位數上的迴歸結果。結果顯示，當企業信息技術投入水準處在25%、50%和75%分位數上時，最低工資標準對企業信息技術投入水準具有積極影響，且在1%的顯著性水準上顯著。有趣的是，隨著企業信息技術投入水準的提升，最低工資標準對企業信息技術投入水準的積極影響會逐漸弱化。對此一個可能的解釋是，對於信息技術投入水準較高的企業而言，信息技術的邊際產出要顯著大於那些信息技術投入水準較低的企業，因此為了緩解最低工資標準上浮給企業帶來的成本壓力，信息技術投入水準較低的企業可能需要更多的信息技術投入來提高邊際產出。

表3-8中第（4）列至第（6）列顯示了最低工資標準對企業使用電腦的員工比例在25%、50%和75%分位數上的迴歸結果。結果顯示，在1%的顯著性水準上，最低工資標準對所有分位數上企業使用電腦的員工比例都有顯著的積極影響，不過隨著企業使用電腦的員工比例的提升，最低工資標準對企業使用電

腦的員工比例的積極影響並沒有發生明顯變化，影響效應基本維持在0.02%。

表3-8 最低工資標準與企業信息技術應用：分位數迴歸結果

|  | IT investment ||| computer use |||
| --- | --- | --- | --- | --- | --- | --- |
|  | (1) | (2) | (3) | (4) | (5) | (6) |
|  | q25 | q50 | q75 | q25 | q50 | q75 |
| mw | 0.005,5*** | 0.005,0*** | 0.003,2*** | 0.000,2*** | 0.000,2*** | 0.000,2*** |
|  | (0.001,2) | (0.000,7) | (0.000,7) | (0.000,0) | (0.000,0) | (0.000,1) |
| 其他變量 | Y | Y | Y | Y | Y | Y |
| Constant | 1.431,6 | 2.188,8 | -1.984,3 | -0.633,1*** | -1.033,1*** | -1.606,8*** |
|  | (2.093,4) | (1.652,0) | (2.077,7) | (0.119,1) | (0.145,9) | (0.220,8) |
| Observations | 0.092,1 | 0.097,3 | 0.122,6 | 0.100,9 | 0.112,3 | 0.160,5 |
| R-squared | 1,423 | 1,423 | 1,423 | 1,636 | 1,636 | 1,636 |

（7）其他穩健性檢驗

除了上述穩健性檢驗辦法之外，我們還採用重新取樣的方法進行穩健性檢驗。通常地，考察模型參數估計值的穩健性，最好的辦法就是加大樣本量，並用原來的方法重新擬合模型。如果得到的參數估計值與原參數估計值接近，則表示原參數估計值的穩健性較好。不過，加大樣本量會耗費大量的人力、物力和財力，實施起來比較困難。而採用基於原始數據的模擬抽樣方法，即bootstrap方法來驗證參數估計值的穩健性，則可以避免以上方法的局限性。基於以上分析，首先，本章使用bootstrap方法來驗證模型參數估計值的穩健性。結果發現，使用bootstrap方法得到的最低工資標準（mw）迴歸系數估計值與OLS得到的系數估計值接近，由此可見，模型參數估計值的穩健性較好。除此之外，我們還利用另一種重新取樣的方法來判斷模型參數估計值的穩健性，即在總體樣本中隨機抽取25%、50%和75%的子樣本進行迴歸，迴歸結果顯示，無論在總體樣本中隨機抽取25%、50%抑或75%的子樣本，最低工資標準（mw）的迴歸系數值始終與最小二乘法估計的系數值接近，這進一步說明模型參數估計值的穩健性較好；其次，我們將每月最低工資標準替換為每小時最低工資標準，並採用基準模型重新進行迴歸，迴歸結果與基準迴歸結果沒有明顯區別；最後，我們將企業分為勞動密集型和技術密集①，構建了是否為勞動密

---

① 根據調查問卷的設置，我們用2010年企業勞動力年工資總額除以機器年租金總額，再取自然對數，並將自然對數大於0的企業定義為勞動密集型企業，將自然對數小於0的企業定義為資本密集型企業。

集型這一虛擬變量與最低工資標準的交互項，並將這一虛擬變量和交互項同時納入基準模型，重新迴歸，迴歸結果顯示，最低工資標準對勞動密集型企業的信息技術應用水準的積極影響效應更大。此外，我們還在基準模型的基礎上納入了最低工資標準與國有控股比例的交互項，迴歸結果顯示，在10%的水準上，最低工資標準與國有控股比例的交互項系數並不顯著，這意味著國有控股比例對最低工資標準與企業信息技術應用之間關係的調節效應並不明顯。我們還將企業信息技術投資總額除以年度銷售總額來表示信息技術投資水準，並用基準模型重新進行迴歸，迴歸結果顯示最低工資標準對企業信息技術投資水準仍然具有穩健的積極影響。

## 3.5　本章小結

加強企業信息化建設是當前推動供給側結構性改革順利開展的重要一環。本章著眼於企業的外部環境，以世界銀行提供的關於中國製造業企業營商環境質量調查數據，從實證的視角探究最低工資標準對企業信息技術應用的影響及作用機制。主要研究結論表明，在短期內，最低工資標準上浮會激勵企業提高信息技術應用水準。進一步地，本章還檢驗了最低工資標準作用於企業信息技術應用水準的調節機制，研究發現：首先，最低工資標準對企業信息技術投資水準的積極影響會隨著勞動生產率的提高而逐漸弱化，這符合生產要素邊際技術替代率遞減的規律，不過勞動生產率對最低工資標準與企業使用電腦員工比例的調節效應並不明顯；其次，企業年齡對最低工資標準與企業信息技術應用之間關係的調節效應並不顯著；最後，企業規模會顯著弱化最低工資標準對企業信息技術投資水準的積極影響，而對最低工資標準與企業使用電腦員工比例之間關係的調節效應並不顯著。

在穩健性檢驗中，我們發現最低工資標準對企業信息技術應用水準的積極影響具有較強的穩健性。不過對於信息技術應用水準不同的企業而言，最低工資標準對企業信息技術應用水準的積極影響效應存在一定的異質性。具體表現為，隨著信息技術投入水準的提高，最低工資標準對企業信息技術投入水準的積極影響在逐漸弱化。不過隨著使用電腦的員工比例的增加，最低工資標準對企業使用電腦的員工比例的積極影響並無明顯變化。

基於上述研究結論，為了有效地推動企業的信息化建設，加快中國經濟發展方式的轉變，本章的政策內涵是在經濟轉型期，政府部門可以適度提高製造

業部門的最低工資標準。長期以來，中國製造業的競爭優勢建立在廉價的勞動力成本上，然而，自 2004 年以來，沿海地區「民工荒」逐漸演變為普遍的「招工難」和「漲薪潮」，與此同時，政府部門也開始加快上調最低工資標準的頻率，製造業勞動力成本的大幅上升引發了人們對中國能否保持勞動密集型製造業競爭優勢的擔憂。儘管如此，中國製造業國際競爭的比較優勢卻並沒有因為勞動力成本的上升而下降（劉厚俊、王丹利，2011）。本章的研究結論對此做出了較好的解釋。由此可見，我們可以將政府部門上調最低工資標準視為熊彼特「創造性破壞」過程，它會「倒逼」企業進行內部資源重構，提高生產率，緩解勞動力成本上升的壓力。特別地，在中國經濟轉型階段，政府部門可以充分發揮最低工資標準這一勞動力市場管制手段的作用，有效地激勵企業從勞動密集型企業向技術密集型企業轉變。

# 4 最低工資標準如何影響企業雇傭結構

為了探究最低工資標準如何影響企業雇傭結構，本章採用城市最低工資數據匹配世界銀行提供的企業問卷調查數據庫，實證檢驗了最低工資標準對企業雇傭結構的影響及作用機制。與經濟理論預期一致的是，我們發現最低工資標準的上調會「倒逼」企業提高管理水準，具體表現為最低工資標準的上調會促使企業顯著減少非生產性正式職工和低技能正式職工的比例；不過，最低工資標準的上調也會激勵企業通過顯著增加臨時工的比例來提高用工靈活性；其次，最低工資標準的上調會導致勞動力市場上更加嚴重的女性就業歧視問題，具體表現為最低工資標準上調激勵企業減少女性正式職工比例，顯著減少女性非生產性正式職工和女性臨時工比例；最後，最低工資標準上調會顯著抑制企業對人力資本的投資力度，即最低工資標準上調促使企業顯著減少正式職工的培訓比例。本章為如何解決最低工資標準上調引發的勞動力市場上女性就業歧視問題以及人力資本投資問題提供了具有可行性的決策依據，同時也為科學制定最低工資標準提供了有益的政策啟示。

## 4.1 引言

為最低工資立法的目的在於提高窮人的生活水準並縮小收入差距。對於處在經濟轉型期的發展中國家而言，這項政策工具尤為重要。一些研究提供的證據表明最低工資制度有助於青年就業並起到減貧效應（Alaniz et al., 2011; Gindling & Terrell, 2010）。而另一些研究則發現諸如最低工資和就業保護等勞動力市場制度在保護基層勞動者權益方面並非有效的，相反地，勞動力市場剛性的增強導致了失業、加大收入差距和貧窮等問題（Neumark et al., 2006;

Neumark et al., 2005）。最低工資制度之所以帶來這些意料之外的結果，其根本原因在於最低工資制度的有效性被雇主的各種補償行為削弱了（Wang & Gunderson, 2015）。例如，企業可以通過調整員工數量、工作時長、附加福利等來應對最低工資標準上調。為了檢驗勞動力市場制度的影響，大量研究檢驗了最低工資制度對工資和就業的影響（馬雙等，2012；Alaniz et al., 2011；Gindling & Terrell, 2009），而另一些研究為了評估政策目標的實現程度，則檢驗了最低工資制度對收入分配和貧窮的影響（Card & Krueger, 1995；Brown, 999）。鮮有研究探討中國企業如何調整雇用結構以應對最低工資標準變化。更重要的是，現有的研究大多都是基於發達國家的經驗來探究最低工資標準的影響，而鮮有研究基於發展中國家的經驗來探討最低工資的影響。由於發展中國家勞動力市場制度的實施和執行力度等一些重要方面與發達國家存在明顯差異（Lemos, 2009）。因此，我們不能期望使用發達國家的經驗來指導發展中國家勞動力市場制度的改革。

基於此，我們利用中國製造業企業的經驗數據來檢驗企業如何調整雇傭結構以應對最低工資標準的變化，從而彌補現有文獻的缺陷。作為世界上最大的新型經濟體，中國為我們提供了檢驗發展中國家的企業如何應對最低工資標準變化的特殊制度環境。首先，自1993年實施最低工資制度以來，中國就一直將最低工資制度作為一項政策工具來管制勞動力市場。此外，隨著戶籍制度改革的進一步推進，大量農民工湧入中國製造業企業，給勞動法規的監管和實施帶來了嚴峻挑戰。在這種情境下，檢驗中國最低工資政策的實際影響具有重要的理論和現實意義。其次，最低工資制度是對基層勞動者基本權益進行有效保護的顯性法律契約之一，科學制定最低工資標準對有效促進經濟發展、維護社會穩定起著至關重要的作用。然而，在確立最低工資標準的過程中，政府部門對提高最低工資標準帶來的各種影響，尤其是對企業雇傭結構的影響，缺乏全面系統的瞭解和認識，其中一個關鍵原因是缺乏可供參考的理論基礎和檢驗證據，本章為豐富這方面的經驗證據做出了初步嘗試。

在本章中，首先，我們檢驗了企業如何調整非生產性、低技能正式職工比例和臨時工比例來應對最低工資標準的變化，結果顯示，當最低工資標準上調時，企業傾向於調低非生產性和低技能正式職工比例，而調高臨時工比例；其次，我們檢驗了最低工資標準變化對企業如何調整女性正式職工比例、女性非生產性正式職工比例以及女性臨時工比例的影響，我們發現，最低工資標準上調會提高企業削減女性非生產性正式職工比例和女性臨時工比例，而對女性正式職工比例雖有調減效應，但並不顯著；最後，我們檢驗了最低工資標準變化

對企業人力資本投資的影響，結果表明，最低工資標準上調顯著抑制了企業的人力資本投資力度，即最低工資標準上調會迫使企業顯著減少對正式職工的培訓比例。

## 4.2 理論背景與文獻綜述

根據經濟學理論可知，在完全競爭的勞動力市場中，最低工資標準上調會減少最低工資工人的雇傭數量。由勞動力供給和需求模型可知，當最低工資設定的標準高於均衡工資時，勞動力市場的勞動供給將會增加，而勞動力需求則會減少，此時勞動力供給將會出現過剩。有關勞動力市場理論的另一種觀點則認為，勞動力市場上的買方壟斷企業相對於工人而言有更加明顯的市場權力。在買方壟斷假設條件下，合理地設定最低工資標準將有利於增加工資和就業（Manning, 2003）。由於標準的勞動市場理論僅考慮了單一部門的勞動力市場，因此，大量的經濟學家並不認同這種做法。Gramlich 等（1976）建議用兩部門勞動力市場模型來糾正這種做法，在兩部門勞動力市場上，其中一個部門通常被排除在最低工資標準的覆蓋範圍，而另一個部門則被最低工資標準覆蓋。因此，完整的經濟學分析應該同時考慮這兩個部門之間勞動力的流動性。同樣地，Mincer（1976）也構造了經典的兩部門競爭模型，該模型的結果表明，那些邊際產品低於新定最低工資標準的工人將被擠出最低工資標準覆蓋的部門，並在最低工資標準未覆蓋的部門尋找工作，從而導致這些部門就業增加而工資降低。

近年來，大部分研究者傾向於利用 Mortensen 和 Pissarides（2003）、Pissarides（2000）的匹配框架來分析最低工資標準的影響。在勞動力市場的搜尋和匹配模型中，就業機會產生的速度取決於工人的搜尋和企業提供的空缺崗位。Flinn（2006）建立了一個連續時間搜尋環境下企業和工人之間的談判模型。該談判模型表明，當工人搜尋的崗位與企業提供的空缺崗位相互匹配的比例內生決定時，由於勞動力市場流動性的增強，最低工資標準的設定會提高穩態就業率。Gravel 等（2012）也使用搜尋和匹配框架檢驗了分割的勞動力市場情境下最低工資的影響。他們將分割的勞動力市場區分為兩個部門：一個提供最低工資的劣勢部門和一個提供談判工資的優勢部門。在他們的分析框架中，最低工資標準的引入必定會減少優勢部門的就業。不過，最低工資標準的上調也會減少劣勢部門的工作崗位。失業的增加並不只是最低工資標準上調帶來的結果，

也可能是其他一些因素混合作用的結果。例如,完善的社會保障體系可能會增加失業的持續時間。然而,中國作為一個發展中國家,社會保障體系並不完善,政府不能提供較多的失業救濟金,因此,我們不能確定工資水準的降低會帶來大量的失業。

除了失業之外,其他一些市場機制和一般均衡效應也能導致最低工資標準覆蓋和未覆蓋部門較高工資的結果。例如,Saint-Paul(1994)指出,為了應對城市地區的高工資,企業的資本可能會流向農村地區,並增加這些地區的勞動力需求。

總之,對於不同工人群體而言,我們在理論上無法預測最低工資標準對企業雇傭結構調整的影響。基於此,我們轉向通過使用來自中國製造業企業的數據來檢驗最低工資標準對企業雇傭結構調整帶來的影響。但考慮到發展中國家之間最低工資結構和覆蓋範圍的差異性,我們不可能得到與其他發展中國家類似的經驗結果(Eyraud & Saget, 2005)。

在勞動經濟學的經驗研究中,與本章最相關的可能是那些研究最低工資標準如何影響勞動力市場的文獻。然而,最低工資標準與勞動力市場之間的關係在學術界還遠未達成共識。20世紀70年代,規範的實證研究結果表明,最低工資標準的上調會減少就業數量,特別是那些低技能和新聘用的員工數量。例如,Gramlich(1976)研究發現,最低工資標準上調會惡化年輕人群的就業狀況。Brown等(1982)利用美國的時間序列數據進行實證分析發現,最低工資標準對就業具有消極影響,即最低工資標準每上調10%,將有1%~3%的青年群體被擠出勞動力市場。然而,Card和Krueger(1995)卻發現,新澤西餐飲業最低工資標準上調會增加就業,這與完全競爭模型的預期是相反的。不過,20世紀70年代以來的相關文獻約有80%以上的經驗證據支持最低工資標準上調會消極影響就業的結論(Neumark & Wascher, 2006)。

現有文獻除了檢驗最低工資標準上調對總體就業的影響之外,還有部分文獻從實證的角度進一步檢驗了最低工資標準對異質性勞動力就業的影響。例如,Montenegro和Pagés(2004)利用來自智利首都聖地亞哥1960年至1998年的數據,檢驗了最低工資標準上調對異質性勞動力就業的影響,他們發現最低工資標準每上調1%,男性就業概率下降0.017個百分點,而女性就業概率會上升0.046個百分點。不過,最低工資標準對所有低技能員工就業的影響並不明顯。Bell(1997)通過實證研究發現,對於哥倫比亞製造業部門而言,最低工資標準對就業有顯著的消極影響,不過,對於低技能的員工而言,這種消極影響更大。同樣地,Arango和Pachón(2004)利用哥倫比亞的數據研究得出,

最低工資標準對城市就業概率有顯著的消極影響，不過，對於女性、青年以及教育水準較低的群體而言，這種消極影響更大。

儘管有大量研究探討了最低工資標準對總體就業和異質性勞動力就業的影響，然而，鮮有研究利用中國的經驗數據探究最低工資標準對企業雇傭結構調整的影響。截至2017年8月月底，關於中國最低工資標準影響的研究大多局限於最低工資標準所帶來的就業效應，所持觀點莫衷一是，其中大部分學者普遍認為最低工資標準上調對就業具有消極影響。例如，馬雙等（2012）利用1998年至2007年全國各市（地區、自治州和聯盟）最低工資標準數據與相應時間段內規模以上製造業企業報告數據匹配。利用這一匹配數據，他們提供的經驗證據表明最低工資標準每增加10%，製造業企業雇傭人數將顯著減少0.6%；王光新和姚先國（2014）利用中國2000年至2010年30個省（市、區）的面板數據研究了最低工資對就業的影響，他們的研究結果表明，最低工資水準相對於社會平均工資每提高10%，非正式職工的就業在社會總就業中的比例下降約2.3%。另一部分學者認為在不同的條件下，最低工資標準對就業的影響具有明顯的異質性。在考慮地區差異條件下，Wang 和 Gunderson（2011）提供的經驗證據表明，對於中國經濟增長相對緩慢的地區和非國有企業而言，最低工資標準上調會給就業帶來顯著的消極影響，而對於中國東部地區而言，最低工資標準上調對就業的消極影響並不顯著（Wang & Gunderson, 2012）。Fang 和 Lin（2013）發現，對於更加繁榮的中國東部地區而言，最低工資標準上調對就業有顯著的消極影響，並且它對女性、年輕群體和低技能工人的就業有更加強烈的消極影響。同樣地，楊翠迎和王國洪（2015）也考慮了在不同地區條件下，最低工資標準對就業的影響，他們發現最低工資標準上調會給中部帶來相對較大的就業促進效應，給東部帶來相對較小的就業促進效應，而給西部的就業帶來顯著的消極影響。在考慮城鄉差異條件下，Ding（2010）研究發現，最低工資標準的上調會顯著減少中國農民工的就業，而對城市居民就業沒有影響。在考慮部門性質差異的條件下，向攀等（2016）利用中國健康與營養調查微觀數據，從實證的角度分析了2004年以來，最低工資標準對正規部門和非正規部門就業的影響，他們發現最低工資提高使得失業者向非正規部門流動，而非正規部門的勞動者向正規部門流動，最終有利於勞動者在正規部門的就業。

本章的貢獻在於通過探討中國情境下最低工資標準如何影響企業雇傭結構調整，豐富了發展中國家最低工資標準影響的相關文獻。本章的研究結論為如何解決最低工資標準上調引發的勞動力市場上女性就業歧視問題以及人力資本

投資問題提供了具有可行性的決策依據，同時也為科學制定最低工資標準提供了有益的政策啟示。

## 4.3 研究設計

### 4.3.1 數據來源與樣本分佈

本章的研究數據主要來源於 2011 年 12 月至 2013 年 2 月世界銀行對中國製造業企業的問卷調查數據，其目的在於瞭解中國製造業企業所面臨的營商環境。該調查問卷分為兩個部分：第一部分包括企業基本信息、基礎設施和公共服務、顧客和供應商、競爭環境、創新與科技、政府與企業關係、營運障礙等問題；第二部分包括企業的財務現狀，如成本、現金流、員工結構、存貨管理等。為了保證研究具有良好的代表性，世界銀行通過以企業註冊域名為抽樣框的分層隨機抽樣來確定被調查企業。被調查對象為企業的高層管理者。這次調查主要通過郵件和電話回訪的方式來回收樣本，歷經一年多的調查，共收集到有效樣本 2,848 個，其中國有獨資企業為 148 個，占總樣本比例的 5.2%，其餘為非國有獨資企業。這些企業均勻分佈在參與調查的 25 個城市、26 個行業領域，充分考慮了地區、行業和企業差異。因此，這次調查所確定的樣本具有良好的代表性。刪除了存在缺失值的樣本之後，我們最後得到的可用樣本比總體樣本有較大幅度的減少。由於關鍵變量信息缺失致使大量樣本丟失，這有可能會破壞原始調查過程中抽樣的科學性，從而影響到有效樣本的整體代表性。為此，我們將總體樣本和有效樣本進行獨立樣本 t 檢驗，發現其他主要信息在這兩組樣本之間並不存在明顯的差異，這意味著樣本的大量丟失並不會對抽樣的科學性造成實質性的損害。

各城市最低工資標準來源於我們手工整理的最低工資標準數據庫，具體而言，我們通過瀏覽各級政府網站、政策文件、統計公報、官方報紙等多種方式查找，搜集了 2009 年 25 個城市的最低月工資標準。我們將 25 個城市 2009 年的最低工資數據與世界銀行提供的企業問卷調查數據庫進行匹配和加工整理，以便於檢驗最低工資標準對企業雇傭結構調整的影響及作用機制。

### 4.3.2 計量模型與變量定義

現實中，影響企業雇傭結構調整的因素眾多。除了本章關注的最低工資標準之外，企業年齡、規模、所有權性質等特徵以及企業所處的行業特徵都會影

響企業雇傭結構的調整。鑒於此,我們建立如下計量模型來評估最低工資標準對企業雇傭結構調整的影響:

$$y_{icj} = \beta MW_c + X_{icj}\eta + \alpha_j + \varepsilon_{icj} \tag{4-1}$$

在計量模型(4-1)中,$y_{icj}$反應的是城市$c$、行業$j$中企業$i$的各類雇傭結構指標,包括非生產性正式職工的比例(非生產性正式職工總數,如經理、行政人員和銷售人員等占全部正式職工總數的比例)、低技能正式職工的比例[低技能生產性正式職工總數/(低技能生產性正式職工總數+高技能生產性職工總數)]、臨時工的比例[臨時工總數/(臨時工總數+全部正式職工總數)]、女性正式職工的比例[(女性生產性正式職工總數+女性非生產性正式職工總數)/全部正式職工總數]、女性非生產性正式職工的比例(女性非生產性正式職工總數/非生產性正式職工總數)、女性臨時工的比例(女性臨時工總數/臨時工總數)、生產性正式職工培訓比例以及非生產性正式職工培訓比例。MW表示城市$c$中固定職工月最低工資占該城市月平均工資的比重乘以12,即將月最低工資轉化為年度最低工資以匹配企業層面的數據。對於月最低工資的處理辦法,我們遵照Long和Yang(2016)的做法,當最低工資標準的調整發生在年內時,我們採用調整後的最低工資標準。$X_{icj}$表示企業層面的控制變量集,$\alpha_j$表示行業固定效應,$\varepsilon_{icj}$表示隨機抗議項。

由於本章使用的數據為截面數據,因此,我們無法研究最低工資標準隨時間變化對企業雇傭結構的影響,但是可以根據最低工資標準的地區變異來厘清最低工資標準的影響。不可否認的是,我們的分析受到內生性問題的困擾。當然,我們會在實證分析中進一步解決這些問題。對於遺漏變量問題,我們先通過引入一系列可能影響企業雇傭結構的變量來緩解這一問題。

控制變量主要是關於企業特徵的變量集(Long & Yang, 2016),如企業規模(企業正式職工總數的自然對數)、企業年齡(企業自成立以來的年數並去取自然對數)、外商控股比例(外商資本占企業全部資本的比例)、國有控股比例(國家資本占企業全部資本的比例)、勞動生產率(企業年度銷售總額除以正式員工總數並取自然對數)、信息技術應用(工作中經常使用電腦的員工比例)、銀行授信(虛擬變量,賦值為1時表示企業在金融機構有信用額度,否則賦值為0)、產能利用率(企業實際生產能力與潛在最大生產能力的比值)、市場範圍(兩個虛擬變量,其中一個虛擬變量賦值為1時表示企業主要產品在本省銷售,否則賦值為0;另一個虛擬變量賦值為1時表示企業主要產品在國內銷售,否則賦值為0。需要注意的是,市場範圍的參照組為國際銷售,即當企業主要產品在國際上銷售時賦值為1,否則賦值為0)、原料進口

（來源於進口的原料投入或物資採購在企業所有原料投入或物資採購中所占比例）、外資企業的技術許可（虛擬變量，賦值為1時表示除辦公軟件外，企業當前使用的技術許可證來自外資企業，否則賦值為0）、灰色競爭（虛擬變量，賦值為1時表示企業與非正式部門競爭，否則賦值為0）、企業研發（虛擬變量，賦值為1時表示在最近三年裡企業有研發支出，否則賦值為0）、企業固定成本（企業每年在車輛、機械和設備上的租金成本總額占年度銷售額的比值）、企業的平均庫存（企業每年產成品和半成品的存貨價值總和占年度銷售額的比值）。此外，我們還納入了行業虛擬變量集來控制可能影響企業雇傭結構的行業特定因素。

表4-1呈現了主要變量的描述性統計情況。由描述性統計可知，最低工資的變量和各個解釋變量都表現出明顯的變異。值得強調的是：首先，企業雇傭非生產性正式職工的比例為23.9%，這說明中國製造業企業的管理成本較高，管理水準仍有待提升，低技能的正式職工雇傭比例為53.6%，而臨時工的比例僅占7.6%，這意味著中國製造業企業仍主要依賴於低技能的勞動力，製造業仍處在產業中低端水準；其次，女性正式職工的比例為36.7%，女性非生產性正式職工的比例38.7%，女性臨時工的比例為47.8%，這意味著中國製造業企業的女性就業比例較低，這可能與女性個體特徵、勞動力市場上的性別歧視和職業分割有關；再次，生產性職工接受培訓的比例高達91.6%，非生產職工接受培訓的比例也達到了77.2%，這意味著中國製造業的絕大部分企業都在進行人力資本培育，提高工人的勞動技能；最後，最低工資僅占平均工資的25.7%，這與國際上40%以上的標準相差甚遠，它說明，中國最低工資標準相對偏低。

表4-1 主要變量的描述性統計

| 變量 | 定義 | Obs | Mean | Std.Dev | Min | Max |
| --- | --- | --- | --- | --- | --- | --- |
| NW | 非生產性正式職工比例 | 1,725 | 0.239 | 0.116 | 0 | 0.900 |
| Unskilled | 低技能正式職工比例 | 1,715 | 0.536 | 0.278 | 0 | 1 |
| Temporary | 臨時工比例 | 2,799 | 0.076 | 0.150 | 0 | 0.959 |
| FW | 女性正式職工比例 | 1,671 | 0.367 | 0.204 | 0 | 1 |
| FNW | 女性非生產性正式職工比例 | 1,674 | 0.386 | 0.216 | 0 | 1 |
| FT | 女性臨時工比例 | 1,017 | 0.478 | 0.313 | 0 | 1 |
| PT | 生產性正式職工培訓比例 | 1,472 | 0.916 | 0.191 | 0 | 1 |
| NPT | 非生產性正式職工培訓比例 | 1,455 | 0.772 | 0.355 | 0 | 1 |
| MW | 最低月工資/月平均工資×12 | 25 | 0.257 | 0.035 | 0.173 | 0.324 |

表4-1(續)

| 變量 | 定義 | Obs | Mean | Std.Dev | Min | Max |
|---|---|---|---|---|---|---|
| Employment | 正式職工總數 | 2,847 | 288.2 | 1,809 | 4 | 50,000 |
| Age | 企業年齡 | 2,767 | 14.10 | 8.870 | 1 | 134 |
| Foreign | 外商控股比例 | 2,840 | 0.036 | 0.165 | 0 | 1 |
| Government | 國有控股比例 | 2,838 | 0.068 | 0.240 | 0 | 1 |
| Productivity（千元/人） | 勞動生產率 | 2,839 | 851.7 | 6,436 | 0 | 300,000 |
| Computer | 信息技術應用 | 2,830 | 0.382 | 0.305 | 0 | 1 |
| Credit(0,1) | 銀行授信 | 2,732 | 0.313 | 0.464 | 0 | 1 |
| Capacity | 產能利用率 | 1,691 | 0.868 | 0.108 | 0 | 1 |
| Local(0,1) | 本地銷售 | 1,726 | 0.185 | 0.389 | 0 | 1 |
| Country(0,1) | 國內銷售 | 1,726 | 0.722 | 0.448 | 0 | 1 |
| Import | 原料進口 | 1,723 | 3.741 | 13.27 | 0 | 100 |
| License(0,1) | 外資企業的技術許可 | 1,710 | 0.243 | 0.429 | 0 | 1 |
| Informal(0,1) | 灰色競爭 | 2,745 | 0.538 | 0.499 | 0 | 1 |
| RD(0,1) | 研發支出 | 1,714 | 0.417 | 0.493 | 0 | 1 |
| FC | 固定成本 | 1,471 | 0.012 | 0.033 | 0 | 0.500 |
| Inventory | 平均庫存 | 1,438 | 0.149 | 0.280 | 0 | 5.600 |

最低工資制度對中國所有企業都具有強制約束力，無論是私人部門還是公共部門，都必須支付不低於最低工資標準的工資給雇員。因此，在檢驗最低工資標準對企業雇傭結構的影響之前，檢驗企業對最低工資政策的遵守是很重要的。檢驗企業對最低工資政策遵守的一個簡單方法就是在最低工資標準處或附近尋找企業工資分佈的「峰尖」（Alaniz et al., 2011）。根據25個城市的最低工資標準，我們通過繪製（企業月平均工資/月最低工資）自然對數的核密度圖來刻畫企業對最低工資制度的遵守情況①。為了檢驗最低工資制度遵守的不同程度，我們繪製了兩幅核密度圖來刻畫大企業和小企業對最低工資制度遵守程度的差異②。圖4-1呈現了大企業和小企業對最低工資制度的遵守程度，很

---

① 企業的月平均工資包括基本工資、業績工資、獎金、社會保險，具體的計算過程為：企業月平均工資=企業每年總工資/（固定職工總數+臨時工×（工作時間/12））/12。
② 大企業和小企業的劃分標準為企業正式職工總數的中位數，若該企業的正式職工總數大於這一標準，則定義為大企業，反之則定義為小企業。

顯然，由於小企業的監督異常困難，因此小企業不遵守最低工資制度的程度要比大企業更加嚴重。事實上，當前勞動糾紛案件主要是由企業不遵守最低工資制度導致的（Long & Yang, 2016）。不過，整體而言，中國製造業企業的最低工資制度得到了良好的遵守，這與葉林祥等（2015）和 Long、Yang（2016）的發現是一致的。

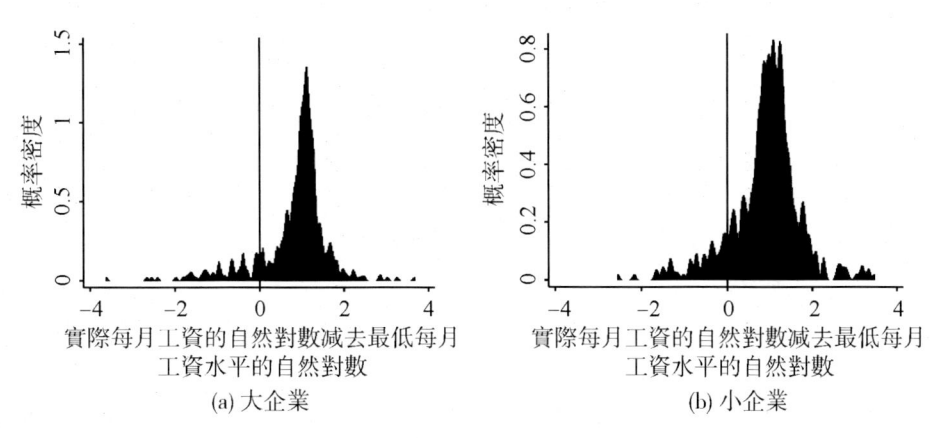

(a) 大企業

(b) 小企業

圖 4-1 不同規模最低工資遵守的核密度圖

## 4.4 實證檢驗

### 4.4.1 基準迴歸

通常地，企業會積極調整雇傭結構以應對最低工資標準上調帶來的勞動力成本壓力。我們使用全樣本評估了最低工資標準對企業雇傭結構的影響效應。結果經整理後匯報在表 4-2 中，迴歸結果顯示，在 1% 的顯著性水準上，最低工資標準對非生產性正式職工比例有顯著的消極影響表 4-2 中第（1）列，平均而言，最低工資與城市平均工資的比值每上升 1 個百分點，企業非生產性正式職工的比例將下降 0.52 個百分點。由此可知，最低工資標準上調會「倒逼」企業提高企業管理水準，減少非生產性正式職工的比例，以降低勞動力成本。同樣地，在 1% 的顯著性水準上，最低工資標準上調對低技能正式職工的比例有顯著的消極影響表 4-2 中第（2）列，平均而言，最低工資與城市平均工資的比值每上升 1 個百分點，企業低技能正式職工的比例將下降 1.19 個百分點。一方面，降低低技能正式職工比例有助於企業提高勞動生產率，從而彌補由於

最低工資標準上浮所帶來的勞動力成本壓力；另一方面，降低低技能正式職工比例有助於節約人力資本投入，提高人力資本效益。更重要的是，降低低技能正式職工比例不僅有助於企業改善雇傭結構，進一步緩解由最低工資標準上調帶來的勞動力成本壓力，而且還可以提高企業的市場競爭優勢，為企業的可持續發展奠定基礎。不過，在10%的顯著性水準上，最低工資標準對臨時工比例有顯著的積極影響表4-2中第（3）列，平均而言，最低工資與城市平均工資的比值每上升1個百分點，企業臨時工比例將上升0.25個百分點。主要原因在於，2012年之前在《中華人民共和國勞動合同法》中沒有明確臨時工與用工單位正式職工同工同酬的權利。因此，臨時工通常不在最低工資標準的覆蓋範圍。這顯然提高了企業用工的彈性，一方面企業可以在短期內用低於最低工資標準的工資聘用臨時工來替代非生產性工人和低技能工人的工作，以維持企業原有的生產率；另一方面，當企業尋求到能夠替代勞動力的生產要素時（例如IT技術），企業又可以隨時辭退臨時工，節約了企業的勞動力交易成本。

表4-2中第（4）列至第（6）列報告了最低工資標準上調給女性就業帶來的影響。第（4）列的結果顯示，最低工資標準對女性正式職工比例有消極影響，但在10%的顯著性水準上並不顯著。不過，第（5）列的結果顯示，在1%的顯著性水準上，最低工資標準對女性非正式職工比例有顯著的消極影響，平均而言，最低工資與城市平均工資的比值每上升1個百分點，企業雇傭女性非正式職工的比例將下降1.61個百分點。同樣地，第（6）列的結果顯示，在10%的顯著性水準上，最低工資標準對女性臨時工的比例有顯著的消極影響，平均而言，最低工資與城市平均工資的比值每上升1個百分點，企業雇傭女性臨時工的比例將下降1.02個百分點。由此可見，最低工資標準上調會首先衝擊女性群體的就業。對此，一個可能的解釋是，高校擴招之後，中國高等教育機會在性別間的分配逐漸走向平等化（張兆曙、陳奇，2013），這使得女性職工與男性職工的人力資本水準的差距在逐漸縮小，勞動力市場上工資性別差異也在逐步縮小（馬超等，2013）。然而，由於女性自身稟賦以及傳統家庭分工觀念的束縛，中國勞動力市場上的性別工資差異依然存在，女性的工資仍明顯低於男性工資（Chi & Li，2014）。因此，最低工資標準上調首先會衝擊工資水準較低的女性就業（賈朋、張世偉，2012）。更重要的是，女性在勞動強度、生產的連續性和生產效率等方面都弱於男性，為了應對最低工資標準上調帶來的勞動力成本壓力，理性的企業會優先淘汰生產效率低的工人，由此導致了勞動需求者對女性勞動力差別選擇的結果（劉玉成、童光榮，2012）。

表4-2中第（7）列和第（8）列報告了最低工資標準給企業培訓決策帶

来的影响。第（7）列的结果显示，在1%的显著性水准上，最低工资标准对生产性职工培训比例有显著的负面影响，平均而言，最低工资与城市平均工资的比值每上涨1个百分点，企业培训生产性职工的比例将下降0.67个百分点；同样地，最低工资标准对非生产性职工培训比例也有负面影响，且在1%的显著性水准上显著，平均而言，最低工资与城市平均工资的比值每上涨1个百分点，企业培训非生产性职工的比例将下降1.35个百分点。由此可见，最低工资标准上调会迫使企业降低培训规模，减少对人力资本的投入。这一结论与以往的研究发现是一致的（马双、甘犁，2014），同时这也与人力资本理论的预测是一致的（Lechthaler & Snower, 2008）。控制变量的迴归结果与现有文献结论和理论预期是一致的，本书限于篇幅，不再赘述。

表4-2 最低工资标准对企业雇佣结构的影响（最小二乘法，全样本）

| | （1）NW | （2）Unskilled | （3）Temporary | （4）FW | （5）FNW | （6）FT | （7）PT | （8）NPT |
|---|---|---|---|---|---|---|---|---|
| MW | -0.521,9*** | -1.188,6*** | 0.251,3* | -0.335,1 | -1.610,5*** | -1.024,6** | -0.672,7*** | -1.346,2*** |
| | (0.087,1) | (0.221,4) | (0.136,6) | (0.228,8) | (0.235,1) | (0.515,3) | (0.155,6) | (0.310,3) |
| Lnsize | -0.013,2*** | 0.021,5*** | -0.021,4*** | 0.001,8 | 0.000,6 | 0.010,2 | -0.000,6 | 0.020,3* |
| | (0.004,0) | (0.005,3) | (0.004,0) | (0.005,5) | (0.005,4) | (0.009,4) | (0.004,4) | (0.010,6) |
| Lnage | -0.008,6* | -0.018,9 | 0.011,1 | 0.010,3 | 0.015,8 | 0.041,7 | -0.019,7** | 0.029,2* |
| | (0.004,8) | (0.011,6) | (0.012,0) | (0.009,6) | (0.012,9) | (0.028,7) | (0.008,0) | (0.015,5) |
| Foreign | 0.008,0 | -0.094,3* | -0.018,8 | 0.029,3 | 0.048,8 | 0.160,8 | -0.019,6 | -0.070,1 |
| | (0.014,4) | (0.053,6) | (0.016,8) | (0.030,5) | (0.034,3) | (0.101,5) | (0.023,6) | (0.050,4) |
| Government | -0.037,6** | -0.206,0** | 0.023,9 | 0.071,8*** | 0.071,2* | -0.030,1 | 0.014,0 | 0.183,9*** |
| | (0.016,4) | (0.022,5) | (0.015,9) | (0.025,4) | (0.039,9) | (0.034,0) | (0.022,1) | (0.039,2) |
| Lnproductivity | 0.008,1* | 0.021,8** | 0.016,2*** | -0.021,5*** | -0.008,3 | -0.014,8 | 0.000,4 | 0.019,7** |
| | (0.004,3) | (0.008,9) | (0.004,5) | (0.004,4) | (0.005,0) | (0.011,5) | (0.004,3) | (0.009,4) |
| Computer | 0.139,2*** | -0.129,2** | -0.012,6 | -0.027,4 | 0.073,5 | -0.082,1 | 0.054,8 | 0.025,8 |
| | (0.022,3) | (0.048,4) | (0.019,1) | (0.041,7) | (0.043,9) | (0.080,7) | (0.032,8) | (0.063,8) |
| Credit | 0.010,8 | 0.024,3* | -0.000,7 | -0.012,3 | -0.000,5 | -0.047,4 | -0.013,7 | -0.022,3 |
| | (0.006,9) | (0.013,5) | (0.007,0) | (0.007,3) | (0.013,0) | (0.041,3) | (0.011,1) | (0.028,7) |
| Capacity | -0.084,5** | 0.142,6 | -0.049,2 | 0.065,0 | 0.106,6** | 0.116,4 | -0.099,9 | -0.237,9** |
| | (0.037,1) | (0.124,6) | (0.052,5) | (0.051,9) | (0.048,0) | (0.150,6) | (0.063,9) | (0.102,5) |
| Local | 0.010,7 | -0.004,4 | -0.006,5 | -0.047,9** | -0.032,5 | -0.000,6 | 0.001,1 | -0.056,3 |
| | (0.010,2) | (0.035,9) | (0.022,5) | (0.020,9) | (0.022,3) | (0.059,0) | (0.030,1) | (0.057,1) |
| Country | 0.005,1 | 0.012,8 | -0.007,7 | -0.013,1 | -0.017,5 | 0.004,5 | 0.054,7*** | -0.007,2 |
| | (0.008,5) | (0.035,0) | (0.016,5) | (0.014,8) | (0.021,0) | (0.061,5) | (0.018,5) | (0.035,0) |
| Import | 0.000,3 | 0.000,6 | 0.000,1 | 0.000,9** | -0.000,0 | 0.002,0 | -0.000,8 | -0.000,1 |
| | (0.000,3) | (0.000,8) | (0.000,3) | (0.000,4) | (0.000,4) | (0.001,3) | (0.000,5) | (0.000,6) |

表4-2(續)

| | (1) NW | (2) Unskilled | (3) Temporary | (4) FW | (5) FNW | (6) FT | (7) PT | (8) NPT |
|---|---|---|---|---|---|---|---|---|
| License | -0.014,3 | 0.069,5** | -0.002,2 | 0.022,8* | 0.020,8 | 0.017,0 | 0.006,7 | 0.084,3*** |
| | (0.008,5) | (0.031,8) | (0.010,6) | (0.013,2) | (0.019,4) | (0.046,7) | (0.021,2) | (0.027,8) |
| Informal | -0.017,2*** | -0.000,6 | 0.004,5 | 0.055,7*** | -0.016,0 | 0.073,6** | -0.067,6*** | -0.000,7 |
| | (0.005,3) | (0.015,7) | (0.009,3) | (0.010,4) | (0.013,9) | (0.033,4) | (0.013,2) | (0.032,1) |
| RD | 0.013,4 | -0.010,6 | 0.032,2*** | 0.016,1 | -0.008,3 | 0.017,6 | -0.010,8 | 0.014,8 |
| | (0.008,0) | (0.020,2) | (0.007,2) | (0.010,6) | (0.010,9) | (0.026,6) | (0.015,5) | (0.034,9) |
| FC | -0.251,1* | -0.446,9 | 0.329,9** | 0.492,0** | 0.643,5*** | -0.094,3 | -0.088,1 | 0.801,8** |
| | (0.128,1) | (0.261,8) | (0.130,0) | (0.189,1) | (0.222,9) | (0.452,9) | (0.127,9) | (0.291,0) |
| Inventory | -0.014,5** | 0.057,0 | -0.013,8 | -0.007,2 | 0.003,7 | 0.043,3 | -0.065,4** | -0.007,3 |
| | (0.005,7) | (0.034,6) | (0.010,8) | (0.017,5) | (0.019,9) | (0.053,4) | (0.023,6) | (0.027,7) |
| Constant | 0.415,7*** | 0.438,5*** | -0.103,8 | 0.721,5*** | 0.790,3*** | 0.798,6*** | 1.270,8*** | 0.957,3*** |
| | (0.079,4) | (0.155,0) | (0.063,4) | (0.128,1) | (0.065,2) | (0.243,8) | (0.064,1) | (0.187,3) |
| Industry FE | Y | Y | Y | Y | Y | Y | Y | Y |
| Observations | 1,156 | 1,152 | 1,147 | 1,148 | 1,150 | 447 | 990 | 987 |
| R-squared | 0.181,2 | 0.125,4 | 0.106,0 | 0.323,3 | 0.117,7 | 0.259,6 | 0.122,2 | 0.110,7 |

註：*、**、***分別表示在10%、5%和1%的顯著性水準上顯著，括號表示聚合在行業性質層面的穩健性標準誤。下文若無特別說明，都與此相同，不再贅述。

### 4.4.2 分樣本迴歸

相對於大型企業而言，監督小企業對最低工資制度的執行會更加困難（Long & Yang, 2016）。因此，小企業對最低工資標準上調的敏感性相對較弱。為此，我們將總體樣本按照正式職工總數的中位數為標準劃分為小企業和大企業。迴歸結果經整理後匯報在表4-3中，其中Panel A和Panel B分別匯報的是最低工資標準對小企業和大企業雇傭結構的影響。

表4-3 最低工資標準對企業雇傭結構的影響（分企業規模）

| | (1) NW | (2) Unskilled | (3) Temporary | (4) FW | (5) FNW | (6) FT | (7) PT | (8) NPT |
|---|---|---|---|---|---|---|---|---|
| **Panel A：小企業** | | | | | | | | |
| MW | -0.536,6*** | -0.932,6*** | -0.001,3 | -0.364,9** | -1.830,1*** | -1.302,8 | -0.673,3 | -0.828,4*** |
| | (0.132,6) | (0.331,4) | (0.239,6) | (0.151,4) | (0.242,8) | (0.905,2) | (0.402,8) | (0.243,4) |
| 其他變量 | Y | Y | Y | Y | Y | Y | Y | Y |
| Industry FE | Y | Y | Y | Y | Y | Y | Y | Y |

表4-3(續)

|  | (1) | (2) | (3) | (4) | (5) | (6) | (7) | (8) |
|---|---|---|---|---|---|---|---|---|
|  | NW | Unskilled | Temporary | FW | FNW | FT | PT | NPT |
| Observations | 579 | 577 | 577 | 579 | 579 | 225 | 493 | 493 |
| R-squared | 0.196,3 | 0.166,1 | 0.135,2 | 0.321,3 | 0.179,4 | 0.238,4 | 0.174,3 | 0.155,9 |
| **Panel B：大企業** | | | | | | | | |
| MW | -0.608,8*** | -1.342,5*** | 0.498,1*** | -0.398,2** | -1.326,2*** | -1.022,4 | -0.828,4*** | -0.673,3 |
|  | (0.146,1) | (0.320,2) | (0.136,9) | (0.175,9) | (0.327,8) | (0.738,5) | (0.243,4) | (0.402,8) |
| 其他變量 | Y | Y | Y | Y | Y | Y | Y | Y |
| Industry FE | Y | Y | Y | Y | Y | Y | Y | Y |
| Observations | 577 | 575 | 570 | 569 | 571 | 222 | 497 | 494 |
| R-squared | 0.210,8 | 0.148,7 | 0.139,7 | 0.368,9 | 0.115,4 | 0.369,9 | 0.155,9 | 0.174,3 |

迴歸結果顯示，對於小企業而言，最低工資標準對非生產性正式職工比例、低技能正式職工比例、女性正式職工比例、女性非生產性正式職工比例以及非生產性正式職工培訓比例有消極影響，且在10%的顯著性水準上顯著。然而，最低工資標準對小企業臨時工比例幾乎沒有影響、對小企業女性臨時工比例以及生產性正式職工培訓比例有消極影響，但在10%的顯著性水準上並不顯著；對於大企業而言，最低工資標準對非生產性正式職工比例、低技能正式職工比例、女性正式職工比例、女性非生產性正式職工比例以及生產性正式職工培訓比例都有消極影響，且在10%的顯著性水準上顯著。儘管最低工資標準對大型企業女性臨時工比例和非生產性正式職工培訓比例有消極影響，但在10%的顯著性水準上並不顯著。通過對比 Panel A 和 Panel B 的迴歸結果發現，無論企業規模大小，最低工資標準都會導致企業降低非生產性正式職工比例、低技能正式職工比例、女性正式職工比例和女性非生產性正式職工比例。由此可知，最低工資的上調打破了勞動力市場上原有的均衡狀態，起到了「熊彼特破壞性」創新的作用，「倒逼」企業提高內部管理水準，合理調整內部雇傭結構，從而強化市場競爭優勢。事實上，最低工資制度是政府嵌入到市場上的篩選器，它起到了優勝劣汰的作用，即那些不能支付最低工資的企業通常是生產效率低的企業，而這些企業將被市場淘汰出局。那些對最低工資制度遵守較好的大企業通常會完善內部管理，提高生產效率。顯然，大企業針對最低工資標準的應對策略會給那些不嚴格遵守最低工資制度的小企業帶來市場競爭壓力，迫使小企業採取部分相同的策略來應對大企業的市場競爭。

不同的是，當最低工資標準上調時，大企業會顯著提高臨時工的比例（$\beta=0.498,1$，$p<0.01$），而小企業則對臨時工比例的調整並不明顯。對此一

個可能的解釋是，隨著最低工資標準的上調，大企業會提高對臨時工的比例，以強化企業用工的靈活性，緩解由於最低工資標準上調帶來的成本壓力。由於最低工資標準上調導致大企業對臨時工的需求量激增，而短期內勞動力市場上臨時工的供給是不變的，這將給原本臨時工比例較大的小企業造成較大的用工壓力。此外，當最低工資標準上調時，大企業會顯著降低生產性正式職工的培訓比例，而對非生產性正式職工培訓比例的降低作用並不顯著；對於小企業而言，它們會顯著降低非生產性正式職工的培訓比例，雖然也會降低生產性正式職工的培訓比例，但這種降低作用並不顯著。可能的原因是，通常情況下，企業規模越大，管理層次和管理部門越多，管理的難度越高，這就要求管理者必須不斷提高管理水準，而提高管理水準的重要途徑就是接受培訓。因此，最低工資標準上調對大企業非正式職工培訓比例的降低效應不顯著，而對小企業非正式職工培訓比例的降低效應顯著。

### 4.4.3 穩健性檢驗

為了進一步檢驗迴歸結果的穩健性，我們從以下五個方面進行了檢驗：

（1）反向因果

由於調高最低工資標準會導致弱勢群體失業（女性和低技能職工），因此，當市場對勞動力的需求過旺時，當地政府將可能做出上調最低工資標準的決定（Long & Yang, 2016），這種逆向因果關係帶來的內生性問題會導致上述有關最低工資標準對企業雇傭結構影響的估計存在較大偏誤。不過，值得慶幸的是最低工資標準的設定對於轄區內單個企業而言是一個特定的外生事件，其效果必然會影響到轄區內特定的企業行為。但是，從相反的途徑來看，轄區內單個企業如果要影響城市最低工資標準的制度，這會存在較大的實現難度和較高的交易成本。換言之，最低工資標準能夠影響到轄區內微觀層面的企業雇傭結構調整，但相反的影響機制可能並不存在。

（2）遺漏變量

我們使用行業虛擬變量集控制了一些不可觀測的行業特定因素對企業雇傭結構的影響，因此，由遺漏行業特定因素導致的內生性問題可能並不嚴重。不過，當地經濟水準、就業規模、法治水準和政府規制等變量都與最低工資標準的設定以及企業雇傭結構的調整相關。例如，經濟水準越高的地區更有可能設定更高的最低工資標準，從而促使企業調整雇傭結構。遺漏這些變量將無法相對準確地估計最低工資標準對企業雇傭結構的影響。因此，因果關係的識別還需要進一步排除城市經濟水準、就業規模、法治水準和政府規制對企業雇傭結

構的潛在影響。為此，本章利用城市人均GDP的自然對數（Lngdp）來刻畫城市的經濟水準；利用城市就業人口總數的自然對數（Lnworkers）來衡量城市的就業規模①；關於法治水準（Law）的衡量，我們摘取調查問卷中受訪的管理者對「法院系統是公平、公正和廉潔的」這一觀點的看法，受訪的管理者可供選擇的答案：「強烈不同意、傾向於不同意、傾向於同意和強烈同意」，依序賦值：1、2、3、4，從而構成一個正向度量法治水準的指標。考慮到對轄區內單個企業而言，法治水準是一個相對外生的變量，為此我們將企業層面的法治水準聚合成同一城市同一行業層面的法治水準。通過這種轉換，一方面消除了同一地區同一行業的不同企業之間對法治水準評價的偏差，從而減少了度量誤差；另一方面使得法治水準的變化源自「城市-行業」層面的差異，更加接近中國法治水準在不同城市和不同行業具有較大差異性的這一特徵事實。同樣地，關於政府管制（Regulation）的度量，我們也摘取調查問卷中受訪的管理者對「在一週內，所有高層管理者用於處理政府規則所花的時間占比」這一問題的回答。受調查的管理者包括經理、董事以及高層領導。政府的規則通常包括稅收、海關、勞動規則、許可證、註冊等。處理政府規則的方式通常是與政府官員打交道並完成各種表單的填寫。考慮到對轄區內單個企業而言，政府管制是一個相對外生的變量，為此，我們採取上述同樣的方法將政府管制轉換為同一城市同一行業層面的政府管制。表4-4在基準模型的基礎上納入了城市經濟水準、就業規模、法治水準和政府規制四個重要的遺漏變量。我們發現，納入了遺漏變量後的迴歸結果與基準模型的迴歸結果並無明顯的差異，由此說明本章的研究結果具有穩健性。

表4-4 最低工資標準對企業雇傭結構的影響（加入遺漏變量）

| | （1）NW | （2）Unskilled | （3）Temporary | （4）FW | （5）FNW | （6）FT | （7）PT | （8）NPT |
|---|---|---|---|---|---|---|---|---|
| MW | -0.557,7*** | -1.915,2*** | 0.175,9* | -0.246,8 | -1.621,3*** | -1.803,7*** | -1.103,4*** | -1.500,0*** |
| | (0.085,0) | (0.258,3) | (0.089,2) | (0.214,6) | (0.253,2) | (0.570,8) | (0.208,1) | (0.403,7) |
| Lngdp | -0.001,2 | -0.197,9*** | -0.041,1** | 0.037,1* | -0.028,9 | -0.097,2*** | -0.104,7*** | -0.053,7 |
| | (0.008,4) | (0.021,8) | (0.019,3) | (0.021,2) | (0.021,3) | (0.055,7) | (0.024,2) | (0.046,4) |
| Lnworkers | -0.000,5 | 0.001,3 | 0.008,7 | -0.021,1*** | 0.015,9 | -0.061,2*** | 0.017,8 | 0.006,7 |
| | (0.007,7) | (0.015,7) | (0.009,8) | (0.007,2) | (0.011,4) | (0.026,2) | (0.018,2) | (0.025,5) |

---

① 城市人均GDP和就業規模的數據摘自2010年出版的《中國城市統計年鑑》。

表4-4(續)

|  | (1) NW | (2) Unskilled | (3) Temporary | (4) FW | (5) FNW | (6) FT | (7) PT | (8) NPT |
|---|---|---|---|---|---|---|---|---|
| Law | 0.020,4* | 0.004,6 | -0.033,7** | -0.051,0*** | -0.026,6* | -0.059,1* | 0.057,9* | -0.051,1 |
|  | (0.010,1) | (0.023,9) | (0.013,2) | (0.012,7) | (0.015,0) | (0.029,5) | (0.028,8) | (0.042,1) |
| Regulation | 0.005,4 | -1.915,2*** | 0.175,9 | -0.003,2 | 0.001,8 | -0.019,4* | -0.004,9 | -0.022,4** |
|  | (0.003,4) | (0.258,3) | (0.119,2) | (0.005,0) | (0.006,9) | (0.011,1) | (0.005,4) | (0.008,7) |
| 其他變量 | Y | Y | Y | Y | Y | Y | Y | Y |
| Industry FE | Y | Y | Y | Y | Y | Y | Y | Y |
| Observations | 1,155 | 1,151 | 1,146 | 1,147 | 1,149 | 447 | 989 | 986 |
| R-squared | 0.190,1 | 0.169,7 | 0.122,1 | 0.335,7 | 0.120,8 | 0.296,6 | 0.153,9 | 0.122,9 |

(3) 同時性問題

在非實驗研究中，因果關係必備的條件通常是時間上具有順序性。如果缺少這一條件將會導致由於同時性帶來的內生性問題。相對於最低工資標準的設立，企業通常對雇傭結構的調整要相對滯後。在本章中，企業雇傭結構的調整發生在2010年，各城市最低工資標準的設立發生在2009年。由此可以推斷本章的解釋變量和被解釋變量在一定程度上滿足因果關係中的時間順序性，不存在嚴重的時序性問題。然而，我們仍擔心新成立的企業帶來的同時性問題。一般而言，最低工資標準較低的地區通常能夠吸引更多偏好廉價勞動力的新企業入駐，與此同時，這些新企業可能會招募更多廉價的勞動力。為了解決由於同時性帶來的內生性問題，我們刪除那些2009年之後成立的企業，然後在加入遺漏變量的基礎上重新迴歸。迴歸結果經整理後匯報在表4-5中，我們發現，克服同時性問題後的迴歸結果與基準模型的迴歸結果並無明顯的差異，進一步說明本章的研究結果具有較強的穩健性。

表4-5 最低工資標準對企業雇傭結構的影響（克服同時性問題）

|  | (1) NW | (2) Unskilled | (3) Temporary | (4) FW | (5) FNW | (6) FT | (7) PT | (8) NPT |
|---|---|---|---|---|---|---|---|---|
| MW | -0.521,1*** | -2.046,6*** | 0.238,2* | -0.305,9 | -1.709,8*** | -1.854,4*** | -1.088,6*** | -1.459,6*** |
|  | (0.094,3) | (0.242,3) | (0.130,2) | (0.229,4) | (0.246,1) | (0.640,4) | (0.196,5) | (0.411,5) |
| 控制變量 | Y | Y | Y | Y | Y | Y | Y | Y |
| Industry FE | Y | Y | Y | Y | Y | Y | Y | Y |
| Observations | 1,134 | 1,130 | 1,125 | 1,126 | 1,128 | 440 | 973 | 970 |
| R-squared | 0.188,8 | 0.172,8 | 0.128,6 | 0.344,2 | 0.121,4 | 0.298,3 | 0.159,2 | 0.122,1 |

（4）剔除政治色彩的影響

在調查的25個城市中，由於上海和北京是直轄市，它們的政治地位要高於其他城市，更重要的是它們的發展通常帶有濃厚的政治色彩。因此，直轄市內樣本的政治和經濟等外部環境與其他城市內樣本有著明顯的差異性。在估計的過程中，不考慮這種差異性，勢必會帶來估計的偏誤。為此，我們剔除了上海和北京這兩個城市的樣本，然後在加入遺漏變量的基礎上重新迴歸。迴歸結果經整理後匯報在表4-6中。我們發現，剔除政治色彩的影響之後，在5%的顯著性水準上，最低工資標準對女性正式職工比例有顯著的減少效應。總之，相比基準模型的迴歸結果，剔除政治色彩的影響之後的迴歸結果在系數絕對值上有所提升，部分迴歸系數的顯著性水準也進一步提高，但迴歸系數的方向仍保持不變。由此可見，本章的研究結果具有較強的穩健性。

表4-6 最低工資標準對企業雇傭結構的影響（剔除政治色彩的影響）

| | （1）NW | （2）Unskilled | （3）Temporary | （4）FW | （5）FNW | （6）FT | （7）PT | （8）NPT |
|---|---|---|---|---|---|---|---|---|
| MW | -0.626,0*** | -2.521,2*** | 0.310,4** | -0.407,4** | -1.731,0*** | -1.884,2*** | -1.323,0*** | -1.814,3*** |
| | (0.088,8) | (0.300,3) | (0.130,4) | (0.193,2) | (0.246,7) | (0.602,2) | (0.240,5) | (0.432,5) |
| 其他變量 | Y | Y | Y | Y | Y | Y | Y | Y |
| Industry FE | Y | Y | Y | Y | Y | Y | Y | Y |
| Observations | 1,137 | 1,133 | 1,128 | 1,129 | 1,131 | 438 | 976 | 973 |
| R-squared | 0.193,0 | 0.191,8 | 0.126,9 | 0.336,5 | 0.125,1 | 0.286,3 | 0.164,0 | 0.130,9 |

（5）其他穩健性檢驗

除了上述穩健性檢驗辦法之外，我們還採用重新取樣的方法進行穩健性檢驗。考察模型參數估計值的穩健性，最好的辦法就是加大樣本量，並用原來的方法重新擬合模型。如果得到的參數估計值與原參數估計值接近，則表示原參數估計值的穩健性較好。不過，加大樣本量會耗費大量的人力、物力和財力，實施起來比較困難。而採用基於原始數據的模擬抽樣方法，即bootstrap方法來驗證參數估計值的穩健性，則可以避免以上方法的局限性。因此，本章使用bootstrap方法來驗證模型參數估計值的穩健性。結果發現，使用bootstrap方法得到的迴歸系數估計值與OLS得到的系數估計值接近，由此可見，模型參數估計值的穩健性較好。除此之外，我們還利用另一種重新取樣的方法來判斷模型參數估計值的穩健性，即在總體樣本中隨機抽取25%、50%和75%的子樣本進行迴歸，迴歸結果顯示，在總體樣本中隨機抽取無論是25%、50%的子樣本還是75%的子樣本，迴歸系數估計值始終與最小二乘法估計的系數值接近，這

進一步說明模型參數估計值的穩健性較好。最後，我們將總體樣本按照企業類型分為勞動密集型和資本密集型企業①，並利用OLS對基準模型重新迴歸，結果發現，相對於資本密集型企業而言，最低工資標準對勞動密集型企業雇傭結構的影響更加強烈和顯著，並且這一發現通過了上述各種穩健性檢驗。

## 4.5 本章小結

《最低工資規定》是中國保護基層勞動者權益最重要的顯性法律契約之一。然而，在勞動保護體制相對孱弱的情境下，鮮有研究檢驗雇主為應對最低工資標準上調而調整企業雇傭結構的機制。本章利用中國25個城市最低工資標準的數據匹配世界銀行提供的企業環境質量調查數據庫，實證檢驗了最低工資標準如何影響企業的雇傭結構。整體上，最低工資標準對企業雇傭結構的影響與理論預期和中國勞動力市場上的制度背景是吻合的。我們發現，當最低工資標準上調時，企業可以通過以下幾種方式來調整雇傭結構以緩解最低工資標準上調帶來的勞動力成本壓力：首先，企業會顯著降低非生產性正式職工比例和低技能正式職工比例，這意味著最低工資標準的上調在某種程度上會「倒逼」企業提高管理水準。不過，企業為了規避最低工資標準的影響，會調整臨時工的比例，以增強用工的靈活性。其次，最低工資標準上調在某種程度上加劇了就業性別競爭，從而導致了更加嚴重的就業性別歧視問題。具體表現為，最低工資標準上調會導致企業降低女性正式職工比例，顯著降低女性非生產性正式職工比例和女性臨時工比例。最後，最低工資標準上調會導致企業削減人力資本培育力度，具體表現為當最低工資標準上調時，企業會顯著降低生產性正式職工和非生產性正式職工的培訓比例。此外，當最低工資標準上調時，企業對雇傭結構的調整力度在某種程度上取決於企業對最低工資制度的遵守程度。

本章只是提供了有關最低工資標準如何影響企業雇傭結構的一些初步證據，但是本章的研究結論對於深化勞動力市場的改革具有一定的理論意義和現實意義。首先，本章提供的經驗證據表明最低工資標準會帶來一些預料之外的後果。隨著中國法治化水準的提升，最低工資標準的執行將更加嚴格，在人口

---

① 根據調查問卷的設置，我們用2010年企業勞動力工資總額除以企業車輛、機器、設備、廠房和土地的年度租金總額，再取自然對數，這一結果大於零的企業定義為勞動密集型企業，反之則定義為資本密集型企業。

紅利逐步消失的現實背景下，企業可能會逐步調整雇傭結構，並對勞動者的個體素質提出了更高的要求，這可能會將低技能和女性勞動力逐出勞動力市場。對此，政府部門應該加強職業技能培訓，從而縮小不同勞動力市場上勞動者之間的技能差距。為了解決由於最低工資標準上調而導致的女性就業歧視問題，政府部門應該建立和完善與之相關的法律法規，並加強法律的可操作性。政府部門還可以將用工單位招收女性的額外成本社會化。將婦女生育價值的補償從企業的用工成本中抽離出來，由社會保險承擔補償，將女性生育費用納入社會統籌費用之中。除此之外，政府部門可以推動經濟結構的戰略性轉型，積極鼓勵和支持適合女性就業的新產業新業態的發展。

其次，本章提供的經驗證據表明最低工資標準上調會促使企業利用臨時工來替代正式員工，從而緩解由於最低工資標準上調帶來的勞動力成本壓力。對此，政府部門在實施《中華人民共和國勞動合同法》（2012 年 12 月通過，2013 年 7 月 1 日起實施）的過程中應該督促企業嚴格執行新《中華人民共和國勞動合同法》，做到同工同酬。通過這種做法，一方面有助於保障臨時工的基本權利，促進社會和諧發展；另一方面有助於企業採取更加積極的策略來應對最低工資標準的上調，從而推動企業的轉型升級。

最後，本章的研究結論顯示，最低工資標準上調會導致企業顯著降低正式職工的培訓比例。為此，政府部門可以轉移企業培訓的相關成本，以稅收優惠或補貼的形式激勵企業向正式職工提供更多的培訓機會。

# 5 最低工資標準如何影響企業產能過剩

產能過剩是中國當前供給側結構性改革過程亟待解決的首要問題之一。本章將中國 25 個城市最低工資標準數據匹配到世界銀行關於中國製造業企業調查數據,從實證角度探究了最低工資標準對企業產能利用率的影響及作用機制。結果表明,最低工資標準上浮會顯著降低企業的產能利用率。本章還揭示了最低工資標準影響企業產能利用率的調節機制和渠道機制。調節機制表明,隨著賄賂額度和國有控股比例的增加,最低工資標準對企業產能利用率的消極影響會逐漸弱化;渠道機制表明,最低工資標準上浮會通過抬高員工薪資、擠占企業研發投入,對產能利用率產生顯著的負向間接效應。進一步研究發現,最低工資標準上浮對不同企業的影響存在異質性:相對於大中型企業,最低工資標準對小規模企業產能利用率的消極影響更加明顯;與資本密集型企業相比,最低工資標準對勞動密集型企業的消極作用更為顯著。研究結論為深層次理解經濟轉型時期中國製造業企業產能過剩的影響因素指明了新的方向,並提供了新的經驗證據。

## 5.1 引言

西方主流經濟學工資決定理論認為,勞動力價格具有成本與報酬的雙重性質,最低工資標準上浮將會降低企業的勞動力需求,影響企業的要素投入與產出。首先,大量文獻提供了最低工資標準影響企業產能利用率可能的渠道機制。例如,最低工資上浮不僅有利於調動低收入工人的生產積極性(Mowday,1979;Akelof,1982)、吸引更富有經驗才干的求職者(Neumark & Wascher,1994),還能通過改善身體營養狀況增強工人的體力(Leibenstein,1986)進一

步推動企業生產力提升，達到最優產能狀況。其次，在市場產能過剩狀況嚴重時，最低工資上浮會「倒逼」企業進行結構調整，淘汰相對落後的產能（Rebecca & Chiara, 2016），並通過創新、培訓等方式提高市場競爭力（許和連、王海成，2016）。最後，最低工資標準上浮會產生要素替代效應（Hicks, 1932），即企業會投入更多資本來替代勞動力，這會促進企業全要素生產率的提高（Rebecca & Chiara, 2016），推動產能利用率的提升。

最低工資上浮也可能會加重企業產能過剩。首先，面對勞動力成本上升壓力，企業會減少支付非工資性福利（馬雙、甘犁，2014），加大工人的工作強度、延長工作時間（Zavodny, 2000），而這會降低勞動者體能、弱化工人對企業的歸屬感與奉獻精神，致使企業不能在最優水準生產。其次，最低工資上浮會導致市場勞動力供給增加，但最低工資上浮導致工人保留工資相對增長，工人可能會拒絕在沒有最低工資制度時接受的工資（王光榮、李建標，2013），從而提高企業勞動力流失風險，弱化企業生產效率。與此同時，企業為控制成本會縮減工人職位、裁減最低工資保障範圍的勞動者，這又導致低技能工人與高技能工人的互補效應減弱，不利於企業的創新與技術進步（Parrotta et al., 2014）。最後，最低工資制度實行後，只有企業支付的工資高於工人保留工資時，才能使公平偏好工人提供較高的努力水準（王光榮、李建標，2013），而最低工資上浮在增加勞動者實際工資的同時，也提高了勞動者的道德風險，這可能導致工人努力程度的降低（Brandts, 2004），進而降低企業的產能效益。此外，勞動者的工資水準得到保障，消費需求擴大，對產品的要求進一步提高，這會導致市場生產與消費錯位、企業持有大量非意願存貨，從而加重企業產能過剩（吳治鵬，2014）。究竟最低工資上浮緩解還是加重了企業產能過剩，現有研究並未對這一問題給予直接關注和足夠的重視。

基於既有文獻的缺陷，本章試圖利用第三方權威機構世界銀行提供的關於中國製造業企業的調查數據，探究最低工資標準對企業產能過剩的影響及作用機制。與現有研究相比，本章在以下方面略有貢獻：首先，本章拓展了現有關於中國製造業企業產能過剩的研究。現有研究大多從市場機制（林毅夫，2010；楊振，2013）、信貸配給（劉西順，2006）、產業政策（張杰，2015）、投資策略（孫義、黃海峰，2014）、政府作用（張五常，2009；周黎安，2007）等角度探究中國企業產能過剩的影響因素。鮮有文獻基於最低工資標準的視角，研究勞動力市場規制政策對企業產能過剩的影響。本章以中國製造業企業為研究對象，從實證的角度探究最低工資標準對企業產能過剩的影響及作用機制，不僅拓展了關於中國製造業企業產能過剩的研究，還進一步解釋了最

低工資標準對企業產能過剩的影響機制，為有效緩解產能過剩提供了理論依據和實證支持。其次，當前中國行業產能過剩問題嚴重，加之人口紅利逐漸消失，低廉勞動力的比較優勢不可持續，推進產業結構調整、尋求發展新出路勢在必行。本章利用中國製造業企業調查數據，實證分析最低工資對企業產能利用率的影響，不僅有助於更加清楚地認識企業產能過剩的發生機制，還可以為相關政策的制定提供參考。

## 5.2 理論和證據

最低工資標準作為政府管控勞動力市場的重要手段之一，其增長將會使勞動的相對成本增加（馬雙等，2012；錢誠、胡宗萬，2015）。企業通常會通過改變生產要素投入（Rebecca & Chiara，2016）、減少支付非工資福利（馬雙、甘犁，2014）等各種策略應對成本上升、利潤縮減的壓力。本章關心的是，最低工資會不會通過作用於企業的成本與要素投入進而影響企業的產能利用率。現有文獻為我們提供了一些理論和間接證據。面對最低工資上漲帶來的高成本壓力，一方面，企業會更多投入資本來替代勞動力，淘汰附加值低的產品生產線（Rebecca & Chiara，2016），從而提高企業機器運轉率和全要素生產率；另一方面，最低工資上浮會「倒逼」企業投資更多無形資產、進行技術和管理創新（許和連、王海成，2016；Kaufman，2010），使企業生產不斷接近最優水準。例如，最低工資標準通過成本效應影響產品質量，企業為保持競爭優勢會培育一批新的高新技術產業以贏得新的發展空間。更有可能的是，最低工資標準上浮會激勵企業通過培訓提高員工對機器設備的熟練程度（Acemoglu，2002），同時促使企業加強生產的監管力度來提高工作績效與業務效率（Osterman，2011；Hirsch et al.，2015），進而提高企業的生產能力。此外，面對不確定的外部環境，企業傾向於進行規制之內的資源投資與生產，這也有助於規避因過度投資引起的產能過剩（孫義、黃海峰，2014）。

大量文獻探討了最低工資標準上浮可能緩解產能過剩的作用機制。Stiglitz（1974）和 Salop（1979）根據 Stiglitz-Salop 離職和勞動力轉換模型，證明勞動者報酬上漲帶來的較高收益能極大降低企業的員工流動率和勞動力轉換率。而較高的員工流動率會降低企業的凝聚力和信任度，既不利於建立穩定的雇傭與生產關係，也會影響企業產出狀況。Akerlof 和 Yellen（1986）研究認為，高工資會增加工人失業的機會成本，從而激勵員工努力工作、提高工作效率。最低

工資標準上浮能夠保障員工的收入，提高勞動積極性，這對提高企業生產效率也是有利的。Kleinknecht（1998）通過調查荷蘭企業與當地的低工資政策，發現低工資會導致企業的機器資本更替變慢，降低國內市場的有效需求，進而阻礙企業創新、降低企業產出效率。Bassanini 和 Ernst（2002）使用 OECD 國家的跨國數據，發現較低的工資增長率會降低企業的研發密度，而勞動力就業保護政策會激勵企業進行職工培訓。最低工資標準上漲能促使企業加大研發支出、加強職工培訓，從而提升工人的技術熟練程度和整體素質，優化企業生產狀況。Vergeer 和 Kleinknecht（2007）指出，當勞動力成本上升，企業將投入更多的資本來替代勞動，而資本的累積有助於企業的研發與創新。Manning 和 Dickens（2004）研究認為，勞動密集型行業對勞動力成本上升較為敏感，最低工資標準上浮會促使此類企業增加資本使用和研發投入，推動產業結構由勞動密集型向技術密集型的轉變，進而提高產能利用率。

儘管上述理論和經驗證據間接表明最低工資標準上浮可能對企業產能過剩具有正向影響，但仍缺乏驗證這兩者之間關係的直接證據。部分研究者使用中國的數據檢驗了企業勞動力成本與產能過剩的關係，但這些研究並未直接檢驗最低工資標準對企業產能過剩的影響。王佳菲（2010）研究發現，較低的工資水準將會延長低技術水準企業的存活時間，這會阻礙行業有序競爭，不利於緩解產能過剩狀況。韓國高等（2011）利用成本函數法分別測度了中國重工業和輕工業 28 個行業 1999—2008 年的產能利用水準，認為某些企業生產能力相對市場需求過剩是產能過剩的深層次原因。同樣地，韓國高和王立國（2012）利用 2000—2010 年中國鋼鐵行業的相關數據分析了職工平均工資水準和生產成本對企業產能利用狀況的影響，發現當全國職工平均工資上漲時，鋼鐵行業產能大幅釋放；而生產成本上升會逼迫很多企業壓縮生產規模，產品產量大幅回落，進一步導致產能利用程度降低。李根生（2015）在對 2000—2010 年中國 29 個省（市、區）大中型工業企業的面板數據進行分析時，運用 Seguino 模型說明了高工資會迫使企業引進高新技術、更換機器設備、加大研發投入，從而優化企業產能狀況。

根據上述分析可知，中國企業的經驗證據大體上支持了最低工資標準上浮會緩解企業產能過剩的判斷。根據上述文獻的梳理，我們可以總結出最低工資標準上浮對企業產能過剩可能的作用機制：首先，根據古典經濟學理論，在不存在技術進步的靜態模型假定下，最低工資標準上浮導致企業勞動力成本增加，勞動力需求相對減少。面臨勞動力缺失風險，企業為追求同等收益，會增加資本要素的投入，用更多的機器替代勞動力進行生產，這會提高企業機器運

轉率，有利於緩解產能過剩。其次，最低工資標準上浮增加了員工的保障性勞動報酬，但也增加了員工因偷懶而被解雇的機會成本（Shapiro & Stiglitz, 1984; Rebitzer, 1995）。同時，企業也更傾向於雇傭更富經驗和才干的工人，這種無形的威脅會促使企業工人加強自我學習、提高個人勞動能力，這有利於優化企業生產狀況。最後，部分生產效率低、競爭力弱的企業可能因無法維持生產經營而退出市場，減少產品供給（龔強，2009），這對緩解行業產能過剩也有一定作用。

當然，最低工資標準上浮也會加重產能過剩。大量文獻探討了最低工資標準上浮加重產能過剩可能的作用機制。首先，根據經典的大推進模型，假設企業利潤與當地消費掛鉤，儘管最低工資標準上浮會增加企業的勞動力成本，但它會提高消費者的購買能力，增加對產品的有效需求，這將導致企業追加生產投入，進而加重產能過剩（Kilian & Taylor, 2003）。同時，勞動者的實際工資增加，其消費習慣可能因此改變。消費習慣對產品需求的駝峰效應可能導致生產與消費錯位（王迪，2015）。企業若不能正確估計消費者不斷變化的需求，可能持有大量非意願存貨，加重產能過剩。其次，在勞動力供需層面，最低工資標準上浮會導致市場勞動力供給增加，但最低工資上浮導致工人保留工資相對增長，工人可能會拒絕在沒有最低工資制度時接受的工資（王光榮、李建標，2013），進而導致企業工人流失，降低產能效益。而企業出於利潤最大化原則會縮減相關職位、裁減一批工資水準低於最低工資標準的員工。勞動力供需不匹配會削弱低技能工人與高技能工人的互補效應，破壞企業信息、資源的多樣性，不利於企業的創新與技術進步（Parrotta et al., 2014）；裁減工人又會導致一批生產設備閒置，大大降低企業的設備運轉率和產能利用率。最後，最低工資標準上浮會導致企業減少支付非工資性福利（馬雙、甘犁，2014; Neumark & Wascher, 2004）或加大工人的工作強度、延長工作時間以獲得更多產出（Zavodny, 2000）。這將弱化工人對企業的歸屬感與奉獻精神，降低工人的勞動生產率，影響企業產出。

## 5.3 計量模型構建與數據來源

### 5.3.1 計量模型構建與指標選取

在現實中，影響企業產能過剩的因素眾多。除了本章關注的最低工資標準之外，企業年齡、規模、所有權性質等特徵以及企業所處的地域和行業特徵都

會影響企業產能過剩。鑒於此，我們建立如下計量模型來評估最低工資標準對企業產能過剩的影響：

$$capavity_i/operation_i = a + b_1 hw_c + \tau X_i + e_i \tag{5-1}$$

我們將 $capavity_i/operation_i$ 定義為產能利用率，其中，$capacity_i$ 表示第 $i$ 個企業的潛在最大產能，我們使用了問卷「產能」一節中的問題「在 2010 財年，如果使用所有可用資源，該企業可能的最大產出是多少」，而 $opertion_i$ 表示第 $i$ 個企業的設備運轉率，我們使用了問卷「產能」一節中的問題「在 2010 財年，這家機構通常每週工作多少小時」。

關鍵解釋變量 $hw_c$ 表示第 $c$ 個城市的每小時最低工資標準。$X$ 表示基於企業、城市和城市－行業層面的三類控制變量，控制變量的選擇建立在既有文獻的基礎上（張峰、王睿，2016；李後建、張劍，2015）。其中，企業層面的控制變量包括：①企業規模（size），定義為企業職工總數的自然對數；②企業年齡（age），定義為調查年份減去企業成立年份，然後取其自然對數；③外資控股比例（foreign），定義為所有制結構中外資股份比例；④國有控股比例（government），定義為所有制結構中國有股份所占比例；⑤勞動生產率（productivity），定義為 2010 年企業年度銷售額除以職工總數，然後取自然對數；⑥非正式競爭（informal），定義為是否與非正規企業或未註冊企業進行競爭，若是賦值為 1，否則賦值為 0；⑦銷售百分比（main），定義為主要產品占企業年度銷售額的比例；⑧國際質量認證（certification），定義為企業是否擁有國際質量標準認證，若企業擁有國際質量標準認證，則賦值為 1，否則賦值為 0；⑨省級市場（local），若主要產品大多在本省內銷售則賦值為 1，否則賦值為 0；⑩全國市場（national），若主要產品在全國範圍內銷售則賦值為 1，否則賦值為 0；⑪工作經驗（experience），定義為高層管理者在本行業內的工作年限；⑫女性總經理（female），定義為若總經理為女性則賦值為 1，否則賦值為 0；⑬研發費用（RD），定義為企業對研發活動的支出；⑭外部技術許可證（licence），定義為若企業現在使用外資公司的技術許可則賦值為 1，否則賦值為 0。

城市層面的控制變量包括，企業所在的城市是否為主要的商業城市（business），若是則賦值為 1，否則賦值為 0；同一城市－行業層面（local–industry）的控制變量包括：①政府規制（regulation），定義為企業在處理政府監管要求時所花費的時間比例，為了減低度量誤差、緩解雙向因果關係等導致的內生性問題，本章使用聚合在同一城市－行業層面的政府規制；②法治質量（law），來自調查問卷中設置的問題：「法院系統是公正、公平和廉潔的」，受試的企

業管理層可供選擇的答案是「非常不同意」「傾向於不同意」「傾向於同意」和「非常同意」。根據這些答案，依序賦值為 1、2、3、4。進一步地，本章使用聚合在同一城市-行業層面的法治質量。除此之外，我們還進一步控制了行業固定效應，以控制行業特徵對企業產能利用率的影響。各主要變量描述性統計如表 5-1 所示。

表 5-1　主要變量描述性統計

| Variable | Obs | Mean | Std. Dev. | Min | Max |
| --- | --- | --- | --- | --- | --- |
| capacity | 1,519 | 0.868 | 0.11 | 0 | 1 |
| operation | 1,515 | 0.342 | 0.139 | 0.012 | 1 |
| hw | 25 | 5.633 | 0.597 | 4.300 | 6.690 |
| size | 1,519 | 4.182 | 1.397 | 1.386 | 10.820 |
| age | 1,519 | 2.523 | 0.476 | 0 | 4.898 |
| foreign | 1,519 | 3.631 | 16.515 | 0 | 100 |
| government | 1,519 | 6.789 | 24.036 | 0 | 100 |
| productivity | 1,519 | 12.529 | 1.198 | −2.565 | 19.519 |
| informal | 1,519 | 0.538 | 0.499 | 0 | 1 |
| main | 1,519 | 94.533 | 9.285 | 1 | 100 |
| certification | 1,519 | 0.62 | 0.485 | 0 | 1 |
| local | 1,519 | 0.185 | 0.389 | 0 | 1 |
| national | 1,519 | 0.722 | 0.449 | 0 | 1 |
| experience | 1,519 | 16.473 | 7.590 | 1 | 55 |
| female | 1,519 | 0.11 | 0.313 | 0 | 1 |
| RD | 1,519 | 0.417 | 0.493 | 0 | 1 |
| license | 1,519 | 0.243 | 0.429 | 0 | 1 |
| business | 1,519 | 0.886 | 0.318 | 0 | 1 |
| regulation | 1,519 | 1.366 | 2.297 | 0 | 70 |
| law | 1,519 | 2.642 | 0.405 | 1 | 4 |

### 5.3.2　數據來源與樣本分佈

本章的研究數據主要來源於 2011 年 12 月至 2013 年 2 月世界銀行對中國製造業企業問卷調查數據，其目的在於瞭解中國製造業企業所面臨的營商環境。該調查問卷分為兩個部分：第一部分包括企業基本信息、基礎設施和公共

服務、顧客和供應商、競爭環境、創新與科技、政府與企業關係、營運障礙等問題；第二部分包括企業的財務現狀，如成本、現金流、員工結構、存貨管理等。為了保證研究具有良好的代表性，世界銀行通過以企業註冊域名為抽樣框的分層隨機抽樣來確定被調查企業。被調查對象為企業的高層管理者。這次調查主要通過郵件和電話回訪的方式來回收樣本，歷經一年多的調查，共收集到有效樣本2,848個，其中國有獨資企業為148個，占總樣本比例的5.2%，其餘為非國有獨資企業。這些企業均勻分佈在參與調查的25個城市、26個行業領域，充分考慮地區、行業和企業差異。因此，這次調查所確定的樣本具有良好的代表性。刪除了存在缺失值的樣本之後，我們最後得到可用的樣本為1,519個樣本。由於關鍵變量信息缺失致使大量樣本丟失，這有可能會破壞原始調查過程中抽樣的科學性，從而影響到有效樣本的整體代表性。為此，我們將總體樣本和有效樣本進行獨立樣本t檢驗，發現其他主要信息在這兩組樣本之間並不存在明顯的差異，這意味著樣本的大量丟失並不會對抽樣的科學性造成實質性的損害。

各城市最低工資標準來源於我們手工整理的最低工資標準數據庫，具體地，我們通過瀏覽各級政府網站、政策文件、統計公報、官方報紙等多種方式查找，搜集了2009年25個城市的最低工資標準。我們將25個城市2009年的最低工資數據與世界銀行提供的企業問卷調查數據庫進行匹配和整理加工，以便於檢驗最低工資標準對企業產能過剩的影響及作用機制。

## 5.4 實證結果及分析

### 5.4.1 基準模型估計

本章採用最小二乘法對模型（5-1）進行估計，並且計算了聚合在行業性質層面的穩健性標準誤。表5-2報告的是最低工資標準對企業產能利用率的影響，其中第（1）列和第（3）列報告的是最低工資標準對企業潛在最大產能的影響。從第（1）列可知，在控制行業固定效應之後，最低工資標準每上漲1元，企業的潛在最大產能將降低2.84%，且在1%的顯著性水準上顯著。第（2）列和第（3）列分別加入企業個體特徵、城市-行業和城市特徵變量，結果顯示，最低工資標準每上漲1元，企業潛在最大產能將降低3%左右，系數變大，並且更加顯著。表5-2中第（4）列至第（6）列報告的是最低工資標準對企業設備運轉率的影響，從第（1）列可知，在控制行業固定效應之

後，最低工資標準每上漲1元，企業設備運轉率將降低6.26%，並且在1%的顯著性水準上顯著。第（5）列和第（6）列分別加入企業個體特徵、城市-行業和城市特徵變量，結果顯示，最低工資標準每上漲1元，企業設備運轉率將下降6.5%左右，系數變大，且更加顯著。上述結果意味著，最低工資標準上浮將會顯著降低企業的產能利用率。對此一個可能的解釋是，本章研究時段正值行業產能過剩嚴重時期，面對最低工資上浮帶來的高成本約束，理性的企業主為實現利潤最大化，會通過裁掉一批工資較高或低於最低工資標準的工人、加大勞動強度、減少福利（Zavodny，2000），或以機器生產替代勞動力生產、淘汰附加值低的產品生產線等方式獲取生存機會（Rebecca & Chiara，2016）。前者將導致工人的體能與對企業的歸屬感下降，對工人的生產能力造成較大的負面影響；後者受工人使用機器的熟練程度影響，也會導致一段時期內勞動生產率降低。在以上多種因素的共同作用下，企業的產能利用率會顯著降低。

控制變量的迴歸系數均比較符合預期。企業規模的對數每增加1個單位，企業的潛在最大產能將提高0.71%，且在1%的顯著性水準上顯著；企業的設備運轉率將提高0.62%，且在10%的顯著性水準上顯著。推測原因是，最低工資上漲，企業支付勞動力成本需要耗費大量的資金，這要求企業具備較強的外部資金籌措能力。通常而言，只有規模較大的企業才具備更強的外部資金籌措能力。在1%的顯著性水準上，企業年齡對潛在最大產能的積極影響比較顯著，但在10%的顯著性水準上，企業年齡對設備運轉率的積極影響並不顯著。年齡對於企業而言既有優勢也有劣勢，優勢在於年齡越大的企業通常具備豐富的市場經驗，能夠比較準確地預估市場需求，從而有效地規避產能過剩，而劣勢在於年齡越大的企業通常更加容易受到原有技術軌跡的約束，並傾向於恪守固有慣例，維持產出狀況。在10%的顯著性水準上，我們並未發現外商控股比例（foreign）對企業的產能利用率具有顯著積極影響；不過國有控股比例（government）越高，企業提高產能利用率的概率越小，具體地，國有控股比例每增加1個百分點，潛在最大產能和設備運轉率分別降低0.06%和0.07%。可能的原因是，國有控股比例越高的企業對規制強度的變化更加敏感，對最低工資標準的執行力度也相對更強。更重要的是，國有企業需要優先承擔政策性任務，完成政府部門下達的政治目標，包括解決本地就業和拉動當地經濟增長，這顯然會導致企業產能效益不佳（李後建、張劍，2015）。企業的勞動力生產率對數（productivity）每增加1個單位，企業的潛在最大產能和設備運轉率將分別提高0.14%和0.6%，並且在10%的顯著性水準上顯著。較多地參與非正式競爭（informal）的企業，為占據更大的市場份額，會更致力於提高勞動生

產率與設備運轉率、獲取最大產能；是女性總經理（female）的企業，其產能利用率越低；企業的研發活動投入（RD）每增加 1 個單位，其潛在最大產能和設備運轉率分別提高 0.14% 和 3.86%；擁有外部技術許可（license）的企業，其潛在最大產能相對會減少，但設備運轉率會提高；在主要商業城市（business）的企業，其潛在最大產能和設備運轉率將比不在主要商業城市的企業分別高出 2.45% 和 4.39%，並且在 5% 的顯著性水準上顯著。可能的原因在於商業化程度越高的城市可以為企業營造更加公平和激烈的市場競爭環境，市場需求更加旺盛，從而激勵企業通過創新、結構升級等方式改善產出狀況。在 1% 的顯著性水準上，政府規制（regulation）對企業產能利用率具有顯著的消極影響。一方面，政府規製作為一種非正式的企業治理機制，具體表現為對企業的行政要求、創業限制、額外支付、許可限制等形式。面對政府規制，企業傾向於進行規制之內的資源投資與生產，相應調整企業戰略和資源配置，投資膨脹、擴張衝動等短期行為將被抑制（周良遇，金明偉，2016），這能有效緩解因投資過熱導致的產能過剩。另一方面，政府規制將引致企業的尋租行為，這種行為導致企業生產無效率（周晨，2014），會進一步降低產能利用率。法治質量（law）水準每提高 1 個單位，企業的潛在最大產能將降低 0.17%，但設備運轉率會提高 3.43%，並且這種作用在 5% 的顯著性水準上顯著。其他控制變量，如國際質量認證（certification）、銷售百分比（main）、省級市場（local）、全國市場（national）、工作經驗（experience），對企業產能利用率的影響在 10% 的顯著性水準上並不顯著。

表 5-2　最低工資標準與企業產能利用率：基準迴歸結果

| VARIABLES | capacity | | | operation | | |
|---|---|---|---|---|---|---|
| | (1) | (2) | (3) | (4) | (5) | (6) |
| hw | -0.028,4*** | -0.033,2*** | -0.028,2*** | -0.062,6*** | -0.069,5*** | -0.055,4*** |
| | (0.003,2) | (0.005,1) | (0.005,7) | (0.005,5) | (0.006,0) | (0.006,7) |
| size | | 0.007,4*** | 0.007,1*** | | 0.006,6 | 0.006,2 |
| | | (0.002,2) | (0.002,1) | | (0.004,1) | (0.003,8) |
| age | | 0.016,9*** | 0.018,1*** | | 0.000,5 | 0.002,4 |
| | | (0.005,9) | (0.005,5) | | (0.009,0) | (0.009,1) |
| foreign | | 0.000,1 | 0.000,1 | | 0.000,2 | 0.000,3 |
| | | (0.000,1) | (0.000,1) | | (0.000,4) | (0.000,3) |
| government | | -0.000,5*** | -0.000,6*** | | -0.000,7*** | -0.000,7*** |
| | | (0.000,1) | (0.000,2) | | (0.000,1) | (0.000,1) |

表5-2(續)

| VARIABLES | capacity ||| operation |||
| --- | --- | --- | --- | --- | --- | --- |
| | (1) | (2) | (3) | (4) | (5) | (6) |
| productivity | | 0.002,6 | 0.001,4 | | 0.008,1** | 0.006,0 |
| | | (0.002,4) | (0.002,1) | | (0.003,6) | (0.003,7) |
| informal | | 0.003,7 | 0.006,1 | | −0.010,6 | −0.006,0 |
| | | (0.006,9) | (0.006,9) | | (0.006,9) | (0.007,4) |
| main | | 0.000,3 | 0.000,6 | | 0.000,7* | 0.001,1*** |
| | | (0.000,4) | (0.000,5) | | (0.000,3) | (0.000,4) |
| certification | | 0.005,2 | 0.005,1 | | −0.014,8 | −0.016,5 |
| | | (0.005,8) | (0.006,1) | | (0.012,6) | (0.012,4) |
| local | | −0.011,6 | −0.009,7 | | −0.001,3 | 0.003,5 |
| | | (0.011,4) | (0.012,1) | | (0.012,4) | (0.011,3) |
| national | | −0.010,6 | −0.010,7 | | 0.020,1** | 0.022,9** |
| | | (0.010,5) | (0.011,6) | | (0.009,6) | (0.011,0) |
| experience | | −0.000,7 | −0.000,6 | | −0.001,9*** | −0.001,6*** |
| | | (0.000,5) | (0.000,5) | | (0.000,5) | (0.000,5) |
| female | | −0.025,1** | −0.024,7** | | −0.026,8* | −0.024,9* |
| | | (0.011,3) | (0.011,4) | | (0.014,1) | (0.013,4) |
| RD | | −0.000,9 | 0.001,4 | | 0.035,4*** | 0.038,6*** |
| | | (0.005,2) | (0.005,1) | | (0.009,8) | (0.010,2) |
| license | | −0.007,7 | −0.003,7 | | 0.024,2** | 0.028,4** |
| | | (0.008,9) | (0.009,1) | | (0.011,1) | (0.011,5) |
| business | | | 0.024,5** | | | 0.043,9*** |
| | | | (0.010,5) | | | (0.012,3) |
| regulation | | | −0.007,5*** | | | −0.010,9*** |
| | | | (0.001,9) | | | (0.003,8) |
| law | | | −0.001,7 | | | 0.034,3** |
| | | | (0.007,9) | | | (0.012,7) |
| industry FE | Y | Y | Y | Y | Y | Y |
| Constant | 1.012,8*** | 0.921,9*** | 0.871,7*** | 0.698,3*** | 0.547,4*** | 0.328,1*** |
| | (0.017,8) | (0.066,1) | (0.074,3) | (0.030,1) | (0.079,4) | (0.101,3) |

表5-2(續)

| VARIABLES | capacity ||| operation |||
|---|---|---|---|---|---|---|
| | (1) | (2) | (3) | (4) | (5) | (6) |
| Observations | 1,691 | 1,506 | 1,505 | 1,725 | 1,528 | 1,527 |
| R-squared | 0.035,7 | 0.071,6 | 0.085,8 | 0.098,2 | 0.159,6 | 0.186,1 |

註：*、**、*** 分別表示在10%、5%和1%的水準上顯著，括號內表示聚合在行業性質層面的穩健性標準誤。若無特殊註明，以下各表含義相同，不再贅述。

### 5.4.2 最低工資標準與企業產能利用率之間關係的調節機制

（1）企業賄賂

賄賂（bribe）可能會調節最低工資標準與企業產能利用率之間的關係。Sapienza（2004）提出，在封閉式經濟體內，政府掌控著企業生存發展所必需的信息與資源。在理性經濟人假設下，企業為獲得有利的生產、發展條件會通過賄賂行為來獲取政策性資源（Chen et al., 2011）。此外，面對強烈的市場競爭，企業會有強烈動機通過行賄等方式尋求政治庇護，或者通過賄賂獲得資源的佔有權、政策傾斜，從而削弱政府管制的執行力度（李後建、馬朔，2016）。當最低工資標準上浮，企業為規避勞動力政策的管制、緩解高成本壓力，很可能會實施賄賂以求獲得市場特權，一方面，最低工資標準的執行力度會隨賄款的增加而減弱，從而削弱最低工資標準對企業產能利用率的消極影響；另一方面，企業非正式支付的尋租行為會擠占企業對研發項目的投資、壓制企業的創新精神，不利於企業通過技術研發提高產能利用率（Claessens & Laeven, 2003）。表5-3的第（2）列報告了行賄成本與最低工資標準對企業產能利用率的交互影響。迴歸結果表明，在5%的顯著性水準上，行賄成本會顯著弱化最低工資標準對企業產能利用率的消極影響。並且，行賄成本和最低工資標準的交互項系數為0.032,7，在5%的顯著性水準上具有顯著性。這意味著，隨著行賄成本的增加，最低工資標準對企業產能利用率的平均邊際負效應在逐漸弱化。

表5-3 最低工資標準與企業產能利用率之間關係的調節效應檢驗結果

| | Capacity ||
|---|---|---|
| | (1) | (2) |
| hw | -0.029,4*** | -0.030,6*** |
| | (0.005,6) | (0.005,9) |

表5-3(續)

|  | Capacity | |
|---|---|---|
|  | （1） | （2） |
| hw#bribe |  | 0.032,7** |
|  |  | (0.015,3) |
| bribe |  | −0.188,4** |
|  |  | (0.089,8) |
| government | −0.007,0** | −0.000,6*** |
|  | (0.002,7) | (0.000,2) |
| hw#government | 0.001,2** |  |
|  | (0.000,5) |  |
| 其他變量 | Y | Y |
| industry FE | Y | Y |
| Constant | 0.878,5*** | 0.890,4*** |
|  | (0.070,7) | (0.074,6) |
| Observations | 1,505 | 1,458 |
| R-squared | 0.089,3 | 0.093,5 |

（2）國有控股比例

國有控股比例（government）越高的企業通常與地方政府有更加緊密的天然聯繫（李後建、劉思亞，2015）。國有企業的薪酬結構與薪酬水準受到市場因素與國家規制政策的雙重影響（呼建光、毛志宏，2016），對於規制強度的變化更加敏感，因而對最低工資標準的執行力水準也相對更高。與非國有制企業相比，國有企業工作更具穩定性，職工的工資水準也相對更高（馬雙等，2012；陸正飛等，2012）。當員工被支付的工資比最低工資標準更高，最低工資標準上浮對工資水準較低的非國有企業有更大的工資溢出效應，而給國有企業帶來的成本效應相對較小（許和連、王海成，2016）。這顯然會弱化最低工資標準對企業產能過剩的消極影響。表5-3的第（1）列報告了國有控股比例與最低工資標準對企業產能利用率的交互影響。迴歸結果表明，在5%的顯著性水準上，國有控股比例會顯著弱化最低工資標準對企業產能利用率的消極影響。並且，國有控股比例和最低工資標準的交互項係數為0.001,2，在5%的顯著性水準上具有顯著性。這表明，隨著國有控股比例的增加，最低工資標準對企業產能利用率的平均邊際負效應在逐漸弱化。

### 5.4.3 最低工資標準對企業產能利用率影響的作用機制

通過對現有文獻的梳理，前文總結了最低工資標準可能影響企業產能利用率的多種機制，但限於數據，僅驗證其中三種重要機制：員工薪資（salary）、研發支出（RD）和員工培訓（training）[①]。為了有效檢驗和識別最低工資標準對企業產能利用率的作用機制，本章使用結構方程模型中的路徑分析技術。之所以使用這一分析技術是因為它能提供總體模型檢驗和獨立參數估計的結果，從而提供了一種更有效的方法來估計建模過程中的仲介、間接效應以及其他變量之間的複雜關係（李後建、張劍，2015）。

基於此，本章使用路徑分析技術中的極大似然法估計出了最低工資標準對企業產能利用率的影響的路徑係數[②]，具體結果如圖5-1所示。由圖5-1的結果可知，結構方程模型的整體擬合優度為0.311,9，由此可見，結構方程模型能很好地擬合數據。從單條路徑係數來看，最低工資標準對員工薪資（$\beta = 0.239,5$，$p<0.01$）具有顯著的積極影響，而對員工培訓（$\beta = -0.07$，$p>0.1$）的積極影響不顯著。即最低工資標準上浮抬高了企業的勞動力成本，擠占了企業的人力資本投資。進一步地，員工薪資對企業潛在最大產能（$\beta = -0.066,5$，$p<0.01$）和設備運轉率（$\beta = -0.276,7$，$p<0.01$）都具有顯著的消極影響。對此一個可能的解釋是，員工薪資增加會壓縮企業利潤，企業出於利潤最大化原則會縮減相關職位、裁減一批工資水準低於最低工資標準的員工（Parrotta et al., 2014），而裁減工人又會導致一批生產設備閒置，大大降低企業的設備運轉率和產能利用率。此外，員工平均薪酬水準的提高擠出了企業的研發投資（$\beta = -0.454,1$，$p<0.05$）。而研發投資對潛在最大產能（$\beta = -0.010,7$，$p<0.10$）具有顯著的消極影響，但對設備運轉率（$\beta = -0.001,5$，$p>0.10$）的消極影響不顯著。員工培訓對設備運轉率（$\beta = 0.009,9$，$p>0.10$）的消極影響不顯著。此外，培訓對企業加大研發投入具有消極影響（$\beta = -0.566,4$，$p<0.10$）。

由表5-4可知最低工資標準對企業潛在最大產能有顯著的負向間接效應（Indirect effect，IE = $-0.018,1$，$p<0.01$）。這一負向間接效應來自最低工資標

---

[①] 員工薪資具體定義為企業總的勞動力成本，包括工資、績效、紅利和社會保險支出等除以企業職工總數，再取自然對數。研發支出定義為，企業內部研發支出總額/職工總數，再取自然對數。員工培訓是指，企業是否對職工開展了正式的培訓項目，若是則賦值為1，否則賦值為0。

[②] 在估計的過程中，通過修正指數（modification index）來獲得最優的競爭模型。

準影響企業潛在最大產能的三條作用機制分別產生的效應總和。其中，最低工資標準→員工薪資→潛在最大產能（hw→salary→capacity），這條作用機制所產生的負向間接效應是最大的。並且，最低工資標準對企業設備運轉率也具有顯著的負向間接效應（Indirect effect，IE＝－0.066,3，p<0.01），最低工資標準→培訓→設備運轉率（hw→training→operation）這條作用機制產生的負向間接效應最大。根據表5-4中各因素的總效應可知，在影響企業潛在最大產能的關鍵因素中，總效應絕對值由大到小依序是最低工資標準、員工培訓、薪酬水準和研發水準。而在影響企業設備運轉率的關鍵因素中，總效應絕對值由大到小依序是最低工資標準、薪酬水準和員工培訓。

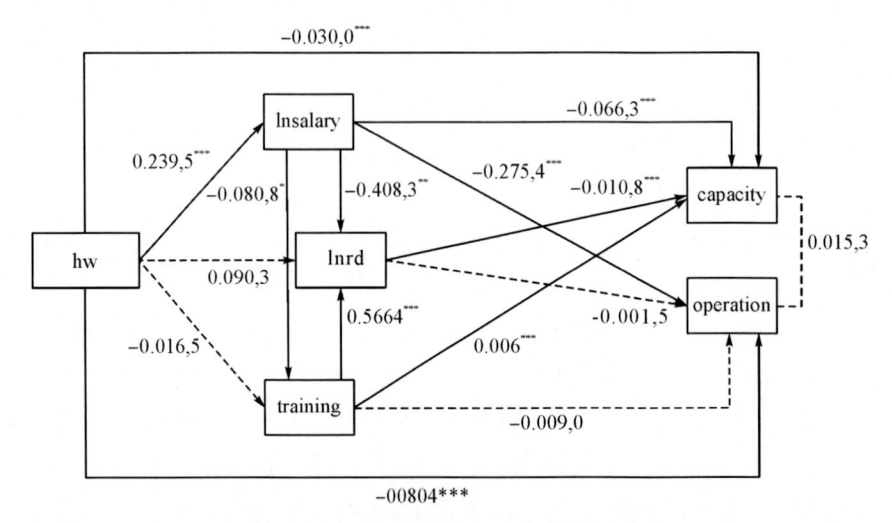

圖5-1　最低工資標準影響企業產能利用率的路徑系數圖

表5-4　最低工資標準對企業產能利用率的影響效應分解表

| 路徑 | 系數 | 標準誤（R.S.E.） | Z | P>\|z\| |
| --- | --- | --- | --- | --- |
| **Indirect effects** | | | | |
| hw→capacity | －0.018,1*** | 0.004,3 | －4.23 | 0.000 |
| hw→operation | －0.066,3*** | 0.006,5 | －10.23 | 0.000 |
| salary→capacity | 0.000,2 | 0.002,1 | 0.08 | 0.936 |
| salary→operation | －0.001,4*** | 0.000,5 | 2.88 | 0.004 |
| rd→capacity | －0.000,0 | 0.000,1 | －0.35 | 0.724 |
| training→capacity | 0.005,9*** | 0.001,8 | 3.21 | 0.001 |

表5-4(續)

| 路徑 | 係數 | 標準誤(R.S.E.) | Z | P>\|z\| |
| --- | --- | --- | --- | --- |
| training→operation | -0.000,9*** | 0.000,3 | 3.33 | 0.001 |
| salary→rd | -0.045,8* | 0.024,8 | 1.85 | 0.065 |
| hw→rd | -0.099,4** | 0.047,5 | -2.09 | 0.036 |
| hw→training | -0.019,4* | 0.010,6 | -1.84 | 0.066 |
| **Total effects** | | | | |
| hw→capacity | -0.030,0*** | 0.006,3 | -4.75 | 0.000 |
| hw→operation | -0.080,4*** | 0.008,7 | -9.22 | 0.000 |
| salary→capacity | -0.066,3*** | 0.019,0 | -3.50 | 0.000 |
| salary→operation | -0.275,4*** | 0.021,6 | -12.76 | 0.000 |
| rd→capacity | -0.010,8*** | 0.003,3 | -3.23 | 0.001 |
| rd→operation | -0.001,5 | 0.004,3 | -0.35 | 0.724 |
| training→capacity | 0.006,0*** | 0.001,8 | 3.21 | 0.001 |
| training→operation | -0.009,0 | 0.019,0 | -0.48 | 0.634 |
| hw→salary | 0.239,5*** | 0.014,0 | 17.09 | 0.000 |
| hw→rd | 0.090,3 | 0.071,2 | 1.27 | 0.205 |
| hw→training | -0.016,5 | 0.016,0 | -1.03 | 0.302 |
| salary→rd | -0.408,3** | 0.195,4 | -2.09 | 0.037 |
| salary→training | -0.080,8* | 0.043,8 | -1.85 | 0.065 |
| training→rd | 0.566,4*** | 0.169,9 | -3.33 | 0.001 |
| operation→capacity | 0.015,3 | 0.030,2 | 0.51 | 0.613 |

### 5.4.4 穩健性檢驗

為了進一步檢驗迴歸結果的穩健性，我們採用以下方法進行了檢驗：

(1) 反向因果

本章的研究結果顯示了最低工資標準對企業產能利用率具有顯著的消極影響。然而，會不會存在企業產能利用率對最低工資標準的影響而使得OLS估計產生偏誤？對於這一問題，我們不必過於擔心。這是因為最低工資標準制訂對於轄區內單個企業而言是一個特定的外生事件，其效果必然會影響到轄區內

特定的企業行為。但是，從相反的途徑來看，轄區內單個企業如果要影響城市最低工資標準的制定，這會存在較大的實現難度和較高的交易成本。換言之，最低工資標準能夠影響到轄區內微觀層面的企業產能狀況，但相反的影響機制可能並不存在。

(2) 遺漏變量

本章的基準模型中雖然添加了包括企業個體特徵、城市-行業特徵和城市特徵等控制變量，但因遺漏變量而導致的估計偏誤問題依然可能存在。儘管最低工資標準的變動相對於微觀企業行為是外生的（馬雙等，2012），但當地方政府在制定最低工資標準時將其對企業生產的影響一併考慮時，OLS的估計量很可能是有偏的。事實上，地方政府在確定最低工資標準時通常會考慮城市的經濟發展水準、就業規模和職工的薪資水準（馬雙等，2012）。因此，因果關係的識別還需要進一步排除城市經濟發展水準、就業規模和薪資水準對企業產能利用率的潛在影響。經濟發展水準越高的城市的產業集聚程度和區位情況通常具有更大的優勢，更能吸引本地企業的創立與外來企業的發展，這有助於篩選城市中生產能力高的企業，淘汰生產能力較差的企業，推動企業不斷調整生產結構、優化產能狀況（王如玉、林劍威，2016），本章用城市人均GDP的自然對數（pgdp）來刻畫城市的經濟發展水準。在其他條件不變的情況下，就業規模越大，勞動力賣方市場的競爭程度越高，這會迫使勞動力不斷提高勞動技能以強化就業能力；這有利於企業招募更多更富技能的員工，提高企業全要素生產率，促進企業產能利用率的提升。本章利用城市就業人口總數的自然對數（employee）來衡量城市就業規模。而職工平均薪資水準會影響到最低工資標準的制定。一般而言，職工的平均薪資水準會抬高政府制定最低工資的標準，在短期內會給企業帶來較大的勞動力成本壓力，從而給企業產能利用率帶來負面影響。本章利用城市職工平均薪資水的自然對數（salary）來衡量職工平均薪酬水準。

表5-5在基準模型的基礎上加入了城市經濟發展水準、就業規模和職工平均薪資水準這三個重要遺漏變量。迴歸結果表明，在1%的顯著性水準上，最低工資標準對企業潛在最大產能（$\beta=-0.023,8$，$p<0.01$）和設備運轉率（$\beta=-0.037,5$，$p<0.01$）的消極影響依然顯著，估計系數的絕對值較基準模型有所下降。遺漏的城市特徵變量的迴歸系數與預期一致。

表5-5 最低工資標準與企業產能利用率：加入遺漏變量的迴歸結果

|  | capacity | operation |
|---|---|---|
|  | （1） | （2） |
| hw | -0.023,8*** | -0.037,5*** |
|  | (0.000) | (0.000) |
| pgdp | -0.039,1*** | -0.036,6*** |
|  | (0.003) | (0.009) |
| employee | 0.011,9** | 0.041,1*** |
|  | (0.067) | (0.000) |
| salary | -0.020,4 | -0.246,8*** |
|  | (0.543) | (0.000) |
| 其他變量 | Y | Y |
| industry FE | Y | Y |
| Constant | 1.522,9*** | 3.565,6*** |
|  | (0.000) | (0.000) |
| Observations | 1,506 | 1,528 |
| R-squared | 0.084,0 | 0.227,2 |

（3）因果關係中的時間順序問題

在非實驗研究中，因果關係必備的條件通常是在時間上具有順序性，若不具備會因同時性引致內生性問題。本章採用的企業產能利用率數據來自2009—2011年，政府制定最低工資標準的時間發生在2009年。由此可以推斷本章的研究在一定程度上滿足因果關係中的時間順序性，不存在嚴重的同時性問題。然而，我們仍擔心的是企業成立的時間將是引起同時性問題的一個重要因素，在2009年之後成立的企業通常是根據當前的最低工資標準來制定企業的工資標準的，這些企業的產能利用率並不會受到最低工資標準的時間變化帶來的影響，故本章剔除那些2009年之後成立的企業，然後在加入遺漏變量的基礎上重新迴歸，迴歸結果報告在表5-6。結果表明，在1%的顯著性水準上，最低工資標準對企業潛在最大產能（β=-0.023,9，p<0.01）和設備運轉率（β=-0.037,6，p<0.01）都具有顯著的消極影響，與基準迴歸的結果一致。

表 5-6　最低工資標準與企業產能利用率：糾正時間順序的迴歸結果

|  | capacity<br>（1） | operation<br>（2） |
| :---: | :---: | :---: |
| hw | −0.023,9*** | −0.037,6*** |
|  | （0.000） | （0.000） |
| 遺漏變量 | Y | Y |
| 其他變量 | Y | Y |
| industry FE | Y | Y |
| Constant | 1.561,6*** | 3.575,1*** |
|  | （0.000） | （0.000） |
| Observations | 1,506 | 1,528 |
| R-squared | 0.084,7 | 0.227,2 |

（4）分樣本迴歸

　　我們分別按照企業規模和企業類型對總體樣本進行了重新迴歸。我們將總體樣本按企業規模分為小型企業、中型企業和大型企業三個子樣本①，並利用OLS對計量模型（5-1）重新進行迴歸，迴歸結果經整理後報告在表5-7中。迴歸結果顯示，在10%的顯著性水準上，對於三種不同規模的企業而言，最低工資標準對產能利用率的消極影響都比較顯著；相對於大中型企業，最低工資標準對小規模企業產能利用率的消極影響更加明顯。對此，推測原因是，大規模企業會因追求規模經濟而不斷追加生產，最低工資標準上浮導致生產成本增加，這會擠占大規模企業的研發投入（孫曉華、王昀，2014），不利於企業產能利用率的提高。在中國，小規模企業生產和交易數量規模小，勞動力數量少，初始資本主要來自個人累積及借款，外部融資能力較差，資本增值受限，經營方式不穩定且風險大（李坤，2014）。與大規模企業相比，小規模企業在規模經濟、生產投入、市場競爭、技術研發、風險分擔、融資渠道等方面都不具備優勢，生產投入也更缺乏保障。當最低工資標準上浮，小規模企業的勞動力成本陡增，產能利用率也因生產緊縮而下降更快。

　　同時，我們將總體樣本按企業類型分為勞動密集型企業和資本密集型企業，並利用OLS對計量模型（5-1）進行迴歸。迴歸結果表明，在1%的顯著性水準上，最低工資標準上浮對勞動密集型和資本密集型企業產能利用率的消

---

　　① 根據調查問卷的設置，我們將員工人數≥5並且≤19的企業定義為小型企業；將員工人數≥20並且≤99的企業定義為中型企業；將員工人數≥100的企業定義為大型企業。

极影響都很顯著，但對勞動密集型企業產能利用率的消極影響更明顯。對此，我們的解釋是：現實中，當勞動力成本上升，企業並不是簡單地用同樣的資本替代勞動力，而是採用更具先進技術水準的機器來替代勞動力，即通過技術發明或新技術採用提升競爭力。起初，中國勞動力供給充足且價格較低，製造業企業的技術需求不強。但現在最低工資標準上浮導致勞動力成本上升，製造業企業為保證競爭力不得不增加對先進技術的需求。與資本密集型企業相比，勞動密集型企業對勞動力要素的需求更大，技術含量相對較低（趙西亮、李建強，2016），對最低工資標準上浮也更敏感，因而產能利用率變化更明顯。對資本密集型企業而言，更高技術含量的資本意味著更強的競爭力。最低工資標準上浮會促使資本密集型企業加快技術研發以提高競爭力，從而能幫助緩解產能過剩。

表 5-7 最低工資標準與企業產能利用率：分樣本迴歸結果

| | capacity | | | | |
|---|---|---|---|---|---|
| | (1) | (2) | (3) | (4) | (5) |
| | 小 | 中 | 大 | 勞動密集型 | 資本密集型 |
| hw | -0.036,1*** | -0.022,3*** | -0.026,6** | -0.026,4*** | -0.020,3*** |
| | (0.011,6) | (0.007,2) | (0.010,5) | (0.007,6) | (0.007,8) |
| 其他變量 | Y | Y | Y | Y | Y |
| industry FE | Y | Y | Y | Y | Y |
| Constant | 1.106,3*** | 0.727,2*** | 0.801,2*** | 0.918,2*** | 0.914,8*** |
| | (0.112,4) | (0.127,6) | (0.121,9) | (0.157,6) | (0.116,7) |
| Observations | 382 | 617 | 506 | 563 | 942 |
| R-squared | 0.146,4 | 0.175,0 | 0.131,6 | 0.163,8 | 0.094,6 |

註：*、**、*** 分別表示在 10%、5%和 1%的顯著性水準上顯著，括號內表示聚合在行業性質層面的穩健性標準誤。

(5) 指標替代迴歸

我們使用每月最低工資標準的指標來替代原有數據中的每小時最低工資標準的指標，並利用 OLS 對計量模型（5-1）重新進行迴歸，迴歸結果經整理後報告在表 5-8 中。迴歸結果顯示，在 1%的顯著性水準上，每月最低工資標準對企業產能利用率的消極影響比較顯著。這與每小時最低工資標準的迴歸結果是基本一致的，說明本章的計量迴歸結果具有一定的穩健性。

表 5-8　最低工資標準與企業產能利用率：指標替代迴歸結果

|  | capacity | operation |
|---|---|---|
|  | （1） | （2） |
| mw | -0.000,2*** | -0.000,3*** |
|  | (0.000) | (0.000) |
| 其他變量 | Y | Y |
| industry FE | Y | Y |
| Constant | 0.879,4*** | 0.322,1*** |
|  | (0.073,2) | (0.099,1) |
| Observations | 1,509 | 1,531 |
| R-squared | 0.086,3 | 0.168,7 |

（6）分位數迴歸

為更全面地反應數據信息、避免極端值影響，我們使用中位數、1/4 分位數、3/4 分位數對計量模型（5-1）重新進行迴歸，迴歸結果經整理後報告在表 5-9 中。迴歸結果顯示，在 1% 的顯著性水準上，三種分位數迴歸的系數差異不大，估計結果也比 OLS 迴歸結果更穩健。隨著分位數的增加，最低工資標準的分位數迴歸系數呈現先升後降的趨勢。這表明，最低工資標準對企業產能利用率的條件分佈的兩端之影響小於對其中間部分的影響。也就是說，相對於產能利用率較低和較高的企業而言，最低工資標準上浮對中等產能利用率水準的企業影響較大。對此，我們的解釋是：對產能利用率較高或較低的企業而言，最低工資標準上浮並不能迫使企業在短期內更新一批機器替代勞動力要素，因此產能利用率變動不大。而中等產能利用率水準的企業或出於搶占更多市場份額的目的，更傾向於通過技術改進和結構調整增強企業的競爭力。最低工資標準上浮帶來的勞動力成本增加，將成為此類企業優化生產、提高產能利用率的動力。

表 5-9　最低工資標準與企業產能利用率：分位數迴歸結果

|  | q25 | q50 | q75 |
|---|---|---|---|
|  | （1） | （2） | （3） |
| hw | -0.036,6*** | -0.012,6** | -0.021,1*** |
|  | (0.008,7) | (0.005,7) | (0.004,0) |
| 其他變量 | Y | Y | Y |
| industry FE | Y | Y | Y |

表5-9(續)

|  | q25<br>(1) | q50<br>(2) | q75<br>(3) |
| --- | --- | --- | --- |
| Constant | 0.840,8*** | 0.891,5*** | 1.008,4*** |
|  | (0.110,6) | (0.064,3) | (0.059,5) |
| R2 | 0.071,7 | 0.039,5 | 0.075,7 |
| Observations | 1,509 | 1,509 | 1,509 |

## 5.5 本章小結

　　當前，中國傳統製造業產能普遍過剩，加快建立和完善以市場為主導的化解產能嚴重過剩矛盾長效機制，這不僅是政府及相關部門的工作重點，也是中國謀求產業結構優化升級的關鍵任務之一。基於此，本章利用中國25個城市的最低工資數據與第三方權威機構世界銀行對中國製造業企業的調查數據，探討了最低工資標準對企業產能利用率的影響機制。研究發現，最低工資標準上浮會顯著降低企業的產能利用率。具體地，隨著行賄成本和國有控股比例的增加，最低工資標準對企業產能利用率的平均邊際負效應會逐漸弱化。這意味著在強烈市場競爭條件下，最低工資標準上浮導致的高成本壓力會使企業尋求庇護的動機更加強烈。為此，企業會主動實施賄賂以獲得政策傾斜、削弱政府管制力度（李後建、馬朔，2016），也借此削弱最低工資標準上浮對企業產能利用率的負面影響。這一結論表明，在當前經濟發展新常態下，雖然法治市場經濟建設不斷推進，但企業生產經營仍然在很大程度上受制於非正式制度。此外，與非國有企業職工相比，國有企業的職工工資水準相對更高，最低工資標準上浮帶來的成本效應也相對較小（許和連、王海成，2016）。由此說明，政府的過多干預可能會弱化勞動力政策對緩解產能過剩的效應。因此，要有效抑制中國製造業行業產能過剩，需要繼續深化經濟體制改革，完善市場競爭機制，利用市場供需調節商品生產流通，實現資源的有效配置。

　　本章的研究結果既具有較強的穩健性，也具有較為重要的政策內涵。

　　第一，要健全和完善法治市場經濟，完善相關法律法規。本章的研究結論說明，最低工資標準上浮會顯著降低企業的產能利用率。鑒於此，政策制定者如果要利用勞動法規激勵企業進行生產結構調整，達成緩解產能過剩的目標，

必須瞭解最低工資標準對勞動力市場的積極效應以及對企業產能利用率的負面影響，並致力於完善相關政策。

第二，要減少政府對經濟的干預，完善市場監管機制。要重視因政府過度干預導致的產能過剩，正確處理政府與市場的關係。發揮市場在資源配置中的決定作用，有效界定政府干預市場的邊界也是當前制度改革的方向。如何健全和完善法治市場經濟，保證企業參與公平的市場競爭，營造良好的制度環境對企業發展至關重要。此外，要加強社會主義法治市場建設。一方面，要完善懲治貪污賄賂法律制度，加大公職人員濫用公共權力的懲罰和預防力度；另一方面，還要加強對市場特權的管制，弱化行賄等尋租行為對企業的打擊。

第三，要依靠提高生產要素的利用效率實現經濟增長。研究結果顯示，與資本密集型企業相比，最低工資標準對勞動密集型企業的消極作用更為顯著。而現實中，生產要素配置不合理導致的產能利用率低是中國行業產能過剩的重要原因之一。在人口紅利逐漸消失的今天，要實現有效緩解產能過剩，企業必須調整生產要素投入，通過技術研發和結構調整不斷提高產能利用效率。

# 6 國有股權、最低工資標準 與企業在職培訓

在勞動力成本不斷攀升的背景下，提升人力資本水準，促進製造業轉型升級是當前中國經濟轉型的重大任務之一。基於中國 25 個城市最低工資標準數據匹配世界銀行提供的中國製造業企業營商環境質量調查數據，本章從實證的角度探究了最低工資標準和國有股權對企業全職員工在職培訓的影響及其作用機制。研究發現，最低工資標準（每月最低工資和每小時最低工資）對企業（生產性和非生產性）全職員工在職培訓具有顯著的消極影響。不過，伴隨著國有股權比例的增加，企業會提高（生產性和非生產性）全職員工在職培訓的比例，與此同時，最低工資標準對企業（生產性和非生產性）全職員工在職培訓的消極影響會逐漸強化。進一步地研究發現，最低工資標準能夠通過負向影響企業國際質量標準認證對企業（生產性和非生產性）全職員工在職培訓起到消極影響，即國際質量標準認證在最低工資標準與企業（生產性和非生產性）全職員工在職培訓之間起到顯著的負向仲介效應，然而國有股權會顯著弱化這一負向仲介效應。不過，最低工資標準也可以通過正向影響信息技術應用對企業生產性全職員工在職培訓產生積極影響，即信息技術應用在最低工資標準與企業生產性全職員工在職培訓之間起到顯著的正向仲介效應，並且國有股權會顯著強化這一正向仲介效應。這些結論不僅有助於我們深刻理解最低工資保障制度對企業人力資本投資的影響及其發生機制，而且也為政府相關部門制定促進企業人力資本投資的政策提供了新的思路。

## 6.1 引言

最低工資標準上浮究竟會對企業在職培訓造成什麼影響呢？在理論上，一

方面，如果勞動力的流動性較強，那麼最低工資上浮會迫使企業減少在職培訓，這是因為未進行在職培訓的企業可能會從那些已進行在職培訓的企業中「挖走」員工；另一方面，如果勞動力的流動性較弱，那麼企業可能會增加在職培訓，這是因為最低工資標準上浮會給企業造成薪酬缺口，為此，企業必須通過在職培訓來提高生產效率，從而彌補薪資缺口（Riley & Bondibene，2017）。因此，我們無法從理論上預測最低工資標準上浮對企業在職培訓的淨影響。同樣地，關於最低工資標準上浮對企業在職培訓的實證研究結論也遠未達成一致。Neumark 和 Wascher（2001）、Schumann（2017）、Hara（2017）、馬雙和甘犁（2014）的研究發現最低工資標準上浮對企業在職培訓具有消極影響，而其他研究者則發現有積極影響（Arulampalam et al.，2004）。還有一些研究者，如 Fairris 和 Pedace（2004）和 Cardoso（2009）則發現不存在明確的因果關係。導致這些研究結論存在較大差異的原因可能有以下兩點：第一，大多數的研究都使用工資增長作為企業在職培訓的代理變量，而並未使用有關企業在職培訓的直接信息；第二，大多數研究並未考慮勞動力流動性帶來的影響。

在本章中，我們將使用世界銀行提供的關於中國製造業企業營運環境的調查數據來檢驗最低工資標準對企業在職培訓的影響。本章在一定程度上解決了現有實證文獻存在的三個問題：第一，相比現有使用工資增長作為企業在職培訓代理變量的實證文獻而言，本章使用參與正式培訓的員工比例能夠更加準確地度量企業在職培訓；第二，本章將國有股權比例作為勞動力流動性的代理變量，考察勞動力流動性在不同的條件下，最低工資標準上浮對企業在職培訓影響的異質性，在一定程度上彌補了現有文獻在考慮勞動力市場情境異質性條件下對最低工資標準與企業在職培訓之間關係研究的不足；第三，現有研究並未充分考慮最低工資標準究竟通過哪些渠道對企業員工在職培訓產生影響，而本章著重探究了最低工資標準影響企業員工在職培訓的作用機制，進一步地揭開了勞動力市場制度影響企業人力資本投資的「黑箱」。

同樣地，本章的研究結論對政策制定者而言也是非常重要的。首先，隨著經濟的轉型，中國的技術進步會導致技能型勞動需求的增長（宋冬林等，2010）。由此可知，在未來的勞動力市場競爭中，相比高技能的勞動者，低技能勞動者將面臨更大的失業風險。那些低技能的勞動者只有在接受企業提供的技能培訓之後才有可能降低失業風險，提高獲得全職工作的概率及享受更高的工資待遇（Riphahn & Zibrowius，2016）。因此，本章的研究結論對於政策制定者深刻理解最低工資標準上浮如何通過影響企業在職培訓，從而影響員工就業是至關重要的。其次，本章結論為政策制定者在提高最低工資標準後如何抑制

企業減少在職培訓提供了政策啟示。

## 6.2 理論基礎與研究假設

### 6.2.1 最低工資標準與企業在職培訓

根據 Mincer（1974）的人力資本理論可知，通用技能通常能夠增加工人的生產力，並且這種技能在任何企業都可以通用。在一個完全競爭的勞動力市場上，勞動供求雙方都享有充分信息，不提供通用技能培訓的企業通常會從提供通用技能培訓的企業中「挖走」那些訓練有素的工人。在這種情況下，提供通用技能培訓的企業無法收回提供通用技能培訓的成本。儘管如此，部分工人為了提高自身技能，他們願意在培訓期間接受更低的工資來激勵企業提供通用技能培訓。然而，最低工資標準的上浮可能會通過兩個渠道來影響企業通用技能培訓。首先，當最低工資標準上浮時，企業必須提高那些工資水準處在最低工資標準以下工人的工資。顯然，如果最低工資標準的上調使得企業無法通過員工接受低工資的方法來收回通用技能培訓的成本時，那麼最低工資標準上浮將會產生外部性，擠出企業用於通用技能培訓的成本。其次，即便最低工資標準上浮沒有擠占企業通用技能培訓的成本，但是最低工資標準的上浮可能會抵消通用技能培訓帶給企業的經濟效益。此時，企業會尋求更加經濟的方式來應對最低工資標準，即裁減那些工資處於最低工資標準以下的低技能工人（Arango & Pachón，2004），伴隨著低技能工人的裁減，企業也會明顯減少在職培訓。Rosen（1972）指出，在完全競爭的勞動力市場，最低工資標準會妨礙低技能的工人通過接受低工資來獲得企業提供的通用技能培訓機會。而只有那些邊際產品價值高於最低工資的工人才有可能獲得企業提供的通用技能培訓機會。Hara（2017）通過實證研究發現，最低工資標準上浮的確會對企業的正式培訓產生負面影響。Schumann（2017）、馬雙和甘犁（2014）都得出了同樣的結論。

事實上，隨著市場化改革的不斷深入，中國勞動力市場競爭性逐漸增強（薛欣欣，2008）。更重要的是，戶籍限制的進一步放鬆使得中國城市的低技能勞動力面臨著農民工的激烈競爭（約翰·奈特、琳達·岳、楊建玲，2012）。由此可知，中國低技能勞動力賣方市場處於完全競爭狀態，而高技能勞動力買方市場處於完全競爭狀態（黃乾，2009）。在這種典型的勞動力市場競爭作用下，勞動力如果由低技能轉化為高技能，那麼他們的流動性將會大幅

提高，工資的討價還價能力也會增強。如果企業不能支付更高的工資，那麼這些由低技能轉化為高技能的員工可能會被其他企業「挖走」而流失，此時企業所付出的通用技能培訓成本將不能收回。在這種情況下，最低工資標準的上浮可能使得企業無法通過員工接受更低工資的方法來收回通用技能培訓成本。根據上述分析，我們得到研究假設1。

研究假設1：隨著最低工資標準的上浮，企業會減少在職培訓的員工比例。

### 6.2.2 國有股權與企業在職培訓

勞動力市場分割理論表明，在體制改革、就業政策和產業政策的影響下，中國的勞動力市場被分割為體制內勞動力市場和體制外勞動力市場，體制內勞動力市場主要以國有企業、行政機關和事業單位為主，而體制外勞動力市場則以個體經濟、私營經濟和外資經濟為主（劉志國、James Ma，2016）。在體制內勞動力市場上，勞動者的勞動力權力受到法律保護，可以享受較高的工資和福利待遇。因此，體制內勞動力市場提高了勞動者向體制外勞動力市場流動的機會成本，降低了體制內勞動力市場的競爭性；而在體制外勞動力市場上，勞動者的勞動權力通常難以得到法律的有效保護，並且工資福利低，面臨著較高的失業風險。因此，在體制外勞動力市場，勞動力流動的機會成本低，提高了體制外勞動力市場的競爭性。晉利珍（2008）、劉志國和James Ma（2016）都將體制內勞動力市場視為不完全競爭的勞動力市場，而將體制外勞動力市場視為完全競爭的勞動力市場。根據Mincer（1974）的人力資本理論可知，對於國有股權企業而言，雇主不用過於擔心通用技能培訓成本的收回問題，因為體制內勞動力市場是不完全競爭的，其他企業可能需要耗費較大的成本「挖走」那些在國有股權企業接受過通用技能培訓的員工。由此，從理論上可以推知國有股權會促使企業增加在職培訓的員工比例。

事實上，隨著市場化改革的深入推進，國有股權企業被逐步推向市場，並接受市場競爭的洗禮。為了迎合市場化改革的需求，適應激烈的市場競爭環境，國有股權企業除了進行內部調整之外，更重要的就是提高員工的綜合業務素質。在這種情況下，增加正式培訓可能就成為當前國有股權企業提高員工綜合業務素質的重要途徑之一。因此，從當前市場化改革的形勢來看，國有股權會促使企業增加參與在職培訓的員工比例。綜合上述分析，我們得到研究假設2。

研究假設2：隨著國有股權比例的增加，企業會增加在職培訓的員工比例。

### 6.2.3 國有股權的調節效應

根據 Schumann（2017）的理論觀點，在完全競爭的勞動力市場上，最低工資標準上浮可能會減少企業在職培訓，而在不完全競爭的勞動力市場上，最低工資標準上浮則可能會增加企業在職培訓。由於國有股權企業隸屬體制內勞動力市場，而體制內勞動力市場的競爭是不完全的。因此，在理論上，隨著國有股權比例的增加，最低工資標準上浮對企業在職培訓的消極影響會逐漸弱化。

然而，政府官員可以利用國有股權企業來最大化社會福利而非企業價值（Vickers & Yarrow, 1991），同時追求政治和社會理想目標，如降低失業率並增加國內投資（Beuselinck et al., 2017）。在以相對經濟績效考核為中心的政治晉升錦標賽下，政治官員不僅希望國有股權企業提升本地的就業率和經濟增長率，而且希望國有股權企業貫徹執行政府部門下達的各項指令和規定，從而發揮領頭羊和示範作用。在政府部門下達的各項指令和規定中，最低工資規定是政府部門改善民生的一項正式制度安排，這對政治官員實現政治和社會理想目標至關重要。因此，政治官員會更加希望國有股權企業能夠有效地遵守最低工資標準。同時，大量的資源掌握在政府手中，政治官員可以根據國有企業在實現特定政治和社會目標的貢獻程度來分配這些資源。為了從政府部門獲得更多的資源，國有股權企業通常會迎合政治官員的要求，貫徹執行政府部門下達的各項指令和規定，其中包括嚴格遵守和執行政府部門制定的最低工資標準。

現有的研究表明，最低工資標準能否發揮有效作用通常與企業能否有效遵守和執行最低工資標準息息相關（Yaniv, 2006; Danzige, 2009）。由於國有股權企業比其他類型的企業更願意遵守和執行最低工資標準。當最低工資標準上浮時，國有股權企業為了嚴格遵守和執行最低工資標準，通常可能會更大幅度地削減在職培訓，將本該用於支付在職培訓的相關費用用來彌補由於最低工資標準上浮造成的薪資缺口。因此，結合當前的制度背景及以上論述，我們可以得到研究假設3。

研究假設3：隨著國有股權比例的增加，最低工資標準上浮對企業在職培訓的消極影響會逐漸強化。

## 6.3 研究設計

### 6.3.1 數據來源與樣本分佈

本章的研究數據來自世界銀行執行的企業投資環境調查（Investment Climate Survey, ICS）。這項調查是在全球範圍內開展的，它是研究者獲取企業層面數據的重要來源，並且涵蓋了影響企業創新的各類因素。在本章中，考慮到研究對象是中國製造企業，因此，我們僅摘取 2011—2013 年世界銀行對中國製造企業的投資環境調查數據。這一調查數據屬於橫截面數據，抽樣方式採取的是分層隨機抽樣[①]，樣本均勻分佈於中國的 25 個城市、26 個行業領域，具有較大的地區、行業和企業變異，能夠有效地代表中國製造業企業的基本現狀，包括競爭環境、創新與科技、政府與企業關係、營運障礙、企業的成本、現金流、員工結構和存貨管理等。在進行數據清洗和刪失之後[②]，我們獲得了 1,597 個可用樣本。由於數據清洗和刪失可能會破壞原始抽樣的科學性，為此，我們通過獨立樣本 t 檢驗來比較總體樣本和有效樣本之間有關企業年齡、規模和高管性別之間的特徵差異。結果表明，這些特徵之間並無明顯差異，由此表明數據清洗和刪失不太可能會顯著破壞原始抽樣的科學性。

各城市最低工資標準來源於我們手工整理的最低工資標準數據庫。具體而言，我們通過瀏覽各級政府網站、政策文件、統計公報、官方報紙等多種方式查找，搜集了 2009 年 25 個城市的月最低工資標準和小時最低工資標準。我們將 25 個城市 2009 年的最低工資數據與世界銀行提供的企業問卷調查數據庫進行匹配和整理加工，以便檢驗國有股權和最低工資標準對企業在職培訓的影響。

### 6.3.2 計量模型與變量定義

（1）被解釋變量

企業在職培訓（train）：在本章中，用生產性全職員工參與正式培訓的比例（train1）和非生產性全職員工參與正式培訓的比例（train2）這兩個變量來度量企業在職培訓。樣本中生產性全職員工參與正式培訓比例的平均值為

---

[①] 根據企業所在地區、企業大小和行業屬性來進行分層隨機抽樣。
[②] 在最終的樣本中，我們排除掉成立不到 3 年或者員工不到 5 人的企業。

0.781，稍高於非生產性全職員工參與正式培訓比例的均值0.667。

（2）關鍵解釋變量

在本章中，我們主要關注兩個關鍵的解釋變量，即國有股權（SOE）和最低工資標準（包括每月最低工資標準MW、每小時最低工資標準HW）。其中國有股權用國家資本占企業全部資本的比例來度量，在我們的研究樣本中，國有股權比例的平均值為0.042，最大值為1（如表6-1所示）。

最低工資標準用企業所在城市全職員工每月最低工資來度量。在本章中，企業所在城市最高的最低工資標準為1,120元，而最低的最低工資標準為720元，最低工資標準的均值為942元（具體如表6-1所示）。

（3）控制變量

控制變量包括企業特徵：①企業規模（lnsize）：現有文獻表明，相比小規模企業而言，大規模企業遭受到的融資約束更低（Beck et al., 2006），因此，規模越大的企業能夠為在職培訓提供更多的外部資金。因此，在本章中，我們將企業規模納為控制變量。我們使用員工人數的自然對數作為企業規模變量。在世界銀行的定義中，小型企業的員工人數範圍是5~50名，中型企業為51~500名，大型企業的員工人數一般超過500名。在本章中，企業員工人數的均值為318名，最大值為30,000名，最小值為5名。②企業年齡（lnage）：Beck等（2006）發現，相比年輕的企業，年老的企業遭受融資約束的可能性更低，這使得年老的企業能夠為在職培訓提供更多的外部資金。因此，我們將企業年齡納入控制變量。在本章中，企業年齡等於調查年份減去企業成立的年份並取自然對數。在本章樣本中，企業年齡最大值為126歲，最小值為3歲。③外資股權比例（foreign）：定義為外國資本占企業全部資本的比例。擁有外資股權比例的企業通常會面臨更大的內部壓力（Hudson & Orviska, 2013），這會迫使它們不斷地提升內部員工的素質，增加對內部員工在職培訓的需求。④信息技術應用（computer），定義為日常工作中經常使用電腦的員工比例，信息技術的應用通常會在某種程度上改變企業的生產和管理流程，這顯然會增加企業對員工在職培訓的需求，以便在職培訓之後使得員工更加適應新的生產和管理流程。⑤國際質量標準認證（certification），定義為企業是否通過了國際質量標準認證，若企業通過了國際質量標準認證則賦值為1，否則賦值為0。之所以納入國際質量標準認證這一控制變量是因為國際質量認證會迫使企業完善內部質量管理、穩定產品和服務質量，這就需要企業不斷地提高員工素質，以滿足實施國際質量標準體系所需的員工素質。為了提高員工素質，企業會明顯增加對員工在職培訓的需求。⑥外部技術許可證（license），定義為除辦公軟件外，

企業當前使用的技術許可是否來自外資企業，若是賦值為1，否則賦值為0。技術許可之後，技術受讓企業需要對許可的技術進行消化和吸收，這會促使企業加強對員工的在職培訓，以滿足新設備、新工藝、新材料和新標準的要求。⑦融資約束（constraint），定義為金融可得性對企業當前營運所造成的障礙程度，根據障礙程度的高低依次賦值為0~4，分別表示「沒有障礙」「較小障礙」「一般障礙」「較大障礙」「非常嚴重的障礙」。障礙越大表明企業面臨的融資約束程度越高。在職培訓通常具有風險高、保值性低等特點。在這種情況下，從事在職培訓的企業資產負債率通常較低，這意味著與融資約束企業相比，非融資約束企業有更強的動機進行在職培訓。⑧總經理性別（gender），若總經理的性別為女性則賦值為1，否則賦值為0。⑨從業經驗（experience），表示總經理在本行業部門的從業年限。⑩企業所在城市特徵：主要商業城市（business），定義為企業所在的城市是否是主要的商業城市，若是則賦值為1，否則賦值為0。

除此之外，我們還使用一系列行業虛擬變量來控制不同行業的潛在特徵對企業在職培訓的影響。各主要變量的描述性統計如表6-1所示。

表6-1 主要變量的描述性統計

|  | Obs | Mean | Std. Dev. | Min | Max |
| --- | --- | --- | --- | --- | --- |
| train1 | 1,597 | 0.781 | 0.367 | 0 | 1 |
| train2 | 1,575 | 0.667 | 0.422 | 0 | 1 |
| MW | 25 | 942.3 | 98.87 | 720 | 1,120 |
| HW | 25 | 5.627 | 0.590 | 4.3 | 6.69 |
| SOE | 1,597 | 0.048 | 0.201 | 0 | 1 |
| lnsize | 1,597 | 4.478 | 1.316 | 1.609 | 10.31 |
| lnage | 1,597 | 2.536 | 0.482 | 0 | 4.836 |
| foreign | 1,597 | 0.049 | 0.192 | 0 | 1 |
| computer | 1,597 | 0.271 | 0.205 | 0 | 1 |
| certification | 1,597 | 0.720 | 0.449 | 0 | 1 |
| license | 1,597 | 0.244 | 0.429 | 0 | 1 |
| constraint | 1,597 | 0.828 | 0.877 | 0 | 4 |
| gender | 1,597 | 0.085,2 | 0.279 | 0 | 1 |
| experience | 1,597 | 17.12 | 7.578 | 1 | 47 |
| business | 25 | 0.863 | 0.343 | 0 | 1 |

(4）計量模型

根據以上闡述，我們建立如下計量模型來評估最低工資標準對企業全職員工在職培訓的影響：

$$train1_i/train2_i = \alpha + \beta_1 MW_c + \beta_2 SOE_i + \beta_3 MW_c \times SOE_i + \Gamma X_i + \eta_{ind} + \varepsilon_i \tag{6-1}$$

$$train1_i/train2_i = \alpha + \beta_1 HW_c + \beta_2 SOE_i + \beta_3 HW_c \times SOE_i + \Gamma X_i + \eta_{ind} + \varepsilon_i \tag{6-2}$$

在公式（6-1）和公式（6-2）中，$train1_i$和$train2_i$分別表示第$i$個企業生產性和非生產性全職在職培訓的比例，$MW_c$和$HW_c$分別表示第$c$個城市的月最低工資標準和小時最低工資標準，$SOE_i$表示第$i$個企業的國有股權比例，$MW_c \times SOE_i$和$HW_c \times SOE_i$表示月最低工資和小時最低工資標準分別與國有股權比例的交互項，$X_i$表示控制變量集，主要包括企業特徵和城市特徵，$\eta_{ind}$表示行業固定效應，$\varepsilon_i$表示隨機誤差。

在公式（6-1）和公式（6-2）中，最低每月和每小時工資標準和國有股權比例可能都是內生的，並且由遺漏變量、反向因果以及選擇偏差等引致的內生性問題會導致估計結果是有偏的。為此，本章使用控制方程法（Control Function Methods，CFM）來緩解這種潛在的內生性所導致的估計偏誤。

我們考慮採用控制方程法來緩解最低工資標準和國有股權比例的潛在內生性問題（Wooldridge，2015）。控制方程法利用工具變量來正確地識別因果關係。相比標準的 IV 估計（如兩階段最小二乘法），它在函數形式會更加靈活。控制方程法（CF）主要分為兩步：第一步，利用每月最低工資標準和每小時最低工資標準分別對其工具變量進行迴歸，並得到相應的殘差（residual1 和 residual2）。同樣地，利用國有股權比例對其工具變量進行迴歸，並得到相應的殘差（residual3）。第二步，將預測到的殘差作為迴歸元納入第二階段的迴歸中。需要注意的是，由於企業在職培訓是一個零堆積的刪截連續變量，故我們採用 Tobit 模型進行第二階段迴歸。

控制方程法（CF）在第一階段迴歸中需要一個或多個有效的工具，要使選定的工具變量有效，就必須使其與關鍵的解釋變量相關，但與方程中的殘差項無關。本章採用滯後 1 期的人均 GDP 的自然對數和工資水準的自然對數作為最低工資標準的工具變量。首先，地區的經濟發展水準和平均工資水準並不會直接影響該地區某個企業在職培訓的比例。而地區的經濟發展水準和工資水準通常會直接決定該地區的最低工資標準（葉林祥等，2015），即政府有關部門通常會參照地區的經濟發展水準和工資水準來確定和調整該地區的最低工資

水準。因此，從理論的角度而言，地區經濟發展水準和工資水準可以作為最低工資標準的工具變量。其次，參照現有研究的經驗（於文超等，2018）和「同群效應」理論，我們採用同一地區同一行業其他企業國有股權比例的平均值作為國有股權的工具變量。

## 6.4 實證結果與分析

### 6.4.1 基準迴歸分析

表6-2匯報的是每月最低工資標準和國有股權比例等因素對企業在職培訓影響的迴歸結果，其中模型（1）和模型（3）是基於Tobit模型的估計結果，而模型（2）和模型（4）則使用了控制方程法進行估計。模型（2）和模型（4）的結果顯示residual1和residual3在10%的顯著性水準上均不顯著，這意味著每月最低工資和國有股權比例是外生的原假設不能被拒絕。在這種情況下，排除殘差項的Tobit迴歸結果會更加有效。模型（1）和模型（3）的Tobit迴歸結果顯示，在1%的顯著性水準上，每月最低工資標準對企業生產性和非生產性全職員工在職培訓比例具有顯著的消極影響，即當月最低工資標準上浮時，企業會降低生產性和非生產性全職員工在職培訓的比例。這與馬雙和甘犁（2013）得到的結論是一致的，即最低工資增加會降低企業提供在職培訓的可能性。他們認為當最低工資標準上浮時，員工培訓的成本空間被壓縮，企業會選擇不提供在職培訓或減少在職培訓的經費投入（馬雙，甘犁，2013）。不過在1%的顯著性水準上，國有股權比例對企業生產性和非生產性全職員工在職培訓比例具有顯著的積極影響，即隨著國有股權比例的增加，企業會提高生產性和非生產性全職員工在職培訓的比例。在10%的顯著性水準上，每月最低工資標準和國有股權的交互項（MW×SOE）系數顯著為負，這意味著國有股權的比例會顯著強化每月最低工資標準對企業生產性和非生產性全職員工在職培訓比例的消極影響。即隨著國有股權比例的增加，每月最低工資標準對企業生產性和非生產性全職員工在職培訓比例的消極影響會更加強烈。以上結果表明，從每月最低工資標準的角度而言，本章的研究假設1、2和3獲得實證支持。

大部分控制變量的影響也符合預期，即那些規模大、有國際質量認證的企業會提高生產性和非生產性全職員工在職培訓的比例，而當融資約束程度較高時，企業會降低生產性和非生產性全職員工在職培訓的比例。我們還發現，總

經理在本行業部門的從業年限會顯著降低生產性與非生產性全職員工在職培訓比例。這可能是因為，任期較長的管理者往往具有強烈的「求穩」心態，他容易受到原有技術軌跡的約束，並傾向於恪守固有慣例，排斥變革和創新，從而降低企業培訓的需求（Hambrick & Mason, 1984；陳華東, 2016）。此外，外部技術許可證會顯著降低生產性全職員工在職培訓的比例。可能的原因在於，外部技術受讓的購置成本較高（王元地等, 2012），這會導致生產部門面臨較大的資金壓力，從而降低對生產性全職員工在職培訓的比例。

表 6-2　月最低工資標準和國有股權比例等對企業在職培訓影響的迴歸結果

| VARIABLES | Train1 (1) Tobit | Train1 (2) CF | Train2 (3) Tobit | Train2 (4) CF |
|---|---|---|---|---|
| MW | −0.003,7*** | −0.003,5*** | −0.002,9*** | −0.001,2 |
|  | (0.000,5) | (0.000,8) | (0.000,5) | (0.000,8) |
| SOE | 0.880,6** | 1.144,0*** | 1.213,1*** | 1.489,4*** |
|  | (0.369,9) | (0.414,5) | (0.339,7) | (0.354,3) |
| MW×SOE | −0.008,8* | −0.009,5** | −0.009,3* | −0.009,8** |
|  | (0.004,8) | (0.004,5) | (0.004,9) | (0.004,8) |
| lnsize | 0.103,8*** | 0.119,9*** | 0.077,0** | 0.098,0*** |
|  | (0.035,1) | (0.037,1) | (0.035,4) | (0.035,7) |
| lnage | 0.103,0 | 0.178,9* | 0.101,8 | 0.175,9* |
|  | (0.093,4) | (0.096,7) | (0.093,6) | (0.095,1) |
| foreign | 0.068,1 | −0.037,9 | −0.173,7 | −0.328,6 |
|  | (0.211,3) | (0.218,2) | (0.210,9) | (0.213,9) |
| computer | 0.660,9*** | 0.529,0** | 0.299,8 | 0.067,3 |
|  | (0.223,0) | (0.254,3) | (0.216,8) | (0.226,6) |
| certification | 0.711,5*** | 0.681,6*** | 0.648,1*** | 0.601,1*** |
|  | (0.098,3) | (0.099,3) | (0.099,9) | (0.100,9) |
| license | −0.166,7* | −0.187,7* | 0.305,0*** | 0.262,2*** |
|  | (0.097,3) | (0.097,2) | (0.100,0) | (0.099,4) |
| constraint | −0.251,3*** | −0.250,8*** | −0.242,8*** | −0.247,9*** |
|  | (0.046,4) | (0.045,9) | (0.047,3) | (0.047,6) |
| female | 0.206,7 | 0.168,8 | 0.247,5* | 0.210,5 |
|  | (0.144,4) | (0.148,6) | (0.148,2) | (0.148,3) |

表6-2(續)

| VARIABLES | Train1 | | Train2 | |
|---|---|---|---|---|
| | (1) Tobit | (2) CF | (3) Tobit | (4) CF |
| experience | -0.014,3** | -0.016,7*** | -0.011,0* | -0.012,8** |
| | (0.005,8) | (0.005,7) | (0.005,8) | (0.006,0) |
| business | 0.190,2* | 0.189,2* | 0.131,3 | 0.122,7 |
| | (0.115,0) | (0.114,6) | (0.118,7) | (0.117,2) |
| residual1 | | -0.000,3 | | -0.002,5 |
| | | (0.001,0) | | (0.001,9) |
| residual3 | | 0.115,5 | | 0.162,5 |
| | | (0.080,4) | | (0.108,5) |
| Industry fixed effects | YES | YES | YES | YES |
| Constant | 4.025,3*** | 3.299,3*** | 2.900,5*** | 0.762,7 |
| | (0.572,5) | (0.845,9) | (0.567,8) | (0.794,9) |
| Pseudo R2 | 0.103,5 | 0.108,0 | 0.081,6 | 0.088,1 |
| Observations | 1,597 | 1,539 | 1,597 | 1,539 |

註：CF 迴歸結果括號中的標準誤差均由 Bootstrap 抽樣 1,000 次得出，其餘括號內數據為穩健性標準誤差 *** p<0.01，** p<0.05，* p<0.1。

表6-3 展現了小時最低工資標準和國有股權比例等因素對企業在職培訓影響的迴歸結果。與表6-2 一致的是，表6-3 中模型（2）和模型（4）的residual2 和 residual3 在10%的顯著性水準上均不顯著，這意味著小時最低工資和國有股權比例是相對外生的。此時，排除殘差項的 Tobit 迴歸結果會更加有效。表6-3 中模型（1）和模型（3）的 Tobit 迴歸結果顯示，在1%的顯著性水準上，每小時最低工資對企業生產性和非生產性全職員工在職培訓比例具有顯著的消極影響；與表6-2 的迴歸結果一致的是，SOE 的系數在5%的顯著性水準上顯著為正，這意味著隨著國有股權比例的增加，企業會提高員工（生產性和非生產性全職員工）在職培訓的比例。同樣地，在10%的顯著性水準上，每小時最低工資和國有股權比例的交互項顯著為負，這意味著國有股權會顯著強化每小時最低工資對企業生產性和非生產性全職員工在職培訓比例的消極影響。由此可見，從每小時最低工資的角度而言，本章的研究假設1、2 和 3 依然獲得實證支持。

表6-3 小時最低工資標準和國有股權比例等對企業在職培訓影響的迴歸結果

| VARIABLES | Train1 | | Train2 | |
|---|---|---|---|---|
| | (1) Tobit | (2) CF | (3) Tobit | (4) CF |
| HW | −0.623,5*** | −0.233,4* | −0.495,7*** | −0.634,5*** |
| | (0.090,4) | (0.140,9) | (0.089,7) | (0.131,2) |
| SOE | 0.902,8** | 1.488,6*** | 1.233,4*** | 1.144,7*** |
| | (0.369,1) | (0.369,5) | (0.337,7) | (0.331,7) |
| HW×SOE | −1.467,3* | −0.010,0* | −1.537,3* | −0.009,5* |
| | (0.797,5) | (0.005,6) | (0.818,0) | (0.005,1) |
| residual2 | | −0.382,2 | | 0.034,1 |
| | | (0.227,3) | | (0.161,4) |
| residual3 | | 0.221,7 | | 0.111,1 |
| | | (0.233,4) | | (0.078,3) |
| 其他變量 | YES | YES | YES | YES |
| Industry fixed effects | YES | YES | YES | YES |
| Constant | 4.023,2*** | 3.372,0*** | 2.947,5*** | 0.876,4 |
| | (0.572,6) | (0.810,4) | (0.568,2) | (0.811,4) |
| Pseudo $R^2$ | 0.103,5 | 0.107,9 | 0.082,0 | 0.088,2 |
| Observations | 1,597 | 1,539 | 1,597 | 1,539 |

註：CF迴歸結果括號中的標準誤差均由Bootstrap抽樣1,000次得出，其餘括號內數據為穩健性標準誤差 *** $p<0.01$, ** $p<0.05$, * $p<0.1$。

進一步地，我們繪製了國有股權比例對月最低工資標準與企業生產性和非生產性全職員工在職培訓之間關係的調節效應圖。由圖6-1可知，隨著國有股權比例的增加，月最低工資標準對企業生產性和非生產性全職員工在職培訓比例的消極影響在逐漸增強。同樣地，圖6-2繪製的是國有股權比例對小時最低工資標準與企業生產性和非生產性全職員工在職培訓之間關係的調節效應圖，由圖6-2可知，隨著國有股權比例的增加，小時最低工資標準對企業生產性和非生產性全職員工在職培訓比例的消極影響也在逐漸增強。

(a) 生產性全職員工　　　　　　　(b) 非生產性全職員工

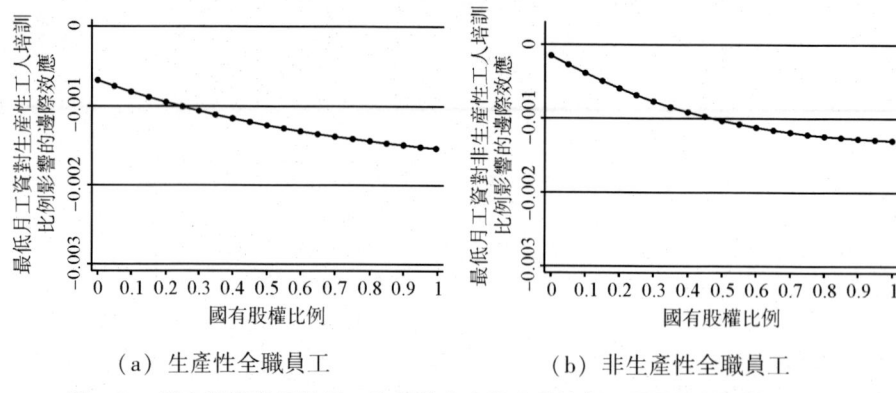

圖 6-1　國有股權對月最低工資標準與企業在職培訓之間關係的調節效應圖

(c) 生產性全職員工　　　　　　　(d) 非生產性全職員工

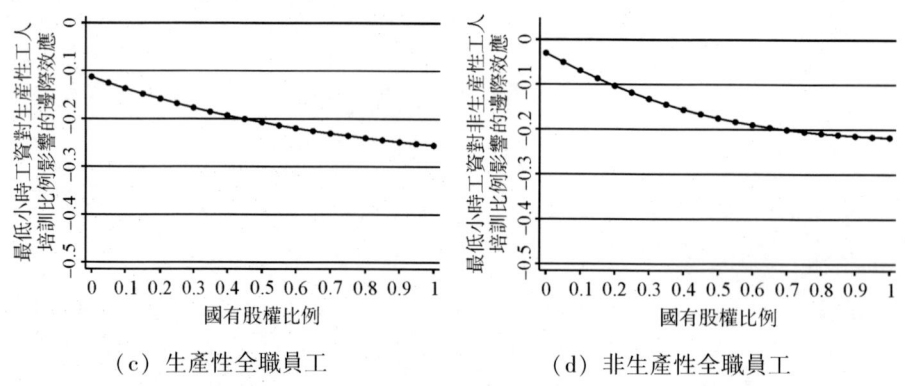

圖 6-2　國有股權對小時最低工資標準與企業在職培訓之間關係的調節效應圖

### 6.4.2　作用機制檢驗

　　一方面，最低工資標準的上浮會提高企業雇傭成本，在雇傭成本增加的前提下，企業可能不願意拿更多的資金進行國際質量認證。然而，國際質量認證會促使企業完善內部質量管理、穩定產品和服務質量，這迫使企業不斷地提高員工素質，以滿足實施國際質量標準體系所需的員工素質。而企業為了提高員工素質，會增加對員工在職培訓的需求。另一方面，現有研究的結果表明，最低工資標準的上浮對企業信息技術應用水準具有顯著積極的作用（李後建等，2018），而信息技術的應用通常會在某種程度上迫使企業改變生產和管理流程，為使得員工能夠適應新的生產和管理流程，企業可能會增加對員工在職培訓的需求。基於此，我們從國際質量認證和信息技術應用的仲介效應切入，探究這兩個仲介變量在最低工資標準與企業在職培訓之間的作用方式和效果，具體結

果如表6-4和表6-5所示。

表6-4為最低工資標準（每月和每小時）對生產性全職員工在職培訓比例的仲介效應檢驗結果，由表6-4可知，國際質量標準認證和信息技術應用在每月最低工資標準對企業生產性全職員工在職培訓的影響中起到的仲介效應分別是 $-0.000,066,5$（95%CI：$-0.000,10 \sim -0.000,03$）和 $0.000,033,9$（95%CI：$0.000,01 \sim 0.000,06$），並且這些仲介效應的置信區間都不包含0，這意味著仲介效應具有顯著的統計學意義。同樣地，國際質量標準認證和信息技術應用在每小時最低工資標準對企業生產性全職員工在職培訓的影響中起到的仲介效應分別是 $-0.011,646,3$（95%CI：$-0.017,99 \sim -0.005,30$）和 $0.005,248,6$（95%CI：$0.000,43 \sim 0.010,07$），並且這些仲介效應的置信區間都不包含0，國際質量認證標準和信息技術應用這兩個仲介變量所起到的仲介效應都具有顯著的統計學意義。

表6-5為最低工資標準（每月和每小時）對非生產性全職員工在職培訓比例的仲介效應檢驗結果，結果顯示：國際質量標準認證和信息技術應用在每月最低工資標準對非生產性全職員工在職培訓的影響中起到的仲介效應分別為 $-0.000,077,8$（95%CI：$-0.000,10 \sim 0.000,03$）和 $0.000,015,3$（95%CI：$-0.000,02 \sim 0.000,05$），其中國際質量標準認證起到的仲介效應的置信區間不包含0，表明仲介效應具有顯著的統計學意義，而信息技術應用起到的仲介效應的置信區間包含0，表明仲介效應不具有顯著的統計學意義；同樣地，國際質量標準認證和信息技術應用在每小時最低工資標準對非生產性全職員工在職培訓的影響中起到的仲介效應分別為 $-0.013,642,7$（95%CI：$-0.000,02 \sim 0.000,05$）和 $0.002,381,8$（95%CI：$-0.003,17 \sim 0.007,94$），與每月最低工資對非生產性全職員工在職培訓比例的仲介效應檢驗結果類似，國際質量標準認證起到的正向仲介效應具有顯著統計學意義，而信息技術應用並未起到顯著的負向仲介效應。

在最低工資標準影響企業在職培訓的過程中，國際質量標準認證和信息技術應用分別起到顯著的負向仲介效應和正向仲介效應。那麼最低工資標準究竟如何影響國際質量標準認證和信息技術應用的，而國際質量標準認證和信息技術應用又是如何影響企業在職培訓。由表6-6和表6-7可知，最低工資標準（每月和每小時）會促使企業放棄國際質量標準認證，而國際質量標準認證激勵企業提高在職培訓的強度。通過這條路徑，最低工資標準會對企業在職培訓強度產生顯著的抑制作用。不過，最低工資標準（每月和每小時）會促使企業更多應用信息技術，而信息技術的應用又會促使企業顯著提高生產性全職員

工在職培訓的比例。通過這條路徑，最低工資標準會對企業生產性全職員工培訓強度產生顯著的正向影響。

表 6-4　最低工資對生產性全職員工在職培訓的仲介效應檢驗結果

| 解釋變量 | 仲介變量 | 系數 | 標準誤 | 95%的置信區間 ||
|---|---|---|---|---|---|
| | | | | 區間上限 | 區間下限 |
| MW | certification | −0.000,067*** | 0.000,018 | −0.000,10 | −0.000,03 |
| | computer | 0.000,034** | 0.000,015 | 0.000,01 | 0.000,06 |
| HW | certification | −0.011,646*** | 0.003,239 | −0.017,99 | −0.005,30 |
| | computer | 0.005,249** | 0.002,458 | 0.000,43 | 0.010,07 |

註：標準誤和置信區間均採用 Bootstrap 得出，抽樣次數為 1,000，*** p<0.01，** p<0.05，* p<0.1。

表 6-5　最低工資對非生產性全職員工在職培訓的仲介效應檢驗結果

| 解釋變量 | 仲介變量 | 系數 | 標準誤 | 95%的置信區間 ||
|---|---|---|---|---|---|
| | | | | 區間上限 | 區間下限 |
| MW | certification | −0.000,078*** | 0.000,022 | −0.000,10 | −0.000,03 |
| | computer | 0.000,015 | 0.000,018 | −0.000,02 | 0.000,05 |
| HW | certification | −0.013,643*** | 0.003,656 | −0.020,81 | −0.006,48 |
| | computer | 0.002,382 | 0.002,835 | −0.003,17 | 0.007,94 |

註：標準誤和置信區間均採用 Bootstrap 得出，抽樣次數為 1,000，*** p<0.01，** p<0.05，* p<0.1。

表 6-6　最低工資對生產性全職員工在職培訓的仲介機制分析

| VARIABLES | (1) certification | (2) computer | (3) Train1 | (4) certification | (5) computer | (6) Train1 |
|---|---|---|---|---|---|---|
| certification | | | 0.160,822*** | | | 0.160,356*** |
| | | | (0.021,237) | | | (0.021,248) |
| computer | | | 0.117,670*** | | | 0.115,239** |
| | | | (0.045,476) | | | (0.045,429) |
| MW | −0.000,413*** | 0.000,288*** | −0.000,595*** | | | |
| | (0.000,107) | (0.000,050) | (0.000,092) | | | |
| HW | | | | −0.072,628*** | 0.045,545*** | −0.099,279*** |
| | | | | (0.017,961) | (0.008,401) | (0.015,394) |
| 其他變量 | YES | YES | YES | YES | YES | YES |

表6-6(續)

| VARIABLES | (1) certification | (2) computer | (3) Train1 | (4) certification | (5) computer | (6) Train1 |
|---|---|---|---|---|---|---|
| Industry fixed effects | YES | YES | YES | YES | YES | YES |
| Constant | 0.436,320*** | -0.046,810 | 1.076,907*** | 0.454,259*** | -0.032,779 | 1.075,216*** |
|  | (0.120,283) | (0.056,170) | (0.101,877) | (0.120,268) | (0.056,252) | (0.101,941) |
| Observations | 1,597 | 1,597 | 1,597 | 1,597 | 1,597 | 1,597 |
| R-squared | 0.204,292 | 0.164,381 | 0.152,227 | 0.205,030 | 0.162,505 | 0.152,043 |

註：括號內數據為穩健性標準誤差，*** p<0.01，** p<0.05，* p<0.1。

表 6-7　最低工資對非生產性全職員工在職培訓的仲介機制分析

| VARIABLES | (1) certification | (2) computer | (3) Train2 | (4) certification | (5) computer | (6) Train2 |
|---|---|---|---|---|---|---|
| certification |  |  | 0.186,163*** |  |  | 0.185,443*** |
|  |  |  | (0.024,641) |  |  | (0.024,645) |
| computer |  |  | 0.049,273 |  |  | 0.048,324 |
|  |  |  | (0.052,617) |  |  | (0.052,538) |
| MW | -0.000,418*** | 0.000,311*** | -0.000,467*** |  |  |  |
|  | (0.000,109) | (0.000,051) | (0.000,108) |  |  |  |
| HW |  |  |  | -0.073,568*** | 0.049,289*** | -0.079,964*** |
|  |  |  |  | (0.018,237) | (0.008,555) | (0.018,026) |
| 其他變量 | YES | YES | YES | YES | YES | YES |
| Industry fixed effects | YES | YES | YES | YES | YES | YES |
| Constant | 0.424,085*** | -0.065,533 | 0.852,255*** | 0.442,849*** | -0.051,181 | 0.861,930*** |
|  | (0.121,451) | (0.056,876) | (0.118,503) | (0.121,436) | (0.056,966) | (0.118,528) |
| Observations | 1,575 | 1,575 | 1,575 | 1,575 | 1,575 | 1,575 |
| R-squared | 0.207,073 | 0.168,241 | 0.150,786 | 0.207,840 | 0.166,217 | 0.151,260 |

註：括號內數據為穩健性標準誤差，*** p<0.01，** p<0.05，* p<0.1。

### 6.4.3　國有股權對仲介機制的調節效應

前文分析結果表明：一方面，國有股權比例能夠強化最低工資對企業在職培訓的消極影響；另一方面，國際質量標準認證和信息技術應用在最低工資標準影響企業在職培訓的過程中起到顯著的仲介作用。綜合這兩個方面的分析可知，國有股權比例也可能會調節國際質量標準認證和信息技術應用的仲介效應。仲介效應檢驗結果表明：一方面，最低工資標準會導致企業薪酬成本上升，擠占國際質量標準認證所需的資金，從而削弱企業進行國際質量標準認證的積極性；另一方面，最低工資上浮帶來的成本壓力也會迫使企業調整要素結

構，採用更加廉價的生產要素來替代低技能人工，因此最低工資標準的調整可能會激勵企業應用信息技術（李後建等，2018）。根據申慧慧等（2012）的研究，股權性質會顯著影響企業的融資約束，一般而言，國有控股企業面臨的融資約束普遍較低。因為國有股權較高的企業大多屬於戰略性行業（Musacchio & Lazzarini, 2014）。它們享有天然的政治優勢，能夠享受到政府部門的政策傾斜，如政策性補貼等（林毅夫、李志贇，2004）。國有股權比例高的企業可以利用它們的政治資源來緩解最低工資上調帶來的財務壓力，從而弱化最低工資標準上調對國際質量標準認證的消極影響。除此之外，它們還能利用政治優勢為其調整資源要素配置提供便利，例如，當最低工資標準上調時，它們能夠更加便利地應用信息技術來替代低技能勞動力，從而強化最低工資對信息技術應用的積極作用。綜合以上闡述，本章認為國有股權比例能夠弱化國際質量標準認證在最低工資標準對企業在職培訓影響的過程中所起的負向仲介作用，但會強化信息技術應用在最低工資標準對企業在職培訓影響的過程中所起的正向仲介作用。基於此，本章建立了被調節的仲介模型，如圖6-3所示。

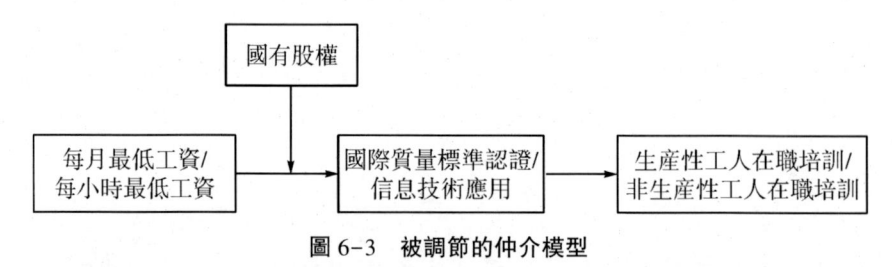

圖6-3 被調節的仲介模型

基於仲介效應的分析結果，本章根據 Hayes（2013）提出的被調節的仲介效應模型進行 Stata 編程，並利用 Bootstrap 的方法檢驗國有股權如何調節國際質量標準認證和信息技術應用的仲介效應。在控制了其他變量的條件下，我們以最低工資（每月和每小時）為解釋變量、生產性和非生產性全職員工在職培訓比例為被解釋變量，檢驗了國際質量標準認證和信息技術應用的仲介作用會不會隨著國有股權比例的變化而有明顯的異質性，檢驗結果如表6-8和表6-9所示。

由表6-8可知，當國有股權比例較低時（−1SD），每月最低工資標準通過國際質量標準認證對企業生產性全職員工在職培訓產生的仲介效應是顯著的（$\beta=-0.000,079$, $p<0.05$），通過信息技術應用對企業生產性全職員工在職培訓產生的仲介效應並不顯著（$\beta=0.000,020$, $p>0.1$）；而當國有股權比例較高時（+1SD），每月最低工資標準通過國際質量標準對企業生產性全職員工在職培訓產生的仲介效應並不顯著（$\beta=-0.000,074$, $p>0.1$），通過信息技術應用

對企業生產性全職員工在職培訓產生的仲介效應是顯著的（β=0.000,070，p<0.05）。當國有股權比例由低到高時，國際質量標準認證（β=-0.000,025，p<0.05）和信息技術應用（β=-0.000,050，p<0.01）所起的仲介效應的差異是顯著的。因此，國有股權比例能夠顯著地調節每月最低工資標準分別通過國際質量標準認證和信息技術應用對企業生產性全職員工在職培訓產生的仲介效應。

同樣地，表6-8的結果顯示，當國有股權比例較低時（-1SD），每小時最低工資標準通過國際質量標準認證對企業生產性全職員工在職培訓產生的仲介效應是顯著的（β=-0.013,762，p<0.05），通過信息技術應用對企業生產性全職員工在職培訓產生的仲介效應並不顯著（β=0.002,873，p>0.1）；而當國有股權比例較高時（+1SD），每小時最低工資標準通過國際質量標準認證對企業生產性全職員工在職培訓產生的仲介效應並不顯著（β=-0.007,516，p>0.1），通過信息技術應用對企業生產性全職員工在職培訓產生的仲介效應是顯著的（β=0.011,186，p<0.05）。當國有股權比例由低到高時，國際質量標準認證（β=-0.006,246，p<0.05）和信息技術應用（β=-0.008,313，p<0.01）所起的仲介效應的差異是顯著的。因此，國有股權比例能夠顯著地調節每小時最低工資標準分別通過國際質量標準認證和信息技術應用對企業生產性全職員工在職培訓產生的仲介效應。

表6-8 被調節的仲介效應檢驗結果（生產性全職員工）

| 解釋變量 | 仲介變量 | 國有 | 系數 | 標準誤 | z | p | 95%的置信區間 區間下限 | 區間上限 |
|---|---|---|---|---|---|---|---|---|
| MW | certification | M-1SD | -0.000,079 | 0.000,036 | -2.18 | 0.029,0 | -0.000,151 | -0.000,008 |
| | | M+1SD | -0.000,054 | 0.000,056 | -0.96 | 0.254,7 | -0.000,183 | 0.000,036 |
| | | 組間差異 | -0.000,025** | | | | | |
| | computer | M-1SD | 0.000,020 | 0.000,015 | 1.34 | 0.181,0 | -0.000,009 | 0.000,049 |
| | | M+1SD | 0.000,070 | 0.000,032 | 2.16 | 0.031,0 | 0.000,006 | 0.000,133 |
| | | 組間差異 | -0.000,050*** | | | | | |
| HW | certification | M-1SD | -0.013,762 | 0.006,511 | -2.11 | 0.035,0 | -0.026,523 | -0.001,001 |
| | | M+1SD | -0.007,516 | 0.009,158 | -0.83 | 0.296,0 | -0.030,465 | 0.005,432 |
| | | 組間差異 | -0.006,246** | | | | | |
| | computer | M-1SD | 0.002,873 | 0.002,517 | 1.14 | 0.254,0 | -0.002,060 | 0.007,806 |
| | | M+1SD | 0.011,186 | 0.005,472 | 2.04 | 0.041,0 | 0.000,461 | 0.021,912 |
| | | 組間差異 | -0.008,313*** | | | | | |

註：M表示國有股權比例均值，+/-1SD表示加上或減去一個國有股權比例標準差，標準誤和置信區間均採用Bootstrap得出，抽樣次數為1,000。

表6-9的結果顯示,當國有股權比例較低時(-1SD),在1%的顯著性水準上,最低工資標準(每月和每小時)通過國際質量標準認證對企業非生產性全職員工在職培訓產生的仲介效應都是顯著為負的,分別為-0.000,132和-0.022,593,而當國有股權比例較高時(+1SD),在10%的顯著性水準上,最低工資標準(每月和每小時)通過國際質量標準認證對企業非生產性全職員工在職培訓產生的仲介效應為負,但並不顯著。通過比較組間差異可知,國有股權比例能夠顯著調節最低工資標準(每月和每小時)通過國際質量標準認證對企業非生產性全職員工在職培訓產生的仲介效應。

上述結果表明,國際質量標準認證和信息技術應用在最低工資標準(每月和每小時)和企業(生產性/非生產性)全職員工在職培訓之間所起到的仲介效應分別為負和正。對仲介機制的調節效應進行檢驗後發現,國有股權比例會顯著弱化國際質量標準認證在最低工資標準(每月和每小時)與企業(生產性/非生產性)全職員工在職培訓之間的負向仲介效應;然而,它又會顯著強化信息技術應用在最低工資標準(每月和每小時)與企業生產性全職員工在職培訓之間的正向仲介效應。

表6-9 被調節的仲介效應檢驗結果(非生產性全職員工)

| 解釋變量 | 仲介變量 | 國有 | 系數 | 標準誤 | z | p | 95%的置信區間 ||
|---|---|---|---|---|---|---|---|---|
| | | | | | | | 區間下限 | 區間上限 |
| MW | certification | M-1SD | -0.000,132 | 0.000,036 | -3.68 | 0.000,0 | -0.000,202 | -0.000,062 |
| | | M+1SD | -0.000,023 | 0.000,037 | -0.62 | 0.533,0 | -0.000,096 | 0.000,049 |
| | | 組間差異 | -0.000,109*** | | | | | |
| HW | certification | M-1SD | -0.022,593 | 0.005,622 | -4.02 | 0.000,0 | -0.033,612 | -0.011,574 |
| | | M+1SD | -0.004,122 | 0.005,937 | -0.69 | 0.488,0 | -0.015,758 | 0.007,514 |
| | | 組間差異 | -0.018,471*** | | | | | |

註:M表示國有股權比例均值,+/-1SD表示加上或減去一個國有股權比例標準差,標準誤和置信區間均採用Bootstrap得出,抽樣次數為1,000。

### 6.4.4 穩健性檢驗

(1)分數迴歸

本章的被解釋變量在職培訓屬於刪失變量,且分數界處於0~1。因此,本章採用分數迴歸(Fractional Regression)的方法重新估計最低工資對企業在職培訓的影響(如表6-10、表6-11所示)。表6-10、表6-11分別展示了最低工資標準和國有股權等對企業生產性和非生產性全職員工在職培訓影響的迴歸

結果，且第（1）列和第（3）列是分數迴歸結果，第（2）列和第（4）列則是用控制方程法重新進行分數迴歸的結果。表6-10和表6-11中第（2）列和第（4）列的結果顯示，residual1、residual2和residual3的迴歸系數在10%的顯著性水準上均不顯著，這意味著我們並不能拒絕最低工資標準（每月和每小時）和國有股權比例是外生的原假設，在這種情況下，我們更傾向於採用去掉第一階段迴歸殘差後的第（1）列和第（3）列來對結果進行解讀，因為它們的估計結果會更加有效。然而，不管納入還是不納入第一階段迴歸的殘差項，我們發現最低工資標準（每月和每小時）和國有股權比例迴歸系數的大小和方向並未有明顯的差異，這意味著我們的研究結果是穩健的。表6-10和表6-11中第（1）列和第（3）列的結果顯示，最低工資標準（每月和每小時）對企業生產性和非生產性全職員工培訓比例都具有消極影響，且在1%的顯著性水準上顯著，與基準迴歸結果一致的是，國有股權比例對企業生產性和非生產性全職員工培訓比例都具有顯著的積極影響，且在1%的顯著性水準上顯著。此外，在5%的顯著性水準上，最低工資標準（每月和每小時）和國有股權比例的交互項系數是顯著為負的，這意味著隨著國有股權比例的增加，最低工資標準（每月和每小時）對企業生產性和非生產性全職員工培訓比例的消極影響都會更加強烈。以上分析表明，本章基準迴歸的結果具有較強的穩健性。

表6-10　最低工資標準和國有股權等對企業生產性全職員工在職培訓影響的迴歸結果

|  | （1） | （2） | （3） | （4） |
| --- | --- | --- | --- | --- |
|  | fractional logit | CF | fractional logit | CF |
| MW | −0.005,1*** | −0.004,5*** |  |  |
|  | (0.000,8) | (0.001,2) |  |  |
| MW×SOE | −0.016,1** | −0.019,3** |  |  |
|  | (0.007,3) | (0.009,6) |  |  |
| HW |  |  | −0.859,0*** | −0.833,3*** |
|  |  |  | (0.131,2) | (0.269,2) |
| HW×SOE |  |  | −2.697,6** | −3.248,6 |
|  |  |  | (1.223,4) | (2.645,7) |
| SOE | 1.332,0*** | 1.987,9*** | 1.367,5*** | 2.019,7** |
|  | (0.501,3) | (0.739,3) | (0.504,9) | (0.814,5) |
| 企業特徵變量 | YES | YES | YES | YES |
| 城市特徵變量 | YES | YES | YES | YES |

表6-10(續)

|  | (1) | (2) | (3) | (4) |
|---|---|---|---|---|
|  | fractional logit | CF | fractional logit | CF |
| 行業固定效應 | YES | YES | YES | YES |
| residual1 |  | -0.001,4 |  |  |
|  |  | (0.001,3) |  |  |
| residual2 |  | 0.216,0 |  | 0.209,9 |
|  |  | (0.155,9) |  | (0.151,7) |
| residual3 |  |  |  | -0.111,2 |
|  |  |  |  | (0.206,2) |
| Constant | 4.567,3*** | 3.215,9*** | 4.556,6*** | 3.649,2** |
|  | (0.838,8) | (1.132,0) | (0.840,7) | (1.615,3) |
| Pseudo R2 | 0.120,1 | 0.125,8 | 0.120,0 | 0.125,2 |
| Observations | 1,597 | 1,539 | 1,597 | 1,539 |

註：CF 迴歸結果括號中的標準誤差均由 Bootstrap 抽樣 1,000 次得出，其餘括號內數據為穩健性標準誤差 *** $p<0.01$，** $p<0.05$，* $p<0.1$。

表6-11 最低工資標準和國有股權等對企業非生產性全職員工在職培訓影響的迴歸結果

|  | (1) | (2) | (3) | (4) |
|---|---|---|---|---|
|  | fractional logit | CF | fractional logit | CF |
| MW | -0.003,9*** | -0.001,7* |  |  |
|  | (0.000,7) | (0.001,0) |  |  |
| MW×SOE | -0.015,4** | -0.017,6*** |  |  |
|  | (0.006,5) | (0.006,6) |  |  |
| HW |  |  | -0.656,2*** | -0.513,4** |
|  |  |  | (0.112,5) | (0.209,0) |
| HW×SOE |  |  | -2.571,9** | -2.935,2** |
|  |  |  | (1.101,7) | (1.265,7) |
| SOE | 1.822,3*** | 2.412,7*** | 1.855,0*** | 2.444,5*** |
|  | (0.434,1) | (0.728,0) | (0.433,5) | (0.567,8) |
| 企業特徵變量 | YES | YES | YES | YES |
| 城市特徵變量 | YES | YES | YES | YES |

表6-11(續)

|  | (1) | (2) | (3) | (4) |
|---|---|---|---|---|
|  | fractional logit | CF | fractional logit | CF |
| 行業固定效應 | YES | YES | YES | YES |
| residual1 |  | −0.003,6 |  |  |
|  |  | (0.002,3) |  |  |
| residual2 |  | 0.262,9 |  | 0.261,4 |
|  |  | (0.164,5) |  | (0.195,9) |
| residual3 |  |  |  | −0.560,7 |
|  |  |  |  | (0.408,2) |
| Constant | 3.087,3*** | 0.206,0 | 3.134,1*** | 0.318,7 |
|  | (0.716,4) | (0.888,5) | (0.717,3) | (1.272,0) |
| Pseudo R2 | 0.113,5 | 0.113,5 | 0.104,5 | 0.104,9 |
| Observations | 1,597 | 1,539 | 1,597 | 1,539 |

註：CF 迴歸結果括號中的標準誤差均由 Bootstrap 抽樣 1,000 次得出，其餘括號內數據為穩健性標準誤差 *** p<0.01，** p<0.05，* p<0.1。

(2) 其他穩健性檢驗

除了上述穩健性檢驗辦法之外，我們考慮到分析中使用的數據具有聚類結構。對於每一個相同的城市，有多個企業被隨機抽取，並且這些企業的管理者接受了面訪。這種抽樣方法的結果使得來自同一個城市的樣本具有聚類的特點，即同一城市內部的樣本很有可能呈現出相似性。而我們計算得出內部相關性系數為 0.324,2，95%CI 為 0.201,23~0.477,5，在 5%的顯著性水準上顯著，說明同一城市內的樣本具有一定相似性。顯然，這違背了傳統迴歸方法中考慮觀察對象獨立性的統計假設。如果不考慮這種內部相關性，那麼參數的標準誤差可能是有偏的。為此，我們使用兩水準混合效應的線性模型來估計最低工資標準對企業在職培訓的影響。結果表明，使用兩水準混合效應線性模型得到的最低工資標準迴歸系數估計值與 OLS 得到的系數值基本一致，這意味著，本章的研究結果具有較強的穩健性。

## 6.5 本章小結

　　近些年來，政府部門不斷地上調最低工資標準，由此產生的一系列社會經濟效應引起了諸多學者的廣泛關注。特別地，最低工資標準上調會對企業人力資本投資行為產生怎樣的影響，這種影響是否會因為所有權性質的差異而存在明顯的異質性，更進一步地，這種影響的發生機制究竟是什麼。針對這一系列問題，現有文獻並未提供系統的解答。基於手工收集的城市最低工資標準數據匹配世界銀行提供的中國製造業企業營商環境質量調查數據，本章不僅考察了最低工資標準上調對企業人力資本投資的影響以及國有股權對這一影響的調節效應，而且還試圖進一步揭開最低工資標準影響企業人力資本投資的「黑箱」。研究發現，在短期內，最低工資標準上調會顯著降低企業生產性和非生產性全職員工在職培訓比例，而擁有國有股權越多的企業越傾向於提高生產性和非生產性全職員工在職培訓比例。不過，最低工資標準對企業生產性和非生產性全職員工在職培訓比例的消極影響會隨著國有股權比例的增加而逐漸強化。上述結果意味著，上調最低工資標準確實會在短期內抑制企業人力資本投資，並且這種抑製作用在國有股權比例較多的企業中表現得更加明顯。進一步地，本章還揭開了最低工資標準影響企業人力資本投資的「黑箱」，即提高最低工資標準會迫使企業放棄國際質量標準認證，最終對企業人力資本投資產生抑製作用，在這個過程中，國際質量標準認證起到顯著的負向仲介效應。不過，提高最低工資標準也會促使企業不斷地調整生產要素投入比例，在這個過程中，企業可能會降低勞動力的投入，轉而應用信息技術，本章的研究結果表明，最低工資標準會促使企業強化對信息技術的應用，從而對人力資本投資（生產性全職員工）產生積極影響，在這個過程中，信息技術應用起到顯著的正向仲介效應。此外，通過考察國有股權比例對這些仲介機制的調節效應發現，隨著國有股權比例的增加，國際質量標準認證的仲介效應會逐漸弱化，而信息技術應用的仲介效應則會逐漸強化。

　　本章的研究結論不僅豐富了企業人力資本投資決定因素研究領域的相關文獻，而且還從所有權性質的角度出發，凸顯了所有權性質的調節效應，即面對最低工資標準的上調，所有權性質不同的企業會做出不同的人力資本投資決策。更重要的是，本章的研究結論還有助於我們深刻地理解最低工資制度影響企業人力資本投資的產生機制，從而為政府有關部門如何科學確定最低工資制

度、評估最低工資制度的影響提供了理論基礎和經驗證據。具體而言，儘管最低工資制度是一項勞動和社會保障制度，政府部門提高最低工資標準的目的在於改善底層工人的工資待遇，然而，本章的研究結論表明，當最低工資標準上調時，企業有可能會通過減少人力資本投資來彌補由於最低工資標準上調帶來的工資缺口，而這種行為在國有股權比例較多的企業中表現得更為突出。由此可見，最低工資標準的上調雖然有可能在短期內改善底層工人的薪資水準，但卻減少了底層工人獲得企業在職培訓的機會。從當前中國製造業轉型升級的戰略和實施路徑來看，這種替代效應的產生是不利的。這是因為接受企業在職培訓是提升員工業務水準和技術能力的重要途徑，而員工的業務水準和技術能力在中國製造業轉型升級的過程中起到某種程度的決定作用，最低工資標準上調使得企業降低培訓力度，減少人力資本投資，這在某種程度上會妨礙中國製造業的轉型升級。在這種情況下，在上調最低工資標準的同時，政府部門應該如何避免企業減少人力資本投資，抑或激勵企業增加人力資本投資是當前亟待解決的重要問題之一。本章的研究結論表明，最低工資標準的上調會迫使企業放棄國際質量標準認證，從而降低全職員工的培訓力度。因此，政府部門在上調最低工資標準的同時，也應該採取相關的激勵政策來促進企業開展國際質量認證工作，從而阻斷最低工資標準上調通過國際質量認證對企業全職員工在職培訓產生消極影響的路徑。除了阻斷這一條路徑外，政府部門也可以通過另外一條路徑來激勵企業開展人力資本投資。本章的研究結果表明，最低工資標準會促使企業加強信息技術應用，激勵企業加強全職員工的培訓力度。因此，在調整最低工資標準的同時，政府部門可以引導企業調整生產要素的配置比例，主動應用信息技術，從而打通最低工資標準上調通過信息技術應用對企業全職員工在職培訓產生積極影響的路徑。

# 7 最低工資標準上調對企業創新的影響

推行當前供給側結構性改革的關鍵在於如何推動企業創新。本章使用世界銀行提供的關於中國製造業企業營商環境質量調查數據，檢驗最低工資標準對企業創新行為的影響及作用機制。研究結果顯示：最低工資標準上浮會弱化企業的雙元創新行為——探索式和開發式創新行為。進一步地，本章還揭示了最低工資標準影響企業雙元創新的調節機制和渠道機制。調節機制是法治質量水準和國有控股比例都弱化了最低工資標準對企業雙元創新行為的消極影響。渠道機制中的一個重要機制是最低工資標準上浮會導致企業薪酬成本的增加，而薪酬成本的增加一方面會直接弱化企業的雙元創新，另一方面會通過擠占企業的研發支出來間接弱化企業的雙元創新。另一個重要機制是最低工資標準上浮會減少企業對員工的正式培訓，這一方面會直接弱化企業的雙元創新，另一方面會通過減少企業的研發支出來間接弱化企業的雙元創新。此外，穩健性檢驗結果表明，對於不同規模和不同創新水準的企業而言，最低工資標準對企業雙元創新行為的影響具有一定的異質性。

## 7.1 引言

儘管標準的新古典主義理論指出提高最低工資標準將會降低企業的勞動力需求，但迄今為止，仍有大量的研究檢驗了最低工資標準對就業的影響。結果顯示，儘管提高最低工資標準增加了低收入勞動者的收益，但企業對勞動力的需求仍基本保持不變（Dolton et al., 2012）。提升最低工資標準，為何沒有降低企業對勞動力的需求呢？原因一是最低工資標準上浮可能是企業創新的倒逼機制，它會激勵企業通過創新來提高市場競爭力，從而獲得更多的利潤來應對

最低工資標準上浮帶來的勞動力成本壓力；二是最低工資標準上浮可能擠占了企業分配到創新項目上的資金，彌補了最低工資標準上浮造成的工資缺口，從而對企業創新產生「擠占效應」。在規制經濟學中，最低工資政策對企業行為影響的研究是該學科關注的重要內容之一。

對照中國當前的情況，研究最低工資標準對企業創新行為的影響也有其現實背景。在中國人口紅利逐步消失、勞動力成本不斷攀升的背景下，推動中國經濟轉型是新常態下中國政府面臨的挑戰之一。企業作為創新的主力軍，它們在驅動中國經濟轉型的過程中發揮著至關重要的作用。而最低工資標準作為最直接影響企業低技術工人成本的勞動力市場規制，它會不會倒逼企業創新，從而推動中國經濟轉型？從邏輯和經驗上厘清這一問題不僅有助於我們深刻地理解當前最低工資政策背後的經濟意義，而且還為進一步完善中國勞動力市場規則政策提供了一定的啓發。遺憾的是，關於這一問題，現有研究並未給予足夠的關注和重視。既有的研究主要從政治關聯（謝家智等，2014；曾萍、宋鐵波，2011；袁建國等，2015）、銀行信貸（李後建、劉思亞，2015）、產權制度（李春濤、宋敏，2010；李文貴、餘明桂，2015）、政府管制（秦雪徵等，2012；張峰等，2016）和勞動力成本（趙西亮、李建強，2016；林煒，2013；程虹、唐婷，2016；董新興、劉坤，2016）等角度探討中國企業創新的影響因素。鮮有文獻基於最低工資標準的視角，研究最低工資政策對企業創新的影響。在現有文獻中，與本章最為相關的是那些研究勞動力成本如何影響企業創新的文獻（趙西亮、李建強，2016；林煒，2013；程虹、唐婷，2016；董新興、劉坤，2016）。不過，最低工資標準與勞動力成本並非完全相同的兩個概念，最低工資標準是政府部門干預勞動力市場的重要手段之一，相對於單個企業而言，它是一種外生政策，是企業必須遵守的規定。而企業勞動力成本具有一定的內生性，企業可以採取各種措施來降低自身的勞動力成本。因此，由探究勞動力成本與企業創新之間關係而得出的結論並不能用來理解最低工資標準對企業創新的影響，更不能為最低工資標準政策的科學制定提供有效參考。不過，最低工資標準與勞動力成本也有一定的聯繫，其中最重要的聯繫就是最低工資標準有可能會導致企業勞動力成本的上升（馬雙等，2012）。

基於現有文獻的缺陷，本章試圖利用世界銀行提供的關於中國製造業企業營商環境調查數據，探究最低工資標準對企業創新的影響及其作用機制。與現有研究相比，本章的貢獻主要體現在以下兩個方面：第一，拓展了中國背景下製造業企業創新影響因素的研究。創新作為企業可持續競爭優勢的重要來源，大量的理論和經驗研究關注於此。然而，一方面，中國的司法制度相對孱弱，

傳統的財務狀況和治理結構對企業創新的解釋並不充分；另一方面，在中國經濟運行的過程中，宏觀政策的地位日益凸顯（陸正飛、韓非池，2013），宏觀政策對企業行為的影響亦不可忽視。鑑於此，本章基於最低工資標準這一獨特的宏觀政策視角，以轉型經濟背景下的中國製造業企業為研究對象，探究最低工資標準對企業開發式創新和探索式創新的影響，不僅拓展了中國製造業企業創新的研究，還進一步揭示了最低工資標準對企業創新的影響機制，為完善勞動力市場機制，有效促進企業創新提供了理論依據和實證支持。第二，豐富和進一步補充了中國供給側結構性改革的理論經驗。我們從實證角度檢驗了最低工資標準對企業創新的影響，而企業創新則是驅動中國供給側結構性改革的根本動力。因此，本章有助於更好地理解最低工資標準上浮對中國供給側結構性改革驅動力的影響，從而為尋求中國供給側結構性改革的有效戰略選擇提供經驗基礎。

## 7.2 理論與證據

　　最低工資制度既是國家通過立法的形式干預企業工資分配的一種制度，也是用以降低貧困率、改善收入分配的一種經濟手段。儘管最低工資制度的推行增加了低收入群體的收益，但它卻給企業帶來了勞動力成本上升的壓力。已有的經驗表明，企業會通過各種策略來應對最低工資標準上浮帶來的勞動力成本上升壓力（Wang & Gunderson, 2015）。本章關心的是，企業會不會通過創新來應對最低工資標準上浮帶來的勞動力成本上升壓力。現有文獻為我們提供了一些理論和間接證據。為了應對最低工資標準上浮帶來的勞動力成本上升壓力，一方面，企業可能會尋求更高技術含量的資本來替代勞動力（Card & Krueger, 1995），從而激勵企業創新；另一方面，企業也可能會投資無形資產來推動企業創新。例如，最低工資標準上浮既會激勵企業為員工提供更多的培訓（Acemoglu & Pischke, 1999），也會推動企業實施組織變革，其包括強化人力資源實踐、提高工作績效標準和改善管理實踐（Kaufman, 2010; Osterman, 2011），從而推動企業創新。此外，企業創新也可能來源於員工為了獲得更高的薪資而做出的努力（Shapiro & Stiglitz, 1984; Akerlof, 1982）。

　　大量的研究探討了最低工資上浮可能促進企業創新的作用機制。Hirsch等（2015）分析了喬治亞州和亞拉巴馬州快餐廳的詳細工資數據，並調查了經理和員工的人力資源實踐現狀。他們發現最低工資標準上浮對就業和工作時數沒

有顯著的消極影響。進一步調查發現，這些快餐廳通過提高營運效率和改善人力資源實踐抵消了增加的勞動力成本。Arulampalam 等（2004）借助英國的面板數據，使用倍差法評估了最低工資對員工培訓的影響，他們發現最低工資標準上浮會激勵企業為員工提供更多的培訓機會。Owens 和 Kagel（2010）提供的實驗證據表明最低工資與員工努力程度之間具有顯著的正向關係。同樣地，還有一些證據表明，企業可以通過調整雇傭結構來應對最低工資標準上浮，如用更多高技能的員工來替代低技能的員工（Neumark & Wascher, 1995），這顯然有助於促進企業創新。

儘管上述理論和經驗證據表明最低工資對企業創新具有正向影響，但缺乏驗證這兩者之間關係的直接證據。部分研究者使用中國的數據檢驗了勞動力成本對企業創新的影響，但這些研究並未直接檢驗最低工資標準對企業創新的影響。林煒（2013）利用1998—2007年中國工業企業數據庫測算了勞動力成本對製造業企業創新能力的激勵彈性係數，他發現勞動力成本上升對企業創新具有激勵作用。同樣地，趙西亮和李建強（2016）利用1998—2007年中國工業企業數據和1985—2010年國家知識產權局企業專利數據，考察了勞動力成本上升對製造業企業創新行為的影響，他們發現儘管勞動力成本上升在總體上促進了中國製造業企業的創新水準，但這一影響具有異質性，具體表現為勞動力成本上升對東部地區企業、非國有企業、內資企業以及資本密集型企業具有顯著的創新激勵作用，但對中西部企業、國有企業、外資企業以及勞動密集型企業沒有明顯的創新激勵作用。隨後，還有一些研究者採用不同的數據檢驗了勞動成本上升對企業創新的影響。例如，程虹和唐婷（2016）使用「中國企業－員工匹配調查」數據，檢驗了勞動力成本上升對不同規模企業創新行為的影響。他們發現勞動力成本上升對企業創新的影響會由於企業規模差異而存在異質性，具體表現為，勞動力成本上升會加速大型企業的創新步伐，而對中小型企業的創新行為的影響並不明顯。董新興和劉坤（2016）利用2007—2013年516家中國製造業上市公司的面板數據，檢驗了實際工資水準對企業創新行為的影響，他們發現，實際工資水準的提升有助於促進企業研發支出。

根據以上分析可知，來自中國企業的經驗證據大體上支持了勞動力成本上升對企業創新具有積極影響的這一判斷。我們通過文獻梳理，對最低工資標準上浮對企業創新的作用機制總結如下：第一，根據經典的大推進模型，如果本地消費是產品需求的一個重要因素，那麼本地市場規模的擴大將會提高對企業產品的有效需求（Murphy et al., 1989）。儘管最低工資標準上浮會增加企業的邊際成本，但它會提高充當本地市場消費者角色的勞動者收入，強化消費者的

實際購買能力，使其對創新產品的有效需求上升，弱化了企業對創新產品市場風險的預期，並最終激勵企業創新（Brouwer & Kleinknecht, 1996）。最低工資標準上浮帶來的這種市場潛能使得企業支付的工資具有刺激本地產品需求的外部性（Magruder, 2013）。因此，最低工資上浮有可能擴大市場對創新的需求，從而激發企業的創新動力並促進企業創新。第二，按照古典經濟增長理論的觀點，當勞動力的相對價格較低時，企業通常會大量使用成本較低的勞動要素來進行生產，並延長現有設備的使用期限，減緩對技術設備的更新速度，從而弱化企業的創新行為（Kleinknecht, 1998）。然而，最低工資標準上浮會產生要素替代效應（Hicks, 1932），使得追求利潤最大化的企業選擇使用資本和技術來替代勞動。鄭曉燕（2015）認為最低工資標準上浮會迫使追求利潤最大化的企業增加對新設備和新技術等要素的投入，從而提高企業的勞動生產率（Riley & Bondibene, 2017）。第三，可以將最低工資標準視為一個科斯議價過程。在科斯議價過程中，只有那些支付的工資高於最低工資標準的企業才有可能是競爭力較強的企業，而那些難以應對最低工資標準上浮的企業可能是生產效率較低、競爭力較弱的企業，而這些企業將被市場淘汰出局。因此，最低工資標準上浮能夠起到優勝劣汰的作用，那些保留下來的企業為了維持競爭優勢，通常會致力於創新活動。第四，從效率工資理論出發，最低工資標準上浮既為員工增加了保障性勞動報酬，也增加了員工因偷懶而被解雇的機會成本。對於中國而言，勞動力市場通常是供給大於需求，這使得企業通常在勞動力市場上處在買方壟斷地位，因此，最低工資標準的上浮，不僅增加了員工偷懶的機會成本，還使企業具有雇傭更高能力人才的傾向，對現有的員工造成「被解雇」和「被超越」的雙重威脅，這會激勵現有員工通過加強自我學習和知識累積來提升個人的創新能力（鄭曉燕，2015）。更重要的是，根據社會交換理論可知，最低工資標準的提高會強化員工對企業的歸屬感，增加了其「禮物交換」意願，從而提升員工的創新動力（鄭曉燕，2015）。

當然，最低工資標準的上浮也會妨礙企業創新。大量研究探討了最低工資標準上浮可能妨礙企業創新的作用機制。第一，為了應對最低工資標準上浮帶來的壓力，企業可能會減少非工資性福利的支付，大量文獻識別出了最低工資與各種非工資性福利之間的替代效應，如培訓投資（Acemoglu & Pischke, 2003; Hashimoto, 1982; Neumark & Wascher, 2001; 馬雙、甘犁, 2013）、保險、養老金福利、教育福利以及工作場所的安全性（Simon & Kaestner, 2004; Long & Yang, 2016）。根據社會交換理論可知，非工資性福利的減少會弱化員工對企業的歸屬感，降低了其「禮物交換」的意願，從而降低員工的創新能

力。第二，最低工資標準上浮會迫使企業加大員工的工作強度，延長員工的工作時間，剝削了員工的閒暇時間（Zavodny，2000），這顯然會弱化員工「禮物交換」的意願，降低他們的創新能力。第三，最低工資標準上浮會迫使企業解雇一部分低技能的員工（Acemoglu & Pischke，2003）。Bell（1997）提供的經驗證據表明，最低工資標準上浮會使得哥倫比亞的部分低技能員工失去工作崗位。然而，低技能員工與高技能員工的有效互補對於推動創新具有至關重要的作用。現有研究表明，技能和教育背景的多樣性會在員工之間產生更強的知識溢出和技能互補效應，從而促進企業創新（Parrotta et al.，2014）。事實上，企業創新所需的新理念和技術通常源於多樣化、非冗餘的信息和資源（Gilsing et al.，2008；Koka & Prescott，2008）。因此，最低工資標準上浮可能會破壞企業資源的多樣性，從而妨礙企業創新。第四，最低工資標準上浮不僅抑制了企業出口（孫楚仁等，2013），而且還會降低企業出口的產品質量（許和連、王海成，2016）。根據出口學習理論（learning by exporting hypothesis，LBE）可知，參與出口的企業通常能夠在出口中學習到國際經驗和相關技術，從而促進企業創新（亢梅玲等，2016）。更重要的是，出口擴大了企業的市場銷售範圍，使得參與出口的企業面臨更大的市場競爭壓力，這些競爭壓力會迫使企業更加積極地進行創新（亢梅玲等，2016）。由此可見，最低工資標準上浮會通過弱化出口學習效應來抑制企業創新；最後，根據工作轉換模型可知，由於當期勞動合同對雇傭時長、補償支付的提前協定以及雇傭新的勞動力存在招聘成本和培訓成本，企業解除雇傭關係的意願通常較低，因此，最低工資標準上浮不會促使企業在短期內調整雇傭結構（鄭曉燕，2015）。在雇傭結構保持不變的情況下，最低工資標準上浮會直接導致企業的薪酬成本上升，為了彌補薪酬缺口，企業可能會擠占創新項目的資金，從而弱化企業的創新能力。

上述理論探討顯示，最低工資標準可能會借助多種機制影響企業創新行為，然而這些作用機制對企業創新行為的影響方向並不一致。這使得現有的理論和證據並不能準確地斷定最低工資標準對中國企業創新究竟會產生何種影響。然而，中國當前的現實背景亟待我們準確地斷定最低工資標準對企業創新的影響及其作用機制，以便針對當前的經濟轉型制定出更加科學的勞動力市場規則。為此，我們將採用世界銀行提供的關於中國營商環境質量的調查數據，詳細評估和檢驗最低工資標準對企業創新的影響及其作用機制。

## 7.3 研究設計

### 7.3.1 數據來源與樣本分佈

本章的研究數據主要來源於 2011 年 12 月至 2013 年 2 月世界銀行對中國製造業企業的問卷調查數據，目的在於瞭解中國製造業企業所面臨的營商環境。該調查問卷分為兩個部分：第一部分包括企業基本信息、基礎設施和公共服務、顧客和供應商、競爭環境、創新與科技、政府與企業關係、營運障礙等問題；第二部分包括企業的財務現狀，如成本、現金流、員工結構、存貨管理等。為了保證研究具有良好的代表性，世界銀行通過以企業註冊域名為抽樣框的分層隨機抽樣來確定被調查企業。被調查對象為企業的高層管理者。這次調查主要通過郵件和電話回訪的方式來回收樣本，歷經一年多的調查，共收集到有效樣本 2,848 個，其中國有獨資企業為 148 個，占總樣本比例的 5.2%，其餘為非國有獨資企業。這些企業均勻分佈在參與調查的 25 個城市、26 個行業領域，充分考慮地區、行業和企業差異。因此，這次調查所確定的樣本具有良好的代表性。刪除了存在缺失值的樣本之後，我們最後得到可用的樣本為 1,519 個樣本。由於關鍵變量信息缺失致使大量樣本丟失，這有可能會破壞原始調查過程中抽樣的科學性，從而影響到有效樣本的整體代表性。為此，我們將總體樣本和有效樣本進行獨立樣本 t 檢驗，發現其他主要信息在這兩組樣本之間並不存在明顯的差異，這意味著樣本的大量丟失並不會對抽樣的科學性造成實質性的損害。

各城市最低工資標準來源於我們手工整理的最低工資標準數據庫，具體而言，我們通過瀏覽各級政府網站、政策文件、統計公報、官方報紙等多種方式查找，搜集了 2009 年 25 個城市的最低工資標準。我們將 25 個城市 2009 年的最低工資數據與世界銀行提供的企業問卷調查數據庫進行匹配和整理加工，以便於檢驗最低工資標準對企業創新的影響及作用機制。

### 7.3.2 計量模型與變量定義

現實中，影響企業創新的因素眾多。除了本章關注的最低工資標準之外，企業年齡、規模、所有權性質等特徵以及企業所處的地域和行業特徵都會影響企業創新。鑒於此，我們建立如下計量模型來評估最低工資標準對企業創新的影響：

$$(exploratory/exploitative)innovation_i = \alpha + \beta_1 hw_c + \Gamma X_i + \varepsilon_i \qquad (7-1)$$

其中 innovation$_i$ 表示第 $i$ 個企業的創新活動，我們使用了問卷「創新與科技」一節中的問題：「近三年，企業致力於哪些創新活動?」這些創新活動包括：①為產品或流程改造引進新技術和設備（innovation1）；②在生產或營運的過程中引入新的質量控制程序（innovation2）；③引入新的管理和行政流程（innovation3）；④為員工提供技術方面的指導（innovation4）；⑤引入新產品或新服務（innovation5）；⑥為現有產品或服務添加新功能（innovation6）；⑦採取措施降低生產成本（innovation7）；⑧採取措施提高生產的靈活性（innovation8）。對於每種創新活動，被調查者可供選擇的答案：「是」和「否」。我們將答案為「是」賦值為1，「否」賦值為0。根據張峰和王睿（2016）的建議以及探索式創新和開發式創新的定義，我們將這些創新活動中的（1）（2）（3）和（5）定義為探索式創新（exploratory innovation），而將（4）（6）（7）和（8）定義為開發式創新（exploitative innovation）。通過主成分分析法，我們分別將這兩類創新活動所對應的指標賦予相應的權重。並最終將它們的因子得分合成一個取值介於0~1，且分別正向度量探索式創新和開發式創新的相對指數①。

關鍵解釋變量 hw$_c$ 表示第 $c$ 個城市的每小時最低工資標準，這一指標的計算是最低月工資除以每月法定工作小時。X 表示基於企業、城市和城市-行業層面的三類控制變量，控制變量的選擇建立在既有文獻的基礎之上（張峰、王睿，2016；李後建、張劍，2015）。其中，企業層面的控制變量包括：①企業規模（lnscale），定義為企業職工總數的自然對數；②企業年齡（lnage），定義為調查年份減去企業成立年份，然後取其自然對數；③外資控股比例（foreign），定義為所有制結構中外資股份比例；④國有控股比例（government），定義為所有制結構中國有股份所占比例；⑤勞動生產率（lnproductivity），定義為2010年企業年度銷售額除以職工總數，然後取自然對數；⑥灰色競爭（competition），定義為是否與非正規企業或未註冊企業進行競爭，若是賦值為1，否則賦值為0；⑦專業化水準（specialization），定義為主要產品占企業年度銷售額的比例；⑧國際質量認證（certification），定義為企業是否擁有國際質量標準認證，若企業擁有國際質量標準認證，則賦值為1，否則賦值為0；⑨省級市場（local），若主要產品大多在本省內銷售則賦值為1，否則賦值為0；⑩全國市場（national），若主要產品在全國範圍內銷售則賦值為1，否則賦

---

① 合成方法為（$x_i - x_{min}$）/（$x_{max} - x_{min}$）。

值為 0；⑪女性總經理（female），定義為若總經理為女性則賦值為 1，否則賦值為 0；⑫工作經驗，定義為高層管理者在本行業內的工作年限；⑬外部技術許可證（licence），定義為若企業現在使用外資公司的技術許可則賦值為 1，否則賦值為 0。

  城市層面的控制變量包括，企業所在的城市是否為主要的商業城市，若是則賦值為 1，否則賦值為 0；同一城市-行業層面（local-industry）的控制變量包括：①政府規制（regulation），定義為企業在處理政府監管要求時所花費的時間比例，為了減低度量誤差、緩解雙向因果關係等導致的內生性問題，本章使用聚合在同一城市-行業層面的政府規制；②法治質量（law），來自調查問卷中設置的問題「法院系統是公正、公平和廉潔的」，被調查的企業管理層可供選擇的答案是「非常不同意」「傾向於不同意」「傾向於同意」和「非常同意」。根據這些答案，依序賦值為 1、2、3、4。進一步地，本章使用聚合在同一城市-行業層面的法治質量。除此之外，我們還進一步控制了行業固定效應，以控制行業特徵對企業創新的影響。各主要變量描述性統計如表 7-1 所示。

表 7-1　主要變量描述性統計

|  | Obs | Mean | Std. Dev. | Min | Max |
| --- | --- | --- | --- | --- | --- |
| exploratory innovation | 1,519 | 0.519 | 0.401 | 0 | 1 |
| exploitative innovation | 1,515 | 0.653 | 0.351 | 0 | 1 |
| hw | 25 | 5.615 | 0.588 | 4.300 | 6.690 |
| size | 1,519 | 324.0 | 1,549 | 5 | 30,000 |
| age | 1,519 | 14.30 | 9.074 | 1 | 126 |
| foreign | 1,519 | 4.905 | 19.16 | 0 | 100 |
| government | 1,519 | 4.880 | 20.24 | 0 | 100 |
| productivity | 1,519 | 555,985 | 1.952e+06 | 7,417 | 5.220e+07 |
| competition | 1,519 | 0.514 | 0.500 | 0 | 1 |
| specialization | 1,519 | 95.09 | 8.488 | 30 | 100 |
| certification | 1,519 | 0.722 | 0.448 | 0 | 1 |
| local | 1,519 | 0.178 | 0.382 | 0 | 1 |
| national | 1,519 | 0.730 | 0.444 | 0 | 1 |
| female | 1,519 | 0.080,3 | 0.272 | 0 | 1 |
| experience | 1,519 | 17.09 | 7.581 | 1 | 47 |
| license | 1,519 | 0.243 | 0.429 | 0 | 1 |

表7-1(續)

|  | Obs | Mean | Std. Dev. | Min | Max |
|---|---|---|---|---|---|
| business | 1,519 | 0.864 | 0.343 | 0 | 1 |
| regulation | 1,519 | 1.282 | 1.693 | 0 | 12.67 |
| law | 1,519 | 2.643 | 0.376 | 1 | 4 |

## 7.4 實證結果與分析

### 7.4.1 基準模型估計

本章採用最小二乘法對模型（7-1）進行估計，並且計算了聚合在行業性質層面的穩健性標準誤。表7-2反應了最低工資標準對企業創新的影響，其中第（1）列至第（3）列報告的是最低工資標準對探索式創新的影響，從第（1）列可知，在控制行業固定效應之後，最低工資標準每上漲1元，企業探索式創新水準將降低4.29%，且在5%的顯著性水準上顯著。第（2）列和第（3）列分別加入企業個體特徵、城市-行業和城市特徵變量，結果顯示，最低工資標準每上漲1元，企業探索式創新水準將降低8%左右，係數變大，並且更加顯著。表7-2中第（4）列至第（6）列報告的是最低工資標準對開發式創新的影響，從第（1）列可知，在控制行業固定效應之後，最低工資標準每上漲1元，企業開發式創新水準將降低7.95%，並且在1%的顯著性水準上顯著。第（5）列和第（6）列分別加入企業個體特徵、城市-行業和城市特徵變量，結果顯示，最低工資標準每上漲1元，企業開發式創新水準將下降10%左右，係數變大，且更加顯著。上述結果意味著，最低工資標準上浮將會顯著降低企業的雙元創新水準。對此一個可能的解釋是，本章研究時段處於金融危機影響的時段。在國際金融危機的影響下，國際貿易保護主義導致外貿出口額大幅縮減，中國製造業企業面臨著生存危機（曾世宏、鄭江淮，2009）。為了應對金融危機的影響，大量製造業企業在短期內不得不通過降低勞動力成本的方式來獲取生存機會。最低工資標準的提高，一方面會迫使企業擠占創新項目的資金以彌補薪資缺口，弱化企業的創新能力；另一方面會促使企業大量地削減員工的非工資性福利，從而降低員工的「禮物交換」意願，降低他們的創新能力。

控制變量的迴歸係數均比較符合預期。企業規模的對數每增加一個單位，企業的探索式創新水準和開發式創新水準將分別提高5.03%和3.81%，且在

1%的顯著性水準上顯著。可能的原因是，由於開展創新需要耗費大量的資金，這需要企業具備較強的外部資金籌措能力，通常而言，只有規模較大的企業才具備更強的外部資金籌措能力。這與周黎安和羅凱（2005）的研究結論是一致的；在10%的顯著性水準上，企業年齡對探索式創新和開發式創新的積極影響都不顯著。年齡對於企業創新而言既有優勢也有劣勢，優勢在於，年齡越大的企業通常具備豐富的市場經驗，能夠比較準確地評估和預測創新項目的市場風險，從而有效地開展創新。而劣勢在於，年齡越大的企業通常更加容易受到原有技術軌跡的約束，並傾向於恪守固有慣例，這顯然又不利於創新；在10%的顯著性水準上，我們並未發現外商控股比例（foreign）對企業探索式和開發式創新具有顯著積極影響，不過國有控股比例（government）越高，企業進行探索式創新的概率越小，具體地，國有控股比例每增加1個百分點，企業的探索式和開發式創新水準分別降低0.32%和0.05%。可能的原因是，國有控股比例越高的企業通常與地方政府有更加緊密的天然聯繫，能夠優先獲得政府部門給予的各種資源，甚至通過市場特權，享受市場壟斷帶來的超額收益（李後建、劉思亞，2015），這顯然會導致國有企業創新激勵低下。更重要的是，國有企業需要優先承擔政策性任務，完成政府部門下達的政治目標，包括解決本地就業和拉動當地經濟增長，這顯然會擠占企業致力於創新的精力（李後建、張劍，2015）；企業的勞動力生產率對數（lnproductivity）每增加一個單位，企業的探索式創新和開發式創新水準將分別提高4.97%和2.46%，並且在1%的顯著性水準上顯著。這是因為在保持其他條件不變的情況下，勞動力生產率越高的企業，其盈利能力越強，使得企業有足夠的資本來開展創新活動；擁有國際質量認證（certification）的企業，其探索式和開發式創新水準越高；是女性總經理（female）的企業，其探索式和開發式創新水準越高；擁有外部技術許可（license）的企業，其探索式和開發式創新水準越高；在1%的顯著性水準上，政府規制對企業探索式創新和開發式創新具有顯著的積極影響。事實上，在外部環境高度不確定的情況下，企業傾向於進行規制之內的資源投資（Weigelt & Shittu, 2016）。因此，在金融危機影響下，外部環境變得高度不確定，市場信息搜集的成本大幅提高，企業更樂意投資規制內的創新項目。這是因為，政府規制在某種程度上會弱化規制內創新的市場風險，強化規制內創新的市場價值。法治質量（law）水準每提高一個單位，企業的探索式和開發式創新水準將分別提高11.44%和9.94%，並且這種作用在1%的顯著性水準上顯著。這意味著，較高的法治質量水準可以有效地強化企業創新成果的排他性和獨占性，激發企業創新的積極性；在主要商業城市的企業，其探索式和開發

式創新水準將比不在主要商業城市的企業分別高出13.39%和6.76%，並且在5%的顯著性水準上顯著。可能的原因在於商業化程度越高的城市可以為企業營造更高更加公平和激烈的市場競爭環境，從而激勵企業創新。其他控制變量，如灰色競爭（competition）、專業化程度（specialization）、市場範圍[包括省級市場（local）和本國市場（national）]、工作經驗（experience）對企業探索式和開發式創新的影響在10%的顯著性水準上並不顯著。

表7-2 最低工資標準與企業創新：基準迴歸結果

|  | exploratory innovation ||| exploitative innovation |||
| --- | --- | --- | --- | --- | --- | --- |
|  | (1) | (2) | (3) | (4) | (5) | (6) |
| hw | -0.042,9** | -0.081,7*** | -0.075,2*** | -0.079,5*** | -0.102,6*** | -0.095,2*** |
|  | (0.018,6) | (0.015,1) | (0.014,0) | (0.016,9) | (0.014,9) | (0.014,7) |
| lnsize |  | 0.050,0*** | 0.050,3*** |  | 0.037,9*** | 0.038,1*** |
|  |  | (0.008,8) | (0.008,8) |  | (0.006,9) | (0.006,8) |
| lnage |  | 0.026,9 | 0.019,1 |  | 0.012,6 | 0.007,2 |
|  |  | (0.016,6) | (0.015,8) |  | (0.015,3) | (0.015,1) |
| foreign |  | 0.000,1 | 0.000,1 |  | 0.000,3 | 0.000,3 |
|  |  | (0.000,4) | (0.000,4) |  | (0.000,3) | (0.000,4) |
| government |  | -0.003,6*** | -0.003,2*** |  | -0.000,9** | -0.000,5* |
|  |  | (0.000,6) | (0.000,5) |  | (0.000,4) | (0.000,3) |
| lnproductivity |  | 0.052,5*** | 0.049,7*** |  | 0.025,9*** | 0.024,6*** |
|  |  | (0.006,1) | (0.005,8) |  | (0.008,0) | (0.007,8) |
| competition |  | 0.000,6 | 0.005,3 |  | -0.011,8 | -0.010,4 |
|  |  | (0.018,9) | (0.020,9) |  | (0.016,1) | (0.015,6) |
| specialization |  | -0.001,2 | -0.001,2 |  | -0.000,6 | -0.000,8 |
|  |  | (0.001,1) | (0.001,1) |  | (0.001,1) | (0.001,1) |
| certification |  | 0.082,0** | 0.067,2** |  | 0.140,9*** | 0.132,4*** |
|  |  | (0.029,2) | (0.030,2) |  | (0.034,3) | (0.035,4) |
| local |  | 0.012,2 | 0.011,6 |  | -0.039,4 | -0.040,4 |
|  |  | (0.054,3) | (0.050,8) |  | (0.047,2) | (0.045,0) |
| national |  | -0.010,3 | -0.004,5 |  | -0.023,2 | -0.018,4 |
|  |  | (0.035,1) | (0.038,2) |  | (0.037,1) | (0.039,3) |
| experience |  | -0.000,6 | 0.000,5 |  | 0.000,3 | 0.001,0 |
|  |  | (0.001,8) | (0.001,8) |  | (0.001,4) | (0.001,4) |

表7-2(續)

|  | exploratory innovation ||| exploitative innovation |||
| --- | --- | --- | --- | --- | --- | --- |
|  | (1) | (2) | (3) | (4) | (5) | (6) |
| female |  | 0.100,1*** | 0.090,2*** |  | 0.101,9*** | 0.094,8** |
|  |  | (0.028,0) | (0.028,0) |  | (0.031,2) | (0.034,0) |
| license |  | 0.221,7*** | 0.195,2*** |  | 0.129,8*** | 0.109,6*** |
|  |  | (0.024,1) | (0.023,5) |  | (0.029,4) | (0.027,5) |
| regulation |  |  | 0.021,2*** |  |  | 0.017,3*** |
|  |  |  | (0.004,4) |  |  | (0.004,3) |
| law |  |  | 0.114,4*** |  |  | 0.099,4*** |
|  |  |  | (0.019,5) |  |  | (0.026,1) |
| business |  |  | 0.133,9*** |  |  | 0.067,6** |
|  |  |  | (0.033,0) |  |  | (0.031,7) |
| industry FE | Y | Y | Y | Y | Y | Y |
| Constant | 0.766,5*** | 0.077,8 | −0.372,2* | 1.100,9*** | 0.661,5*** | 0.309,6 |
|  | (0.102,6) | (0.169,8) | (0.184,4) | (0.092,9) | (0.168,8) | (0.212,7) |
| Observations | 1,706 | 1,520 | 1,519 | 1,704 | 1,517 | 1,516 |
| R-squared | 0.024,7 | 0.206,7 | 0.240,2 | 0.036,4 | 0.171,3 | 0.193,8 |

註：\*、\*\*、\*\*\*分別表示在10%、5%和1%的顯著性水準上顯著；括號內表示聚合在行業性質層面的穩健性標準誤。若無特殊註明，下文各表註釋相同，不再贅述。

### 7.4.2 最低工資標準與企業創新之間關係的調節機制

(1) 法治質量

法治質量水準可能會調節最低工資標準與企業創新之間的關係。企業如果處在法治質量水準較高的城市，那麼它可能會更嚴格地執行最低工資標準政策（葉林祥等，2015）。這意味著，在保持其他條件不變的情況下，隨著法治質量水準的提高，由企業嚴格執行最低工資標準所導致的薪資缺口越大。為了彌補執行最低工資標準帶來的薪資缺口，企業可供選擇的策略眾多，包括擠占創新項目的投資、提高勞動生產率、削減員工非工資性福利和加大勞動強度等。通常地，企業會根據外部環境來權衡使用某一種策略或者是多種策略的組合。毋庸置疑，良好的法治質量水準為企業營造了良好的市場競爭環境，在良好的市場競爭環境下，企業唯有通過創新才有可能獲得持續的競爭優勢。由此可知，在法治質量水準較高的地區，企業選擇擠占創新項目的投資來彌補薪資缺

口的可能性會降低，而選擇其他策略彌補短期薪資缺口的可能性會提高。這也意味著，隨著法治質量水準的提高，最低工資標準對企業創新的消極影響會逐漸弱化。表 7-3 的第（1）列和第（3）列分別報告了法治質量與最低工資標準對企業探索式創新和開發式創新的交互影響。迴歸結果表明，在 5% 的顯著性水準上，法治質量會顯著弱化最低工資標準對企業探索式創新和開發式創新的消極影響。交互項系數的統計顯著性並沒有全面反應出交互效應檢驗的全過程，而交互影響的平均邊際效應圖是交互效應檢驗的一個重要補充，它有助於我們識別出調節效應的真實效力。為此，我們繪製了法治質量和最低工資標準對企業探索式和開發式創新交互影響的平均邊際效應圖（如圖 7-1 和圖 7-2 所示）。在圖 7-1 中，橫坐標表示法治質量水準，縱坐標表示最低工資標準對探索式創新影響的平均邊際效應。其結果顯示，隨著法治質量水準的提高，最低工資標準對企業探索式創新的平均邊際負效應在逐漸弱化。同樣地，圖 7-2 的結果顯示，隨著法治質量水準的提高，最低工資標準對企業開發式創新的平均邊際負效應也在逐漸弱化。

表 7-3　最低工資標準與企業創新之間關係的調節效應檢驗結果

|  | exploratory innovation | | exploitative innovation | |
|---|---|---|---|---|
|  | （1） | （2） | （3） | （4） |
| hw | −0.399,3*** | −0.078,7*** | −0.427,4*** | −0.098,4*** |
|  | (0.127,5) | (0.014,3) | (0.112,2) | (0.015,0) |
| c.hw#c.law | 0.119,1** |  | 0.122,0*** |  |
|  | (0.044,7) |  | (0.039,0) |  |
| law | 0.175,4** |  | 0.107,8** |  |
|  | (0.257,1) |  | (0.221,7) |  |
| government |  | −0.022,1** |  | −0.017,4*** |
|  |  | (0.009,5) |  | (0.005,6) |
| c.hw#c.government |  | 0.003,5* |  | 0.003,1*** |
|  |  | (0.001,8) |  | (0.001,0) |
| 其他變量 | Y | Y | Y | Y |
| industry FE | Y | Y | Y | Y |
| Constant | 1.549,7* | −0.352,3* | 2.279,4*** | 0.327,5 |
|  | (0.803,7) | (0.192,0) | (0.731,6) | (0.217,3) |
| Observations | 1,519 | 1,519 | 1,516 | 1,516 |
| R-squared | 0.244,1 | 0.242,3 | 0.199,2 | 0.196,0 |

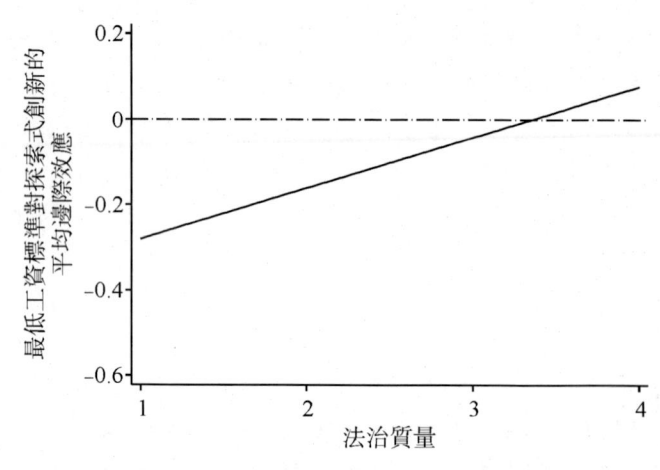

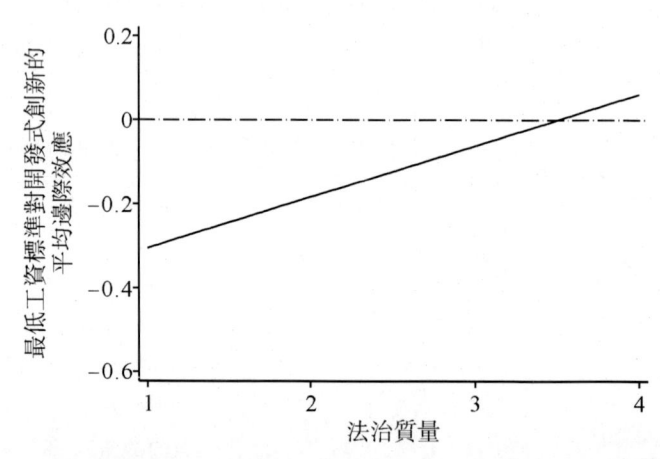

图 7-1　法治质量与最低工资标准对探索式创新交互影响的平均边际效应图

图 7-2　法治质量与最低工资标准对开发式创新交互影响的平均边际效应图

(2) 国有控股比例

国有控股比例越高的企业通常与地方政府有更加紧密的天然联系，能够优先获得政府部门给予的各种资源，甚至通过市场特权，享受市场垄断带来的超额收益（李后建、刘思亚，2015），同样地，地方政府部门也能借助国有控股企业实现特定的政治和社会目标。在这种政企相依的关系下，国有企业和非国有企业在工资水准上出现了制度型的割裂，国有企业的职工工资水准要显著高于非国有企业（马双等，2012；陆正飞等，2012）。这使得最低工资标准上浮对工资水准较低的非国有企业有更大的工资溢出效应，而给国有企业带来的成本效应相对较小（许和连、王海成，2016），这显然会弱化最低工资标准对企业探索式和开发式创新的消极影响。表 7-3 的第 (2) 列和第 (4) 列分别报

告了國有控股比例與最低工資標準對企業探索式創新和開發式創新的交互影響。迴歸結果表明，在10%的顯著性水準上，國有控股比例會顯著弱化最低工資標準對企業探索式創新和開發式創新的消極影響。為了進一步識別出調節效應的真實效力，我們繪製了國有控股比例和最低工資標準對企業探索式和開發式創新交互影響的平均邊際效應圖（如圖7-3和圖7-4所示）。在圖7-3中，橫坐標表示國有控股比例，縱坐標表示最低工資標準對探索式創新影響的平均邊際效應。其結果顯示，隨著國有控股比例的增加，最低工資標準對企業探索式創新的平均邊際負效應在逐漸弱化。同樣地，圖7-4的結果顯示，隨著國有控股比例的增加，最低工資標準對企業開發式創新的平均邊際負效應也在逐漸弱化。

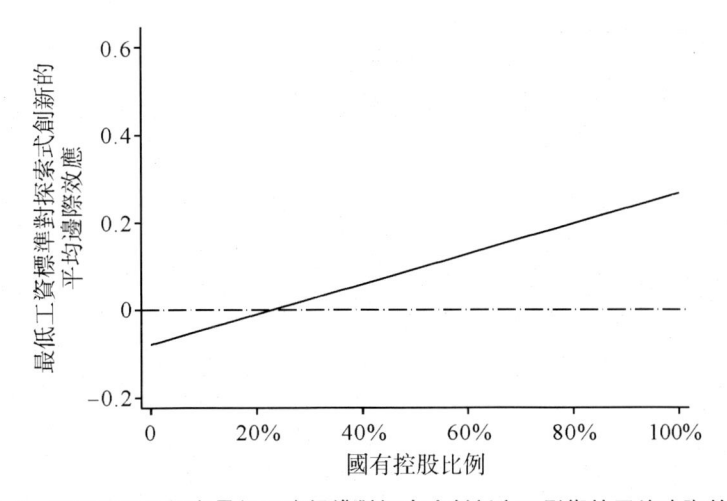

圖7-3　國有控股比例與最低工資標準對探索式創新交互影響的平均邊際效應圖

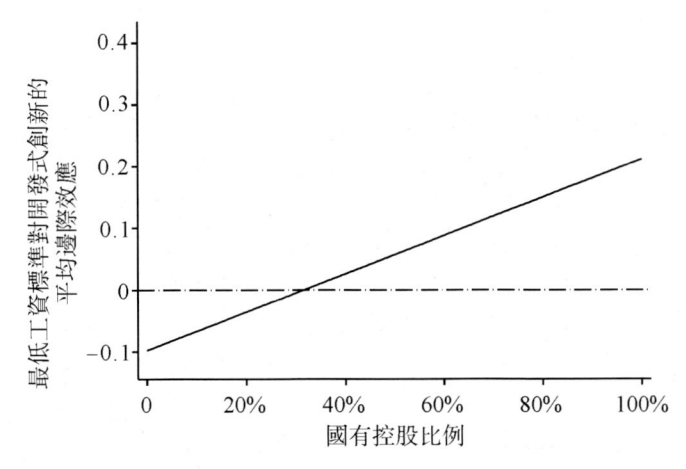

圖7-4　國有控股比例與最低工資標準對開發式創新交互影響的平均邊際效應圖

### 7.4.3 最低工資標準對企業創新影響的作用機制

上文通過對現有文獻的梳理，總結了最低工資標準可能影響企業創新的多種機制，但限於數據，我們僅驗證其中三種重要機制：員工薪資（lnsalary）、研發支出（lnrd）和員工培訓（training）①。為了有效檢驗和識別最低工資標準可能影響企業創新的兩種重要作用機制，本章使用路徑分析技術中的極大似然法估計出了最低工資標準對企業創新影響的路徑係數（李後建、張劍，2015）②。具體結果如圖7-5所示。由圖7-5的結果可知，結構方程模型的整體擬合優度為0.464,8，由此可見，結構方程模型能很好地擬合數據。從單條路徑係數來看，最低工資標準分別對員工薪資（β=0.226,6，p<0.01）具有顯著的積極影響，而對員工培訓（β=0.030,1，p<0.10）具有顯著的消極影響。這與馬雙等（2012）和馬雙和甘犁（2014）的研究結論是一致的。即最低工資標準上浮抬高了企業的勞動力成本，擠占了企業的人力資本投資。進一步地，員工薪資對探索式創新（β=-0.136,3，p<0.01）有顯著的負面影響，而對開發式創新（β=0.059,0，p<0.05）具有顯著的積極影響。對此一個可能的解釋是，員工薪資水準的提高會迫使企業擠占短期內無回報，且耗資較大的探索式創新項目的資金。而開發式創新通常在短期內能夠發揮效果，例如提高勞動生產率、降低生產成本。在短期內，提高平均薪酬水準有助於激發員工「禮物交換」的意願。在這一過程中，回饋企業的最好辦法就是尋求有效的方法來降低生產成本，從而解決短期企業勞動力成本上升的壓力。而在短期內降低生產成本的有效方法通常與開發式創新有著密切的關聯，因此，提高平均薪酬水準會提升員工的開發式創新能力。此外，員工平均薪酬水準的提高擠出了企業的研發投資（β=-0.113,2，p<0.05），而研發投資對探索式創新（β=0.369,5，p<0.01）和開發式創新（β=0.273,8，p<0.01）都有顯著的積極影響。然而，員工薪資水準對員工培訓的擠出效應並不明顯，不過，員工培訓對探索式創新（β=0.156,3，p<0.01）和開發式創新（β=0.206,5，p<0.01）都有顯著的積極影響，這與現有的研究結論是一致的（王萬珺等，2015）。更為重要的是，培訓還有助於激勵企業提高研發水準（β=0.146,9，p<0.01）。

由表7-4和圖7-5可知最低工資標準對企業探索式創新有顯著的負向間

---

① 員工薪資具體定義為企業總的勞動力成本，包括工資、績效、紅利和社會保險支出等除以企業職工總數，再取自然對數。研發支出定義為，企業內部研發支出總額/職工總數，然後取自然對數。員工培訓是指，企業是否對職工開展了正式的培訓項目，若是則賦值為1，否則為0。

② 在估計的過程中，通過修正指數（modification index）來獲得最優的競爭模型。

接效應（Indirect effect, IE=-0.048,7, p<0.01）。這一負向間接效應來自最低工資標準影響企業探索式創新的五條作用機制分別產生的效應總和。其中，最低工資標準→員工薪資→探索式創新（hw→lnsalary→exploratory innovation），這條作用機制所產生的負向間接效應是最大的。不同的是，最低工資標準對企業開發式創新沒有顯著的負向間接效應（Indirect effect, IE=-0.003,4, p>0.10）。主要原因在於最低工資標準通過員工薪資這一作用機制對開發式創新帶來的正向間接效應抵消了最低工資標準通過研發支出和員工薪資這兩個作用機制對開發式創新帶來的負向間接效應。根據表7-4中各因素的總效應可知，在影響探索性創新的關鍵因素中，總效應絕對值由大到小依次是研發水準、員工培訓、薪酬水準和最低工資標準。而在影響開發式創新的關鍵因素中，總效應絕對值由大到小依次是研發水準、員工培訓、最低工資標準和薪酬水準。

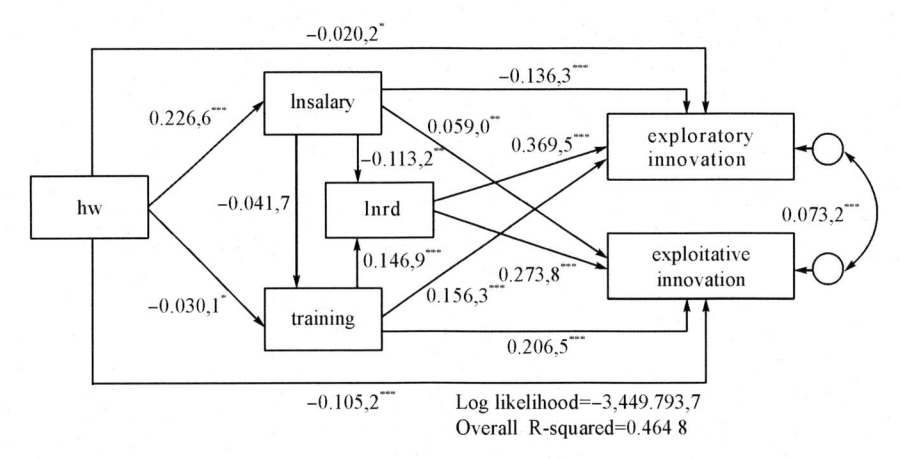

圖7-5 最低工資標準對企業創新影響的路徑系數圖

表7-4 最低工資標準對企業創新的影響效應分解表

| 路徑 | 系數 | 標準誤（R.S.E.） | Z | P>｜z｜ |
| --- | --- | --- | --- | --- |
| **Indirect effects** | | | | |
| hw→exploratory innovation | -0.048,7*** | 0.007,2 | -6.75 | 0.000 |
| hw→exploitative innovation | -0.003,4 | 0.005,6 | -0.60 | 0.546 |
| lnsalary→exploratory innovation | -0.050,6** | 0.020,3 | -2.50 | 0.013 |
| lnsalary→exploitative innovation | -0.041,3** | 0.017,0 | -2.42 | 0.015 |
| training→exploratory innovation | 0.054,3*** | 0.011,7 | 4.63 | 0.000 |
| training→exploitative innovation | 0.040,2*** | 0.008,7 | 4.63 | 0.000 |

表7-4(續)

| 路徑 | 係數 | 標準誤（R.S.E.） | Z | P>\|z\| |
| --- | --- | --- | --- | --- |
| lnsalary→lnrd | -0.006,1 | 0.004,8 | -1.29 | 0.199 |
| hw→lnrd | -0.031,5*** | 0.010,7 | -2.93 | 0.003 |
| hw→training | -0.009,5 | 0.007,6 | -1.24 | 0.216 |
| **Total effects** | | | | |
| hw→exploratory innovation | -0.068,9*** | 0.015,2 | -4.53 | 0.000 |
| hw→exploitative innovation | -0.108,6*** | 0.013,9 | -7.79 | 0.000 |
| lnsalary→exploratory innovation | -0.186,9*** | 0.032,7 | -5.72 | 0.000 |
| lnsalary→exploitative innovation | 0.017,7 | 0.025,1 | 0.70 | 0.481 |
| lnrd→exploratory innovation | 0.369,5*** | 0.021,3 | 17.32 | 0.000 |
| lnrd→exploitative innovation | 0.273,8*** | 0.019,9 | 13.78 | 0.000 |
| training→exploratory innovation | 0.210,7*** | 0.020,4 | 10.32 | 0.000 |
| training→exploitative innovation | 0.246,7*** | 0.023,6 | 10.45 | 0.000 |
| hw→lnsalary | 0.226,6*** | 0.009,1 | 25.01 | 0.000 |
| hw→lnrd | -0.031,5*** | 0.010,7 | -2.93 | 0.003 |
| hw→training | -0.039,5*** | 0.011,4 | -3.45 | 0.001 |
| lnsalary→lnrd | -0.119,3** | 0.047,4 | -2.52 | 0.012 |
| lnsalary→training | -0.041,7 | 0.032,5 | -1.29 | 0.199 |
| training→lnrd | 0.146,9*** | 0.031,8 | 4.63 | 0.000 |

註：*、**、*** 分別表示在10%、5%和1%的顯著性水準上顯著，括號內數據表示聚合在行業性質層面的穩健性標準誤。

### 7.4.4 穩健性檢驗

（1）反向因果

本章的研究結果顯示了最低工資標準對企業創新具有顯著的消極影響。然而，會不會存在企業創新對最低工資標準的影響而使得OLS估計產生偏誤。對於這一問題，我們不必過於擔心。這是因為最低工資標準制定對於轄區內單個企業而言是一個特定的外生事件，其效果必然會影響到轄區內特定的企業行為。但是，從相反的途徑來看，轄區內單個企業如果要影響城市最低工資標準的制定，這會存在較大的實現難度和較高的交易成本。換言之，最低工資標準

能夠影響到轄區內微觀層面的企業創新行為，但相反的影響機制可能並不存在。

(2) 遺漏變量

基準模型中雖然添加了包括企業個體特徵、城市-行業特徵和城市特徵等控制變量，但因遺漏變量而導致的估計偏誤問題依然可能存在。首先，儘管最低工資的變動相對於微觀企業行為是外生的（馬雙等，2012），但當地方政府在制定最低工資時將其對企業創新的影響一併考慮時，OLS 的估計量很可能是有偏的。事實上，地方政府在確定最低工資標準時通常會考慮城市的經濟發展水準、就業規模和職工的薪資水準（馬雙等，2012）。因此，因果關係的識別還需要進一步排除城市經濟發展水準、就業規模和薪資水準對企業創新的潛在影響。通常地，經濟發展水準越高的城市越有能力為企業創新提供更多的資源，從而促進企業探索式創新和開發式創新（李長娥、謝永珍，2016），本章用城市人均 GDP 的自然對數（lngdp）來刻畫城市的經濟發展水準。其次，就業規模通常能夠反應勞動力賣方市場的競爭程度。在其他條件不變的情況下，就業規模越大，勞動力賣方市場的競爭程度越高，這會迫使勞動力不斷地提高勞動技能以強化就業能力。勞動力賣方市場的競爭為企業帶來的正向外部性有利於企業招募更多高技能的員工，提高企業內部資源配置效率，促進企業探索式創新和開發式創新。最後，職工平均薪資水準會影響到最低工資標準的制定。一般而言，職工的平均薪資水準會抬高政府制定最低工資的標準，在短期內會給企業帶來較大的勞動力成本壓力，為了應對勞動力成本的上漲，企業可能會削減研發投入，弱化企業創新能力。本章利用城市職工平均薪資水準的自然對數（lncsalary）來衡量職工平均薪酬水準[①]。表 7-5 在基準模型的基礎上加入了城市經濟發展水準、就業規模和職工平均薪資水準這三個重要遺漏變量。迴歸結果表明，最低工資標準對企業探索式創新的影響係數為 -0.063,6 [第 (1) 列]，且在 1% 的顯著性水準上顯著，估計係數的絕對值與基準模型有所下降。同樣地，最低工資標準對企業開發式創新的影響係數為 -0.111,3 [第 (2) 列]，且在 1% 的顯著性水準上顯著，估計係數的絕對值較基準模型有所提高。遺漏的城市特徵變量的迴歸係數與預期一致。

---

① 數據來源於 2010 年出版的《中國城市統計年鑒》。

表 7-5　最低工資標準與企業創新：加入遺漏變量的迴歸結果

|  | （1） | （2） |
| --- | --- | --- |
| hw | -0.063,6*** | -0.111,3*** |
|  | (0.010,6) | (0.016,6) |
| lnpgdp | 0.114,6*** | 0.095,6*** |
|  | (0.037,2) | (0.030,6) |
| lnemployee | 0.077,7*** | 0.131,2*** |
|  | (0.024,2) | (0.018,9) |
| lncsalary | -0.426,4*** | -0.318,6*** |
|  | (0.060,6) | (0.067,0) |
| 其他變量 | Y | Y |
| industry FE | Y | Y |
| Constant | 2.471,8*** | 2.116,3*** |
|  | (0.605,8) | (0.610,7) |
| Observations | 1,519 | 1,516 |
| R-squared | 0.255,0 | 0.226,0 |

（3）因果關係中的時間順序問題

通常地，在非實驗研究中，因果關係一個必備的條件是在時間上具有順序性。如果缺少這一條件將會引致由同時性問題帶來的內生性。在本章中，企業的創新行為發生在近三年，即創新行為最早發生在 2009 年或 2010 年[①]。而本章中，政府制訂最低工資標準的時間發生在 2009 年。由此可以推斷本章的研究在一定程度上滿足因果關係中的時間順序性，不存在嚴重的時序性問題。然而，我們仍擔心的是企業成立的時間將是引起時序性問題的一個重要因素，那些在 2009 年之後成立的企業通常是根據當前的最低工資標準來制定企業的工資標準，這些企業的創新行為並不會受到最低工資標準的時間變化帶來的影響，故本章剔除那些 2009 年之後成立的企業，再加入遺漏變量重新迴歸，迴歸結果報告見表 7-6。結果表明，在 1% 的顯著性水準上，最低工資標準對企業探索式創新（β = -0.060,5，p<0.01）和開發式創新（β = -0.106,3，p<0.01）都具有顯著的消極影響，與基準迴歸的結果是一致的。

---

① 問卷調查的時間為 2011 年 12 月至 2013 年 2 月。

表 7-6　最低工資標準與企業創新：糾正時間順序的迴歸結果

|  | （1） | （2） |
| --- | --- | --- |
| hw | -0.060,5*** | -0.106,3*** |
|  | (0.010,0) | (0.016,6) |
| 遺漏變量 | Y | Y |
| 其他變量 | Y | Y |
| industry FE | Y | Y |
| Constant | 2.289,2*** | 2.001,4*** |
|  | (0.638,5) | (0.677,2) |
| Observations | 1,491 | 1,488 |
| R-squared | 0.250,1 | 0.218,6 |

（4）聯立性偏誤

由於企業可以參與不同類型的創新，並且這些創新行為之間可能存在一定的聯繫（Pisano & Wheelwright, 1995; Milgrom & Roberts, 1995）。單獨對探索式創新或者開發式創新進行迴歸會引起聯立性偏誤。為了糾正聯立性偏誤，我們使用似不相關迴歸將這兩類創新行為方程進行系統估計，所得到的估計結果報告在表 7-7 中。由表 7-7 可知，似不相關迴歸結果與基準模型迴歸結果是一致的，即在 1% 的顯著性水準上，最低工資標準對企業探索式創新（$\beta = -0.064,3$, $p<0.01$）和開發式創新（$\beta = -0.111,2$, $p<0.01$）都具有顯著的消極影響。

表 7-7　最低工資標準與企業創新：糾正聯立性偏誤的迴歸結果

|  | （1） | （2） |
| --- | --- | --- |
| hw | -0.064,3*** | -0.111,2*** |
|  | (0.020,6) | (0.018,4) |
| 遺漏變量 | Y | Y |
| 其他變量 | Y | Y |
| industry FE | Y | Y |
| Constant | 2.458,8*** | 2.108,5*** |
|  | (0.727,5) | (0.649,0) |
| Observations | 1,515 | 1,515 |
| R-squared | 0.255,4 | 0.225,5 |

(5) 分企業規模迴歸

我們將總體樣本按照企業規模分為小型企業、中型企業和大型企業三個子樣本①。利用 OLS 對計量模型（7-1）重新進行迴歸，迴歸結果經整理後報告在表 7-8 中，迴歸結果顯示，在 10%的顯著性水準上，對於小規模的企業而言，最低工資標準對探索式創新的消極影響並不顯著，而對開發式創新具有顯著的消極影響；對大中規模企業而言，最低工資標準對探索式創新和開發式創新都具有顯著的消極影響。對此，我們的解釋是，通常地，小規模企業承擔風險的能力較小，因此，小規模企業通常厭惡風險較大的探索式創新項目，這使得小規模企業的探索式創新投入水準相對較低（葉林，2014）。當最低工資標準上浮時，小規模企業通過擠占探索式創新項目資金來彌補薪資缺口的作用並不大。而開發式創新通常是對信息和知識深度的挖掘，具有一定的漸進性和連續性，其專注於對現有產品和技術進行漸進式的改進，以達到降低成本和搶占市場份額的目的。由於開發式創新項目包含的風險相對較小，成功的概率相對較高，因此無論規模大小，企業都會在某種程度上從事開發式創新項目，並投入一定的資金。當最低工資標準上浮時，無論規模大小，企業都可能會在短期內擠占開發式創新項目的資金，弱化開發式創新能力。

表 7-8　最低工資標準與企業創新：分企業規模的迴歸結果

|  | exploratory innovation ||| exploitative innovation |||
| --- | --- | --- | --- | --- | --- | --- |
|  | (1) | (2) | (3) | (4) | (5) | (6) |
|  | 小 | 中 | 大 | 小 | 中 | 大 |
| hw | −0.035,8 | −0.096,3*** | −0.069,7* | −0.095,3*** | −0.097,3*** | −0.101,1*** |
|  | (0.033,1) | (0.022,0) | (0.034,6) | (0.026,6) | (0.027,1) | (0.025,3) |
| 其他變量 | Y | Y | Y | Y | Y | Y |
| industry FE | Y | Y | Y | Y | Y | Y |
| Constant | −0.374,1 | −0.221,3 | −0.599,9* | 0.103,7 | 0.476,6 | 0.401,0** |
|  | (0.498,3) | (0.277,7) | (0.322,8) | (0.532,9) | (0.308,3) | (0.188,0) |
| Observations | 393 | 619 | 507 | 391 | 618 | 507 |
| R-squared | 0.265,9 | 0.246,3 | 0.266,0 | 0.272,9 | 0.184,2 | 0.199,9 |

(6) 分位數迴歸

由於分位數迴歸能夠更加精確地描述最低工資標準對企業創新水準的變化

---

① 根據調查問卷的設置，我們將員工人數≥5 並且≤19 的企業定義為小型企業；將員工人數≥20 並且≤99 的企業定義為中型企業；將員工人數≥100 的企業定義為大型企業。

範圍以及條件分佈形狀的影響，因此，這一部分使用分位數迴歸來全面刻畫最低工資標準對企業創新的影響。估計結果報告在表7-9，其中列（1）至列（3）報告的是最低工資標準對企業探索式創新在25、50和75分位數上的迴歸。結果顯示，當企業探索式創新水準處在75分位數上時，最低工資標準對探索式創新的消極影響並不顯著；而當企業探索式創新水準處在25和50分位數上時，最低工資標準對企業探索式創新有顯著的消極影響。整體來看，隨著企業探索式創新水準的提升，最低工資標準對探索式創新的消極影響會逐漸弱化並變得不顯著。同樣地，列（4）至列（6）報告的是最低工資標準對企業開發式創新在25、50和75分位數上的迴歸。結果顯示，在5%的顯著性水準上，最低工資標準對所有分位數上的開發式創新水準都有顯著的消極影響，不過隨著企業開發式創新水準的提升，最低工資標準對企業開發式創新的消極影響也會逐漸弱化，並且顯著水準也隨之降低。對此一個可能的解釋是，隨著企業創新水準的提升，企業可能逐漸由新的生存模式來取代固有的生存模式，企業的發展逐漸依賴於較高水準的創新所帶來的競爭優勢。而創新水準較低，說明企業還處在創新的初級階段，在這一階段，企業不僅面臨創新風險較高，而且耗資較大，幾乎沒有回報。當最低工資標準上浮時，創新水準較低的企業通常會削減創新項目的投入，以彌補短期內企業的薪資缺口，而創新水準較高的企業由於對創新的依賴程度較高，它們對創新項目投入的削減力度會降低。

表7-9　最低工資標準與企業創新：分位數迴歸結果

|  | exploratory innovation ||| exploitative innovation |||
|---|---|---|---|---|---|---|
|  | （1） | （2） | （3） | （4） | （5） | （6） |
|  | q25 | q50 | q75 | q25 | q50 | q75 |
| hw | -0.092,0*** | -0.086,4* | -0.039,6 | -0.177,8*** | -0.069,9*** | -0.059,0** |
|  | (0.022,7) | (0.044,2) | (0.024,6) | (0.025,0) | (0.024,3) | (0.023,1) |
| 其他變量 | Y | Y | Y | Y | Y | Y |
| Constant | -0.299,1 | -0.538,9 | -0.205,1 | 0.547,8 | 0.118,9 | 0.293,4 |
|  | (0.330,1) | (0.427,2) | (0.280,0) | (0.353,1) | (0.231,5) | (0.245,5) |
| Observations | 0.164,8 | 0.161,6 | 0.055,0 | 0.156,8 | 0.127,9 | 0.105,6 |
| R-squared | 1,519 | 1,519 | 1,519 | 1,516 | 1,516 | 1,516 |

（7）剔除政治色彩的影響

在調查的25個城市中，由於上海和北京屬於直轄市，它們的政治地位要高於其他城市，更重要的是它們的發展通常也帶有濃厚的政治色彩。因此，直

轄市內樣本的政治和經濟等外部環境與其他城市內樣本有著明顯的差異性。在估計的過程中，不考慮這種差異性，勢必會帶來估計的偏誤。為此，我們剔除了上海和北京這兩個城市的樣本，重新對計量模型（7-1）進行迴歸，估計結果報告在表 7-10 中，由該表可知，所得到的估計結果與前文保持一致。

表 7-10　最低工資標準與企業創新：剔除直轄市樣本後的迴歸結果

|  | （1） | （2） |
|---|---|---|
| hw | $-0.076,0^{***}$ | $-0.094,9^{***}$ |
|  | （0.013,4） | （0.013,6） |
| 其他變量 | Y | Y |
| industry FE | Y | Y |
| Constant | $-0.409,2^{**}$ | 0.259,5 |
|  | （0.170,4） | （0.190,7） |
| Observations | 1,479 | 1,476 |
| R-squared | 0.246,0 | 0.196,9 |

（8）其他穩健性檢驗

除了上述穩健性檢驗辦法之外，我們考慮到分析中使用的數據具有聚類結構。對於每一個相同的城市，有多個企業被隨機抽取，並且這些企業的管理者接受了面訪。這種抽樣方法的結果使得來自同一個城市的樣本具有聚類的特點，即同一城市內部的樣本很有可能呈現出相似性。顯然，這違背了傳統迴歸方法中考慮觀察對象獨立性的統計假設。如果不考慮這種內部相關性，那麼參數的標準誤差可能是有偏的。為此，我們使用兩水準混合效應的線性模型來估計最低工資標準對企業創新的影響。結果表明，使用兩水準混合效應線性模型得到的最低工資標準迴歸係數估計值與 OLS 得到的係數值接近，這意味著，本章的研究結果具有較強的穩健性。此外，我們還使用原始數據的模擬抽樣方法——bootstrap 方法來驗證參數估計值的穩健性，來避免由於樣本量小引起的模型參數估計值不穩健的局限性。結果發現，使用 bootstrap 方法得到的最低工資標準（hw）迴歸係數估計值與 OLS 得到的係數估計值接近，由此可見，模型參數估計值的穩健性較好。

## 7.5 本章小結

　　如何促進企業創新,推動供給側結構性改革的順利開展是政府各部門和學術界普遍關注的重大問題之一。本章著眼於企業的外部環境,以世界銀行提供的關於中國製造業企業營商環境質量調查數據,從實證的視角探究最低工資標準對企業創新的影響及其作用機制。主要研究結論表明,在短期內,最低工資標準上浮弱化了企業的探索式創新和開發式創新。進一步研究表明,最低工資標準對企業創新的影響存在明顯的邊界條件,即隨著法治質量水準的提升,最低工資標準對企業探索式創新和開發式創新的消極影響在逐漸弱化;同樣地,隨著國有控股比例的增加,最低工資標準對企業探索式創新和開發式創新的影響也在逐漸弱化。

　　此外,本章還檢驗了最低工資標準作用於企業創新的渠道機制。研究發現,首先,最低工資標準的上浮會迫使企業增加薪資成本,薪資成本的增加不僅直接弱化了企業的探索式創新能力和開發式創新能力,而且還擠出了企業的研發支出,間接弱化了企業的探索式創新能力和開發式創新能力;其次,最低工資標準上浮會減少企業對員工的正式培訓,正式培訓的減少不僅直接降低了企業的探索式創新和開發式創新能力,而且會迫使企業減少研發支出,從而間接降低企業的探索式創新能力和開發式創新能力。

　　在穩健性檢驗中,我們發現最低工資標準對企業創新的影響具有一定的異質性:第一,相當於小型製造業企業而言,最低工資標準對大型和中型製造業企業的探索式創新具有更加強烈和更加顯著的消極影響,然而,無論企業規模的大小,最低工資標準對開發式創新都具有顯著的消極影響;第二,當企業創新水準較高時,最低工資標準對企業探索式創新和開發式創新的消極影響效應會逐漸弱化,並且顯著性也在逐漸降低。

　　基於上述研究結論,為了有效地推動企業創新,加快中國經濟發展方式的轉型,本章的政策內涵是在經濟轉型時期,政府部門不宜在短期內大幅提高製造業部門的最低工資標準。當前,推動製造業企業發展由要素驅動走向創新驅動已經成為政府部門和業界的重要任務之一。然而,創新是一項高風險活動,它不僅包含著諸多不確定性,而且還要耗費企業大量的資金。在中國資本市場並不發達和經濟環境高度不確定的情況下,最低工資標準上浮必將擠出企業對風險極度敏感的項目投資支出。不過,本章的研究結論表明,隨著創新水準的

提升，最低工資標準上浮對企業創新的消極影響會逐漸弱化。這一結果意味著，對於創新水準較高的製造業行業而言，短期內適度提高最低工資標準對這類製造業行業創新所產生的擠出效應會相對較小。此外，本章研究還發現，隨著法治質量水準的提升，最低工資標準對企業探索式創新和開發式創新的消極影響會逐漸弱化。這一結果意味著，政府部門若要在短期內降低最低工資標準上浮對創新所造成的消極影響，就要不斷地提高法治質量水準，措施包括：建立和健全完備的市場經濟法制體系，讓企業創新有法可依；加強執法力度，尤其是知識產權保護的執法力度；確保公正文明執法，在執法過程中要遵循平等和正當原則。

# 8 企業規模、最低工資與研發投入

研發投入是驅動國家經濟轉型的動力之源。本章利用最低工資標準數據匹配世界銀行提供的中國製造業企業調查數據，探討了最低工資標準和企業規模對企業研發投入的影響及作用機制。研究發現最低工資標準的上調會顯著促進企業研發投入強度，不過，這種促進作用會隨著企業規模的擴大而逐漸減弱。此外，我們發現，在欠發達的經濟體中，企業規模越大，其研發投入強度將越高。上述研究結果通過了一系列的穩健性檢驗。進一步地，我們還揭示了最低工資標準對企業研發投入的兩條影響渠道：一條為最低工資標準→銀行授信→企業研發投入；另一條為最低工資標準→外部技術許可→企業研發投入。本章的結論意味著，通過適度提高最低工資標準可以有效地激勵企業追加研發投入。

## 8.1 引言

研發投入不僅是企業獲得可持續收入流和市場競爭優勢的重要戰略，也是國家經濟增長方式從要素驅動型向創新驅動型轉變的源動力。然而，在各項制度並不完善的新興經濟體中，企業缺乏足夠的激勵致力於孕育週期長、投入多、外部融資困難和風險大的研發。鑒於此，如何鼓勵和引導企業加大研發投入是政府部門、業界和學術界普遍關注的重大問題之一。

對照中國的實踐，雖然研發投入的增長率已居世界第一，但整體上研發投入強度仍然較低。國家統計局公布的《2016年全國科技經費投入統計公報》顯示，2016年的中國研發投入達 15,676.7 億元，比 2015 年增加 1,506.9 億元，增長率達 10.6%。不過，2016 年中國研發投入強度僅為 2.11%，與以色列（4.25%）、韓國（4.23%）和日本（3.49%）等創新型國家相比還存在較

大差距。與此同時，最低工資標準也在不斷上調。人社部的統計結果表明，截至 2017 年 10 月月底，全國已有 17 個地區上調了最低工資標準，平均漲幅達 10.4%。在中國人口紅利逐步消失、勞動力成本不斷攀升的現實背景下，推動經濟轉型成為新常態下中國政府面臨的重要挑戰之一。企業作為研發的主力軍，它們在驅動中國經濟轉型的過程中發揮著至關重要的作用。而作為直接影響企業低技術工人成本的勞動力市場規制，最低工資標準的不斷上調會對企業研發投入強度造成什麼影響呢？在理論上，一方面，最低工資標準上調會迫使企業尋求新的要素來替代勞動力，或者通過實施組織變革或創新來改善效率（Riley & Bondibene, 2017），這可能會促使企業提高研發投入強度；另一方面，在短期內，最低工資標準上調可能會增加企業的用工成本，擠占企業本可以用於研發投資活動的現金，從而降低企業的研發投入強度；此外，最低工資標準上調也可能會促使企業削減員工的福利（Wang & Gunderson, 2015），從而抵消最低工資標準上調帶來的用工成本缺口，由此，最低工資標準上調又可能不會對企業研發投入強度產生任何影響。基於現有的理論文獻，我們無法推斷最低工資標準如何影響企業研發投入強度，因此，在最低工資標準上調之後，企業會不會提高研發投入強度有待實證經驗。

在中國學術界，鮮有研究提供最低工資標準如何影響企業研發投入的直接經驗證據。在現有的文獻中，與本章研究最相關的是那些研究勞動力成本與企業創新之間關係的經驗文獻（趙西亮、李建強，2016；林煒，2013；程虹、唐婷，2016；董新興、劉坤，2016）。然而，不過，最低工資標準與勞動力成本並非完全相同的兩個概念，最低工資標準是政府部門干預勞動力市場的重要手段之一，相對於單個企業而言，它是一種外生政策，是企業必須遵守的規定。而企業勞動力成本具有一定的內生性，企業可以採取各種措施來降低自身的勞動力成本。因此，由探究勞動力成本與企業創新之間關係而得出的結論並不能用來理解最低工資標準對企業研發的影響，更不能為最低工資標準政策科學制定提供有效參考。不過，最低工資標準與勞動力成本也有一定的聯繫，其中最重要的聯繫就是最低工資標準有可能會導致企業勞動力成本的上升（馬雙等，2012）。

基於現有文獻的缺陷，本章試圖利用中國製造業企業的調查數據來檢驗最低工資標準上調對企業研發投入強度的影響。與現有文獻相比，本章在以下兩個方面略有貢獻：第一，最低工資標準對企業行為影響的有效性通常取決於企業對最低工資標準的遵守程度（葉林祥等，2015）。由於小企業的監督異常困難，因此小企業不遵守最低工資制度的程度要比大企業更加嚴重（Long &

Yang，2016）。為此，我們將企業規模作為調節變量，以檢驗最低工資制度遵守程度不同的條件下，最低工資標準對企業研發投入強度影響的異質性，進一步拓展了現有關於中國製造業企業研發投入影響因素的研究，為完善勞動力市場機制，制定有效激勵企業研發投入的相關政策提供理論依據和實證支持。第二，作為世界上最大的新型經濟體，中國為我們提供了檢驗發展中國家的企業如何應對最低工資標準變化的特殊制度環境。中國當前正處在人口紅利消失以及人口老齡化加速的關鍵轉折期，不斷上調的最低工資標準給企業帶來了嚴峻的挑戰。在這種情境下，檢驗中國最低工資政策的實際影響具有重要的理論和現實意義。

## 8.2 理論基礎與研究假設

### 8.2.1 最低工資標準對企業研發投入的影響

最低工資標準可能會通過許多渠道影響企業研發投入，其中一個最重要的渠道是最低工資標準的上調可能會增加企業的勞動力成本（Gindling & Terrell，2009），從而擠占企業的研發投入。這是因為勞動力成本的上升會減少企業的盈利，從而減少研發投資的可用資金（Matsa，2010；Klasa et al.，2009）。由於研發支出主要依賴於企業的內部資金，因此，企業研發投資特別容易受到利潤削減的影響（Brown et al.，2012）。毋庸置疑，大多數外部資本提供者不願為企業的研發支出提供融資支持，這是因為企業的研發項目是典型的無形資產，它的未來回報存在著較大的不確定性。即便企業研發項目取得成功，然而研發項目的弱排他性也使得企業很難獲得全額回報。因此，相比其他大多數可用於抵押和收益可預見性更強的資產而言，外部資本提供者不願為企業研發支出提供融資服務。此外，為了規避知識洩露風險，企業可能不願向潛在投資者提供有關研發項目的詳細信息（Balsmeier，2017），這無疑會增加企業研發投資的外部融資難度。因此，最低工資標準的上調會導致企業部分利潤被重新分配，這可能會間接造成企業研發投資的減少。

當然，最低工資標準上調也會激勵企業增加研發投入。一方面，根據效率工資理論可知，最低工資標準上調會迫使低技術工人不斷地提高自身的技能，從而降低他們的失業風險。員工技能的提高有助於創造力的提升並改善創新過程的效率，從而促使企業增加研發投入。更重要的是，最低工資標準的上調會迫使企業通過各種手段來提高生產效率，如加強員工的培訓、教育和學習等。

這些改善人力資源的實踐有利於新產品和服務的有效開發和推行，這顯然會對企業研發投入產生積極影響（Machin & Wood, 2005）。另一方面最低工資標準上調會迫使企業尋求新的要素來替代勞動力，如用新的技術和機器來替代低技能的勞動力，或者用高技能的勞動力來替代低技能的勞動力，通過提高企業的生產力來抵消最低工資標準上調所增加的勞動力成本（Neumark & Wascher, 1995）。顯然，這又會激勵企業增加研發投入。此外，根據社會交換理論可知，最低工資標準的提高會強化員工對企業的歸屬感，增加他們進行「禮物交換」的意願，從而提升他們的創新動力（鄭曉燕，2015），這顯然也會促使企業增加研發投入。

究竟最低工資標準的上調是擠占還是增加了企業的研發投入，基於現有的文獻，我們無法準確地預測最低工資標準對企業研發投入的影響。不過，基於中國當前的制度背景可知，一方面，中國人口紅利在逐步消失，老齡化問題日趨嚴重，不斷上漲的勞動力成本迫使中國製造業企業由勞動密集型向技術密集型、人才密集型和資金密集型轉變，同時也倒逼中國製造業企業不斷地追加研發投入，用新的技術和要素來替代勞動力，從而擺脫勞動密集型行業的束縛；另一方面，隨著市場化改革的逐步推進，中國的市場競爭日趨激烈，知識產權保護制度也日益完善，執法力度逐步加強。這為企業研發投入提供了良好的宏觀環境。更重要的是，創新驅動戰略的實施為中國工業企業未來的發展方向提供了良好的指引，改善了企業研發投資收益的未來預期，更加堅定了企業領導層加大研發投入的信心。基於此，本章建立以下研究假設：

假設1：最低工資標準的上調對企業研發投入具有積極影響。

### 8.2.2　企業規模對企業研發投入的影響

企業規模可能會通過多種渠道對研發投入產生積極或者消極影響。企業規模對研發投入產生積極影響的渠道表現為，首先，規模越大的企業越有利於在資本市場上獲得外部融資，從而緩解企業研發投資面臨的融資約束，推動企業研發投資。不置可否，在中國，欠發達的金融市場通常無法識別那些潛在發展能力較強的企業（Beck & Demirguc-Kunt, 2006）。此外，不完美的金融市場可能會區別對待不同的企業。這是因為小規模企業由於沒有建立信用記錄，並且沒有足夠的可用作抵押的資產，因此信息不對稱問題對它們的影響更大（Beck et al., 2008）。同樣地，對於小規模企業而言，由於監督、篩選和契約執行等交易成本較高，因此，這些單位借貸成本也較高，限制了它們進行外部融資的機會（Schiantarelli, 1995）。由此可見，相對於大規模企業而言，小規

模企業通常缺乏足夠的內部資金，也很難從外部籌集資金，這顯然會降低小規模企業的研發投資強度。其次，相對於小規模企業而言，大規模企業更高程度的多樣化經營業務能有效地分散研發風險，抗研發風險打擊的能力更強（Karlsson & Olsson, 1998）。因此，大規模企業的研發投入強度更高（Noori et al., 2017）。最後，在知識產權制度並不完善的經濟體中，相對小規模企業而言，大規模企業可能更有能力通過各種手段來強化研發成果的排他性，並以更快的速度率先將研發成果推向市場，使之迅速商業化，從而確保研發項目的投資收益。這顯然會提高大規模企業的研發投資強度。此外，大規模企業通常能夠提供更高薪資的崗位來吸引高技能的員工，特別是科學家和工程師，從而激勵企業提高研發強度，這對於小規模企業而言是很難做到的（Rothwell & Zegveld, 1982）。

當然，企業規模也會對研發投入產生消極影響。大規模企業通常比較容易形成市場勢力，致使企業缺乏足夠的市場競爭壓力，最終導致企業盲目自信而陷入「能力陷阱」（Liu, 2006），這顯然會降低企業的研發投資強度。

究竟企業規模是積極還是消極影響了研發投入，現有的文獻並未達成一致的意見（Becheikh et al., 2006）。不過，由當前的制度背景可知，在經濟增長動力轉變的過程中，中國一直將創新驅動擺在國家發展全局的核心位置。國家對創新的推崇無疑增強了企業進行研發投資的信心和動力。然而，不完善的市場制度建設在某種程度上妨礙了企業的研發投資。不過，企業規模作為一種有效的市場信號機制，它能夠克服市場制度的不完美給企業研發投資造成的消極影響。基於此，本章建立以下研究假設：

假設2：企業規模對企業研發投入具有積極影響。

### 8.2.3 企業規模的調節效應

儘管最低工資標準上調會給企業研發投資行為造成影響，然而對於不同規模的企業而言，這種影響具有一定的異質性。

首先，在短期內，最低工資標準上調可能會給企業帶來用工成本缺口。不過，相比大規模企業而言，當最低工資標準上調時，小規模企業面臨的用工成本缺口壓力更大，這是因為小規模企業面臨的外部融資約束更強，這使得它們只能使用內部資金來彌補用工成本缺口。更大的用工成本缺口壓力會使得小規模企業有更加強烈的動機通過各種手段來提高生產效率，這顯然會在更大程度上激勵小規模企業增加研發投入。此外，更大的用工成本缺口壓力會迫使企業尋求新的要素來替代更多的勞動力，例如，引入更多的新技術和設備會更大程

度上促使小規模企業增加研發投入。由此推之，最低工資標準對企業研發投入的積極影響會隨著企業規模的擴大而不斷弱化。

其次，最低工資標準上調對企業研發投資行為的影響會因為企業對最低工資制度遵守程度的差異而具有異質性。當企業對最低工資制度的遵守程度較低時，最低工資標準上調對企業行為的影響就會削弱。Long 和 Yang（2016）認為企業對最低工資制度的遵守程度取決於相關部門對企業的監督成本以及企業不遵守最低工資制度的違法成本。很顯然，由於小規模企業的監督異常困難，因此小規模企業不遵守最低工資制度的程度要比大規模企業更加嚴重。由此推之，最低工資標準對企業研發投入的積極影響會隨著企業規模的擴大而不斷強化。

究竟企業規模是弱化還是強化了最低工資標準對企業研發投入的積極影響，從現有的理論出發，我們無法做出有效的判斷。不過，基於中國當前的現實，我們可以在某種程度上厘清企業規模對最低工資標準與企業研發投入之間關係的調節效應。由於中國的市場制度建設並不完善，因此，相對於小規模企業而言，大規模企業仍是研發活動的執行主體，且研發投入水準相對較高，隨著最低工資標準的上調，大規模企業研發投入的增長率會相對較低。基於此，本章建立以下研究假設：

假設3：隨著企業規模的擴大，最低工資標準對企業研發投入的積極影響會逐漸弱化。

## 8.3　研究設計

### 8.3.1　數據來源與樣本分佈

本章的實證研究數據來自 2011 年 12 月至 2013 年 2 月世界銀行對中國製造業企業商業環境質量的調查①。世界銀行根據企業的註冊域名採取分層隨機抽樣的形式來選擇樣本，詳盡的數據搜集過程確保了數據的完整性、可比性和代表性。參與此次調查的所有企業都是完全匿名的，這顯然降低了策略性偏差（strategic responses bias）。這次調查的問卷分為兩個部分：第一部分包括企業基本信息、基礎設施和公共服務、顧客和供應商、競爭環境、創新與科技、政府與企業關係、營運障礙等問題；第二部分包括企業的財務現狀，如成本、現

---

① 基於研究目的，該數據可以公開下載：http://www.enterprisesurveys.org。

金流、員工結構、存貨管理等。被調查對象為企業的高層管理者。這次調查主要通過郵件和電話回訪的方式來回收樣本，歷經一年多的調查，共收集到有效樣本2,848個，其中製造業企業有效樣本共1,727個，零售業企業有效樣本為166個，服務業企業有效樣本為955個。這些企業均勻分佈在參與調查的25個城市、26個行業領域，充分考慮地區、行業和企業差異。因此，這次調查所確定的樣本具有良好的代表性。在本章的研究過程中，我們將沒有研發支出信息的零售業企業和服務業企業予以剔除，僅保留了有研發支出信息的製造業企業有效樣本1,727個。在剔除了存在關鍵信息缺失的樣本之後，最終的有效樣本為1,506個。由於關鍵變量信息缺失致使大量樣本丟失，這有可能會破壞原始調查過程中抽樣的科學性，從而影響到有效樣本的整體代表性。為此，我們將總體樣本和有效樣本進行獨立樣本t檢驗，發現其他主要信息在這兩組樣本之間並不存在明顯的差異，這意味著樣本的大量丟失並不會對抽樣的科學性造成實質性的損害。

各城市最低工資標準來源於我們手工整理的最低工資標準數據庫，具體而言，我們通過瀏覽各級政府網站、政策文件、統計公報、官方報紙等多種方式查找，搜集了2009年25個城市的最低月工資標準。我們將25個城市2009年的最低工資數據與世界銀行提供的企業問卷調查數據庫進行匹配和整理加工，以便於檢驗最低工資標準對企業雇傭結構調整的影響及作用機制。

### 8.3.2 計量模型與變量定義

現實中，影響企業研發投入的因素眾多。除了本章關注的最低工資標準和企業規模之外，企業年齡、所有權性質等特徵以及企業所處的行業特徵都會影響企業的研發投入。鑒於此，我們建立如下計量模型來評估最低工資標準和企業規模對研發投入的影響：

$$RDinvest_{icj} = \beta_1 MW_c + \beta_2 Lnsize_{icj} + \beta_3 MW \times Lnsize_{icj} + X_{icj}\eta + \alpha_j + \varepsilon_{icj}$$

(8-1)

在計量模型（8-1）中，$RDinvest_{icj}$反應的是城市$c$、行業$j$中企業$i$的研發投入強度，即企業研發支出額度占銷售收入的比重。$MW$表示城市$c$中固定職工月最低工資除以1,000。對於月最低工資的處理辦法，我們遵照Long和Yang（2016）的做法，當最低工資標準的調整發生在年內時，我們採用調整後的最低工資標準。$Lnsize$表示企業規模，具體定義為企業正式員工總數的自然對數。$MW \times lnsize$表示月最低工資與企業規模的交乘項，用以評估企業規模對最低工資標準與企業研發投入之間關係的調節效應。$X_{icj}$表示企業層面的控

制變量集，$\alpha_j$ 表示行業固定效應，$\varepsilon_{icj}$ 表示隨機噪音項。

由於本章使用的數據為截面數據，因此我們無法研究最低工資標準隨時間變化對企業研發投入的影響，但是可以根據最低工資標準的地區變異來釐清最低工資標準對企業研發投入的影響。不可否認的是，我們的分析會受到內生性問題的困擾。當然，我們會在實證分析中進一步解決這些問題。對於遺漏變量的問題，我們先通過引入一系列可能影響企業研發投入的變量來緩解這一問題。

控制變量主要是關於企業特徵的變量集（Balsmeier, 2017），包括：①企業年齡（Lnage）。年齡較大的企業所面臨的融資約束要更小一些，因此它們的研發投入水準可能會更高（Czarnitzki & Hottenrott, 2011）。不過年齡較大的企業通常也具有更強的路徑依賴性，這又會降低它們的研發投入水準。因此，我們將企業年齡的自然對數作為解釋變量納入到迴歸框架中。②所有制結構。在本章中，使用兩個變量控制住了企業不同所有制結構的影響，即國有控股比例（Government）和外商控股比例（Foreign）。不同的所有制結構可能會改變企業追求創新戰略的方式（Sanyal & Neves, 1992）。③國際質量標準認證（Certification）。國際質量標準認證會激勵企業隨時搜集有關效率和質量的相關數據，並根據這些數據不斷地改進生產效率和質量。這些重複實踐所建立起的「最佳經驗」通常會在某種程度上激勵企業增加研發投入。④銀行授信（Credit）。銀行授信在某種程度上增加了企業的可用資金，緩解了企業的融資約束程度，有利於促進企業研發投入。⑤外部技術許可（License）。通常情況下，外部技術許可對企業的研發投入具有積極影響（Gallini & Winter, 1985）。⑥女性CEO（Female）。在行為經濟學的文獻中，相比男性而言，女性顯得更加不自信，因此，女性CEO通常會降低企業的風險承擔（Faccio et al., 2016），從而降低企業的研發投入水準。關係文化理論（relational cultural theory）指出，相對於男性而言，女性在人際關係的處理上更具優勢（Fletcher, 1999）。特別地，女性CEO更強調人際關係的管理，表現出比男性更多的關係行為（Jogulu & Vijayasingham, 2015）。由此可見，女性CEO能夠使得企業內部有更強的人際關係能力和領導能力來提升管理水準，並營造出促進溝通、員工參與和員工建言的工作氛圍，從而激發企業增加研發投入。⑦企業在職培訓（train）。在職培訓能夠在某種程度上提高員工的技能，從而激勵企業追加研發投入。

企業所在城市的特徵變量包括：①政府管制（Regulation）。在外部環境高度不確定的情況下，企業傾向於進行管制之內的資源投資（Weigelt & Shittu, 2016）。因此，當外部環境變得高度不確定時，市場信息搜集的成本大幅提高，

企業更樂意投資管制內的創新項目。這是因為，政府管制在某種程度上會弱化規制內創新的市場風險，強化規制內創新的市場價值，從而激勵企業追加研發投入。②法治質量（Law）。較高的法治質量水準可以有效地強化企業創新成果的排他性和獨占性，激發了企業創新的積極性。除此之外，首先，我們還控制了其他一些既影響最低工資標準又影響企業研發投入的城市特徵變量。事實上，地方政府在確定最低工資標準時通常會考慮城市的經濟發展水準、就業規模和職工的薪資水準（馬雙等，2012）。因此，因果關係的識別還需要進一步排除城市經濟發展水準、就業規模和薪資水準對企業研發投入的潛在影響。通常地，經濟發展水準越高的城市越有能力為企業創新提供更多的資源，從而促進企業研發（李長娥、謝永珍，2016），本章用城市人均 GDP 的自然對數（Lngdp）來刻畫城市的經濟發展水準。其次，就業規模通常能夠反應勞動力賣方市場的競爭程度。在其他條件不變的情況下，就業規模越大，勞動力賣方市場的競爭程度越高，這會迫使勞動力不斷地提高勞動技能以強化就業能力。勞動力賣方市場的競爭為企業帶來的正向外部性，它有利於企業招募更多高技能的員工，提高企業內部資源配置效率，促進企業研發。本章利用城市就業人口總數的自然對數（Lnemployee）來衡量城市就業規模。最後，職工平均薪資水準會影響到最低工資標準的制定。一般而言，職工的平均薪資水準會抬高政府制定最低工資的標準，在短期內會給企業帶來較大的勞動力成本壓力，為了應對勞動力成本的上漲，企業可能會削減研發投入。本章利用城市職工平均薪資水準的自然對數（Lnsalary）來衡量職工平均薪酬水準[①]。此外，為了控制住不同行業之間的不可觀測的異質性，如技術機會和競爭壓力，我們在迴歸框架中納入了行業虛擬變量集。表 8-1 中給出了主要變量的操作性定義。

**表 8-1　變量的操作性定義**

| 變量（英文） | 變量（中文） | 操作性定義 |
|---|---|---|
| RDinvest | 研發投入強度 | 企業研發支出額度占銷售收入的比重 |
| MW | 最低月工資 | 城市層面固定職工的最低月工資除以 1,000 |
| Lnsize | 企業規模 | 企業正式員工總數的自然對數 |
| Lnage | 企業年齡 | 調查年份減去企業成立年份後取自然對數 |
| Government | 國有控股比例 | 在企業的全部資本中，國家資本股本占比 |
| Foreign | 外資控股比例 | 在企業的全部資本中，外國資本股本占比 |

---

① 數據來源於 2010 年出版的《中國城市統計年鑑》。

表8-1(續)

| 變量（英文） | 變量（中文） | 操作性定義 |
|---|---|---|
| Certification | 國際質量認證 | 企業是否通過國際質量認證，若通過賦值為1，否則賦值為0 |
| Credit | 銀行授信 | 企業是否獲得銀行授信，若獲得賦值為1，否則賦值為0 |
| License | 外部技術許可 | 企業是否獲得外部技術許可，若獲得賦值為1，否則賦值為0 |
| Female | 女性總經理 | 企業總經理是否女性，若是女性賦值為1，否則賦值為0 |
| Train | 企業在職培訓 | 企業是否對正式員工進行在職培訓，若是賦值為1，否則賦值為0 |
| Regulation | 政府管制 | 企業處理政府監管要求所花費的時間比例，本章使用聚合在同一城市和行業層面的政府管制 |
| Law | 法治質量 | 來自調查問卷中設置的問題：「法院系統是公正、公平和廉潔的」，受試的企業管理層可供選擇的答案是「非常不同意」「傾向於不同意」「傾向於同意」和「非常同意」。根據這些答案，依序賦值為1、2、3、4。本章使用聚合在同一城市和行業層面的法治質量 |
| Lngdp | 經濟發展水準 | 城市人均GDP的自然對數 |
| Lnemployee | 就業規模 | 城市就業人口總數的自然對數 |
| Lnsalary | 職工平均薪酬水準 | 城市職工平均薪資水準的自然對數 |

表8-2給出了主要變量的描述性統計。數據顯示，企業研發投入強度的均值為0.021，這意味平均而言，企業研發投入僅占年度銷售額比例的2.1%，與發達國家相比，中國的研發投入強度相對較低。城市最低月工資的平均值為947元，最小值為720元，最大值為1,120元。這一結果表明，與其他發達國家相比，中國的最低工資標準較低。

表 8-2 變量的描述性統計

| 變量 | 樣本量 | 均值 | 標準差 | 最小值 | 最大值 |
|---|---|---|---|---|---|
| RDinvest | 1,506 | 0.021 | 0.065 | 0 | 0.790 |
| MW | 25 | 0.947 | 0.094,3 | 0.720 | 1.120 |
| Lnsize | 1,506 | 4.447 | 1.315 | 1.609 | 10.309 |
| Lnage | 1,506 | 2.538 | 0.484 | 0 | 4.836 |
| Government | 1,506 | 0.051 | 0.207 | 0 | 1 |

表8-2(續)

| 變量 | 樣本量 | 均值 | 標準差 | 最小值 | 最大值 |
| --- | --- | --- | --- | --- | --- |
| Foreign | 1,506 | 0.049 | 0.193 | 0 | 1 |
| Certification | 1,506 | 0.707 | 0.455 | 0 | 1 |
| Credit | 1,506 | 0.337 | 0.473 | 0 | 1 |
| License | 1,506 | 0.242 | 0.428 | 0 | 1 |
| Female | 1,506 | 0.086 | 0.280 | 0 | 1 |
| Train | 1,506 | 0.855 | 0.352 | 0 | 1 |
| Regulation | 650 | 1.294 | 1.682 | 0 | 12.667 |
| Law | 650 | 2.642 | 0.380 | 1 | 4 |
| Lngdp | 1,506 | 11.051 | 0.325 | 10.432 | 11.579 |
| Lnemployee | 25 | 4.655 | 0.601 | 3.144 | 6.472 |
| Lnsalary | 25 | 10.616 | 0.174 | 10.306 | 11.183 |

最低工資制度對中國所有企業都具有強制約束力，無論是私人部門還是公共部門，都必須支付不低於最低工資標準的工資給雇員。因此，在檢驗最低工資標準對企業研發投入的影響之前，檢驗企業對最低工資政策的遵守是很重要的。檢驗企業對最低工資政策遵守的一個簡單方法就是在最低工資標準處或附近尋找企業工資分佈的「峰尖」（Alaniz et al., 2011）。給定25個城市的最低工資標準，我們通過繪製企業每月平均工資和每月最低工資自然對數的核密度圖來刻畫企業對最低工資制度的遵守情況①。為了檢驗最低工資制度遵守的不同程度，我們繪製了兩幅核密度圖來刻畫大企業和小企業對最低工資制度遵守程度的差異②。圖8-1呈現了大企業和小企業對最低工資制度的遵守程度，很顯然，由於小企業的監督異常困難，因此小企業不遵守最低工資制度的程度要比大企業更加嚴重。事實上，當前勞動糾紛案件主要是由於企業不遵守最低工資制度導致的（Long & Yang, 2016）。不過，整體而言，中國製造業企業的最低工資制度得到了良好的遵守，這與葉林祥等（2015）和Long、Yang（2016）的發現是一致的。

---

① 企業的每月平均工資包括基本工資、業績工資、獎金、社會保險，具體的計算過程為企業月平均工資=企業每年總工資/［固定職工總數+臨時工×（工作時間/12）］/12。

② 大企業和小企業的劃分標準為企業正式職工總數的中位數，若該企業的正式職工總數大於這一標準，則定義為大企業，反之則定義為小企業。

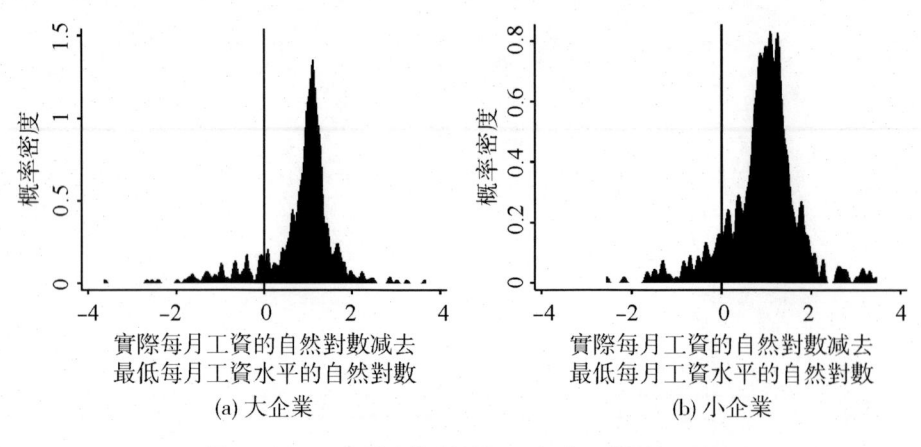

圖 8-1　不同規模企業對最低工資遵守的核密度圖

## 8.4　實證結果分析

### 8.4.1　基準迴歸結果

在估計的過程中，我們首先採用 Tobit 模型對計量方程（8-1）進行估計。一般地，在處理微觀數據的過程中，標準誤差通常需要通過聚類進行調整以便處理異方差問題。不過，在具體操作過程中，當聚類個數比較少（例如少於 42 個）時，聚類標準誤差可能是有偏的。由於本章中聚類的行業個數為 26，城市個數為 25，因此，我們在估計的過程中計算的是懷特穩健性標準誤差。

表 8-3　最低工資和企業規模對研發投入的影響：基準迴歸結果

| 變量 | （1） | （2） | （3） | （4） |
|---|---|---|---|---|
| MW | 0.574*** | 0.620*** | 0.520*** | 0.409** |
|  | (0.174) | (0.177) | (0.171) | (0.167) |
| Lnsize | 0.097*** | 0.103*** | 0.093*** | 0.091*** |
|  | (0.031) | (0.031) | (0.031) | (0.029) |
| MW×Lnsize | -0.087*** | -0.094*** | -0.095*** | -0.091*** |
|  | (0.032) | (0.033) | (0.033) | (0.031) |
| Lnage |  |  | 0.008 | 0.005 |
|  |  |  | (0.007) | (0.006) |

表8-3(續)

| 變量 | (1) | (2) | (3) | (4) |
|---|---|---|---|---|
| Government | | | -0.098*** | -0.093*** |
| | | | (0.017) | (0.017) |
| Foreign | | | 0.012 | 0.010 |
| | | | (0.019) | (0.017) |
| Certification | | | 0.011 | 0.005 |
| | | | (0.009) | (0.009) |
| Credit | | | 0.038*** | 0.034*** |
| | | | (0.009) | (0.009) |
| License | | | 0.056*** | 0.043*** |
| | | | (0.009) | (0.008) |
| Female | | | 0.019 | 0.014 |
| | | | (0.014) | (0.013) |
| Train | | | 0.040*** | 0.036*** |
| | | | (0.013) | (0.012) |
| Regulation | | | | 0.013*** |
| | | | | (0.003) |
| Law | | | | 0.004 |
| | | | | (0.009) |
| Lngdp | | | | -0.016 |
| | | | | (0.015) |
| Lnemployee | | | | 0.005 |
| | | | | (0.007) |
| Lnsalary | | | | 0.043 |
| | | | | (0.032) |
| 常數項 | -0.659*** | -0.678*** | -0.629*** | -0.843*** |
| | (0.167) | (0.171) | (0.168) | (0.293) |
| 行業固定效應 | NO | YES | YES | YES |
| 樣本量 | 1,506 | 1,506 | 1,506 | 1,506 |

註：*、**、*** 分別表示在10%、5%和1%的顯著性水準上顯著，括號內顯示的是懷特穩健性標準誤差。以下相同，不再贅述。對解釋變量進行VIF檢驗，結果顯示各個變量的VIF均小於5，說明變量之間不存在多重共線性。

表8-3展現的是最低工資標準和企業規模對企業研發投入影響的Tobit迴歸估計結果。其中第(2)列至第(4)列表示在第(1)列的基礎上依次加入

行業固定效應、企業特徵控制變量和城市特徵控制變量的估計結果。結果顯示，最低月工資標準（MW）的估計系數都為正，並且在1%或5%的顯著性水準上顯著，這意味著最低月工資標準顯著提高了企業研發投入強度，因此，本章的假設1獲得實證支持。

與預期一致的是，企業規模（Lnsize）的迴歸係數也在1%的顯著性水準上顯著為正，這意味著規模越大的企業，研發投入強度越高，因此本章的假設2獲得實證支持。不過，最低工資標準與企業規模的交互項（MW×Lnsize）迴歸係數在1%的顯著性水準上顯著為負，這意味著隨著企業規模的擴大，最低工資標準對企業研發投入的積極影響會逐漸弱化，因此，本章的假設3獲得實證支持。

在控制變量方面，大部分的控制變量的影響與理論預期是一致的。在10%的顯著性水準上，企業年齡對研發投入的積極影響並不顯著，可能的原因是年齡越大的企業越容易陷入「能力陷阱」，對企業原有的技術表現出過度依賴和高度自信，從而消極影響了企業的研發行為；國有控股比例的迴歸係數在1%的顯著性水準上顯著為負，這意味著國有控股比例越高，企業研發投入強度越低。外資控股比例、國際質量認證和女性CEO的迴歸係數在10%的顯著性水準上並不顯著，說明外資控股比例、國際質量認證和女性CEO對企業研發投入的積極影響都不明顯。不過，銀行授信、外部技術許可和企業在職培訓都對企業研發投入具有積極影響。這與理論預期和現有文獻的結論是一致的。在城市特徵控制變量中，只有政府管制對企業研發投入具有顯著的積極影響，其他城市特徵控制變量的影響並不顯著。

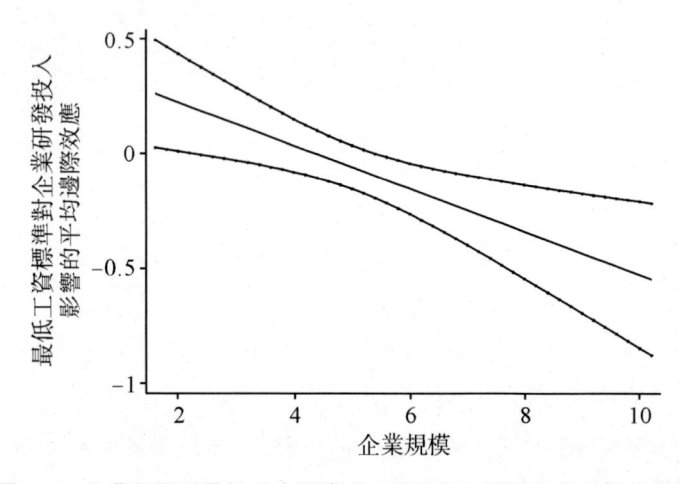

圖 8-2　企業規模對最低工資標準與研發投入之間關係的調節效應圖

進一步地，我們繪製了企業規模的調節效應圖，圖8-2顯示的是企業規模與最低工資標準與企業研發投入之間關係的調節效應圖，由圖可知，隨著企業規模的擴大，最低工資標準對企業研發投入影響的平均邊際效應在遞減。當企業規模較小時，最低工資標準對企業研發投入具有積極的平均邊際效應，而當企業規模較大時，最低工資標準對企業研發投入的平均邊際效應顯著變為負，這與假設3的預期是一致的。

### 8.4.2 穩健性檢驗

（1）替代變量

在本章中，我們使用正式職工總數作為企業規模的度量，這可能使得那些勞動密集型企業的規模大，而技術密集型和資本密集型等其他類型企業的規模小，導致企業規模的影響效應中混雜了企業類型差異的影響。為此，我們遵循現有文獻的一般做法，分別將企業年度銷售收入的自然對數（Lnsale）和企業固定資產的自然對數（Lnasset）作為企業規模的度量[①]。表8-4給出了企業規模替代變量的估計結果。第（1）列和第（2）列的結果顯示，在納入企業特徵和城市特徵控制變量的基礎上，無論是否納入行業固定效應，以企業年度銷售收入自然對數度量的企業規模的迴歸係數在1%的顯著性水準上顯著為正。同樣地，第（3）列和第（4）列的結果顯示，以企業固定資產自然對數度量的企業規模的迴歸係數在1%的顯著性水準上顯著為正。這意味著隨著企業規模的擴大，研發投入的強度也會提高，與假設2的預期是一致的。

表8-4 替換變量的估計結果

| 變量 | （1） | （2） | （3） | （4） | （5） | （6） |
| --- | --- | --- | --- | --- | --- | --- |
| MW | 1.611*** | 1.824*** | 1.100*** | 1.077*** | | |
|  | (0.417) | (0.422) | (0.383) | (0.380) | | |
| Lnsales | 0.092*** | 0.103*** | | | | |
|  | (0.022) | (0.022) | | | | |
| MW×Lnsale | -0.094*** | -0.107*** | | | | |
|  | (0.023) | (0.024) | | | | |

---

① 在本章中，企業的固定資產=企業的機械、車輛和設備的帳面淨值+企業土地和建築物的帳面淨值。

表8-4(續)

| 變量 | （1） | （2） | （3） | （4） | （5） | （6） |
|---|---|---|---|---|---|---|
| Lnasset | | | 0.072*** | 0.070*** | | |
| | | | (0.022) | (0.022) | | |
| MW×Lnasset | | | -0.065*** | -0.063*** | | |
| | | | (0.023) | (0.022) | | |
| HW | | | | | 0.064** | 0.072*** |
| | | | | | (0.027) | (0.028) |
| Lnsize | | | | | 0.085*** | 0.094*** |
| | | | | | (0.029) | (0.029) |
| HW×Lnsize | | | | | -0.014*** | -0.016*** |
| | | | | | (0.005) | (0.005) |
| 控制變量 | YES | YES | YES | YES | YES | YES |
| 常數項 | -1.918*** | -2.214*** | -1.609*** | -1.630*** | -0.710** | -0.854*** |
| | (0.463) | (0.475) | (0.515) | (0.508) | (0.284) | (0.293) |
| 行業固定效應 | NO | YES | NO | YES | NO | YES |
| 樣本量 | 1,506 | 1,506 | 1,145 | 1,145 | 1,506 | 1,506 |

　　此外，我們還用最低小時工資標準來替代最低每月工資標準，通常地，最低每月工資標準適用於全日制職工，而最低每小時工資標準則適用於非全日制職工。本章的研究只探討了全日制職工最低工資上調對企業研發投入的影響，而非全日制職工最低工資標準上調是否也會對企業研發投入產生積極影響呢。接下來，我們將最低每月工資標準替換為最低每小時工資標準。第（5）列和第（6）列的結果顯示，在納入企業特徵和城市特徵控制變量的基礎上，無論是否納入行業固定效應，最低每小時工資標準的迴歸係數在1%或者5%的顯著性水準上顯著為正，這意味著非全日制職工最低工資標準的上調也對企業研發投入具有積極影響，與假設1的預期是一致的。同樣地，最低小時工資標準與企業規模的交互項係數在1%的顯著性水準上顯著為負，這意味著隨著企業規模的擴大，最低小時工資標準對企業研發投入的積極影響會逐漸弱化，與假設3的預期是一致的。

　　我們將企業研發強度替換為兩個變量，一個是企業研發投入額度與企業全體職工人數的比值，另一個是企業研發投入額度與企業固定資產的比值。在納

入了企業特徵變量、城市特徵變量和行業固定效應之後，迴歸結果仍然支持了假設1至假設3，限於本書篇幅，具體結果未列示出來。

（2）反向因果偏差

由於政府部門會根據當地的實際情況對最低工資標準進行調整，對此，企業也會提前做出相應的調整來應對最低工資標準的變動。更重要的是，有著特定共同目的的企業通常會聯合起來遊說當地的政府部門，從而影響當地最低工資標準的變動。因此，對於當地的經濟發展而言，最低工資標準是內生的。為此，我們需要尋找一個合適的工具變量，並且保證這個工具變量與最低工資標準存在直接的關聯性，而與計量方程（8-1）中的擾動項無關。借鑑Zhou等（2017）的研究思路，我們將企業所在城市到主要港口的平均地理距離作為最低工資標準的工具變量。Frankel和Romer（1999）認為城市的地理位置是外生的，並且是由自然預先決定的。通常距離主要港口越近的城市，相關的制度體系建設也將更加完善，而最低工資標準作為一個城市的制度體系建設的主要內容，它必然會受到城市所在地理位置的影響。因此，最低工資標準通常與城市的地理位置是直接關聯的。我們根據球面距離公式以及城市的經度和緯度計算出了企業所在城市分別與上海和大連這兩個主要港口的最短球面距離①。利用這一工具變量，我們進行了工具變量迴歸，迴歸結果顯示，首先，變量外生性的懷特檢驗拒絕了原假設，表示最低工資標準是內生的，因此適合進行工具變量Tobit迴歸。其次，弱工具變量［Wald（IVtest）］檢驗在1%的顯著性水準上拒絕了原假設，意味著我們使用的工具變量並非弱工具變量。總體而言，工具變量的選取是有效的。表8-5中第（1）列和第（2）列的工具變量迴歸結果顯示，在納入企業特徵和城市特徵等控制變量的基礎上，無論是否納入行業固定效應，在1%的顯著性水準上，最低工資標準和企業規模對企業研發投入仍具有顯著的積極影響。同樣地，最低工資標準與企業規模的交互項對企業研發投入具有顯著的消極影響。這意味著本章的假設1至3仍然成立。

---

① 我們計算了企業所在城市與其他主要港口（包括大連、秦皇島、上海和深圳）之間的最短球面距離作為工具變量，所得到的工具變量迴歸結果是一致的。此外我們還使用滯後一期的最低工資標準為當期最低工資標準的工具變量，所得到的工具變量迴歸結果是一致的。

表 8-5　工具變量的估計結果

| 變量 | (1) IVTobit | (2) IVTobit |
| --- | --- | --- |
| MW | 2.893*** | 3.048*** |
|  | (0.955) | (0.961) |
| Lnsize | 1.038,7*** | 1.112*** |
|  | (0.369) | (0.382) |
| MW×Lnsize | -1.095*** | -1.175*** |
|  | (0.391) | (0.406) |
| 控制變量 | YES | YES |
| 常數項 | -1.859*** | -1.985*** |
|  | (0.611) | (0.571) |
| 行業固定效應 | NO | YES |
| Wald test of exogeneity | 6.94*** | 7.35*** |
| Wald（IVtest） | 6.83*** | 6.72*** |
| 樣本量 | 1,506 | 1,506 |

註：Wald（IVtest）表示弱工具變量檢驗，Stata15.0 的命令為 weakiv，Wald test of exogeneity 表示外生性懷特檢驗。括號內數據是懷特穩健性標準誤差。

（3）樣本選擇偏差

由於企業的選址具有一定的內生性，如果創新型企業選擇到那些最低工資標準比較低的城市來更好地利用這些城市的勞動力成本優勢，此時，我們就有可能低估最低工資標準對企業研發投入造成的積極影響；如果創新型企業為了招募更多高技能勞動力而選擇到那些高技能勞動力比較密集的城市，此時，我們就有可能高估最低工資標準對企業研發投入造成的積極影響。因為，那些高技能勞動力比較密集的城市通常也是最低工資標準較高的城市。為了檢驗由於企業選址的內生性給估計結果是否帶來了偏差，我們根據企業成立時間分組考察最低工資標準對企業研發投入的影響，我們發現企業的成立時間越晚，最低工資標準對企業研發投入的積極影響就越不明顯。這意味著企業選址的內生性的確給估計結果帶來了偏差。為了消除由於企業選址的內生性給估計結果帶來的偏差，我們將最低工資標準替換為一個二元變量，即企業所在城市在 2009 年若上調了最低工資標準，則賦值為 1，否則賦值為 0。我們使用傾向值得分匹配技術將影響企業最低工資標準的所有因素匹配起來，包括本地人均 GDP、本地就業規模、本地教育水準、本地的平均薪資水準以及本地第三產業占比

等。傾向值得分匹配的結果表明，最低工資標準上調的確顯著提高了企業的研發投入強度①。

### 8.4.3 進一步討論

最低工資標準究竟通過何種渠道影響企業研發投入。前文的分析結果顯示，銀行授信和外部技術許可等對企業研發投入具有顯著的積極直接影響。最低工資標準是否會通過影響銀行授信和外部技術許可，從而對企業研發投入產生間接影響，這值得我們去進一步討論。事實上，當最低工資標準上調時，企業的用工成本可能會增加，從而導致企業現金流緊張，從而消極影響那些依賴內部融資所開展的研發投資活動。為了緩解用工成本的壓力給企業研發投資活動可能造成的消極影響，企業可能會遊說銀行對其進行授信。因此，最低工資標準上調會激勵企業獲得銀行授信。其次，最低工資標準上調會激勵企業尋求新的技術來提高市場競爭優勢，從而獲得更高的收益來緩解最低工資標準帶來的用工成本壓力。技術許可不僅可以節省企業技術開發的成本和風險，而且還可以為企業贏得市場競爭優勢，從而獲得豐厚的利潤，從而緩解企業的用工成本壓力。因此，最低工資標準上調可能會激勵企業獲得外部技術許可。表8-6列出了最低工資標準影響企業研發投入的渠道機制檢驗結果。迴歸結果顯示，在1%的顯著性水準上，最低月工資標準對企業銀行授信和外部技術許可都具有顯著的積極影響，即最低月工資標準每增加一個單位標準差，企業獲得銀行授信的概率將提高0.14個百分點，獲得外部技術許可的概率將提高0.04個百分點。同樣地，在1%的顯著性水準上，最低小時工資標準對企業銀行授信和外部技術許可都具有顯著的積極影響，即最低小時工資標準每增加一個單位標準差，企業獲得銀行授信的概率將提高24.06個百分點，獲得外部技術許可的概率將提高7.52個百分點。上述結果意味著，銀行授信和外部技術許可是最低工資標準影響企業研發投入強度的兩個重要渠道。

---

① 當然，我們還做了其他一些穩健性檢驗：首先，考慮到本章涉及的主要變量為兩個水準（two-level），即城市水準和企業水準。因此，我們進行了組內相關性檢驗，發現組內相關程度明顯高於組間相關程度。基於此，我們使用兩水準的混合效應模型進行迴歸，結果發現，迴歸結果與基準迴歸是一致的，因此，本章的研究結果具有較強的穩健性。其次，我們剔除了上海和北京這兩個帶有強烈政治色彩的城市內樣本，利用基準迴歸模型重新迴歸後發現研究結果並未發生明顯改變。

表 8-6 最低工資標準影響企業研發投入的渠道機制檢驗結果（平均邊際效應）

| 變量 | （1）Credit | （2）License | （3）Credit | （4）License |
|---|---|---|---|---|
| MW | 0.001,4*** | 0.000,4*** | | |
|  | (0.000,1) | (0.000,1) | | |
| HW | | | 0.240,6*** | 0.075,2*** |
|  | | | (0.018,8) | (0.021,0) |
| 控制變量 | YES | YES | YES | YES |
| 行業固定效應 | YES | YES | YES | YES |
| 偽 $R^2$ | 0.142,1 | 0.138,9 | 0.141,1 | 0.138,8 |
| 樣本量 | 1,506 | 1,506 | 1,506 | 1,506 |

註：此時最低每月工資 MW 的單位為元。

## 8.5 本章小結

利用最低工資標準數據匹配世界銀行提供的中國製造業企業營商環境質量調查數據，本章探討了最低工資標準和企業規模對研發投入的影響。我們發現，在短期內，最低工資標準會對企業研發投入產生顯著的積極影響。不過這種積極影響會隨著企業規模的擴大而逐漸弱化。此外，我們還發現，在各項制度並不健全的經濟體中，企業的規模越大，其研發投入的強度也會越高。進一步地，我們還發現了銀行授信和外部技術許可是最低工資標準作用於企業研發投入的兩個重要渠道。這些發現在以下兩個方面豐富和拓展了現有文獻。

首先，本章研究豐富了公共規制政策中最低工資規制對企業行為影響的相關文獻。通常地，最低工資規制是政府對勞動力市場進行經濟性規制的重要措施，也是政府干預市場的一種重要手段。儘管最低工資標準在某種程度上是為了保障勞動者勞動權益，促使收入的公平分配。但從現有的經驗來看，它起到的收入分配作用甚微（翁杰、徐聖，2015）。不過，它給社會造成了一些尚未預料到的正外部性。本章的研究結果表明，在短期內，最低工資標準對企業研發投入具有積極影響。因此，在推動中國經濟由要素驅動轉向創新驅動的過程中，適度地提高最低工資標準可能會在短期內促進這一進程的有效推進。為此，政府部門在勞動力市場干預的過程中除了考慮市場干預帶來的負外部性

外，還應該考慮其可能產生的正向外部性，這樣才能正確評估這一項干預政策的所產生的真實效果。

其次，我們為最低工資標準如何影響企業研發投入提供新的分析框架做出了初步嘗試。在現實中，最低工資標準可能通過諸多因素影響企業研發投入。在本章中，由於數據所限，我們僅驗證了銀行授信和外部技術許可這兩種渠道機制。研究結果表明，最低工資標準的上調會提高企業獲得銀行授信的概率，銀行授信則有助於企業提高研發投入強度。可以理解為最低工資標準上調會促使企業強化外部融資管理，外部資金籌措能力的增強一方面有助於企業緩解用工成本的壓力，減少用工成本缺口對企業研發資金的占用，另一方面為企業追加研發投入提供了更多的可用資金。另一條渠道機制是最低工資標準上調會倒逼企業獲取外部技術許可，而外部技術許可能有效促進企業研發投入。可能的原因在於，最低工資標準上調會促進企業尋求獲得市場競爭優勢的各種手段，其中外部技術許可不僅能夠降低自主研發的風險（如時間風險、財務風險等），而且能夠在短期內為企業在市場創造經濟租。豐厚的利潤一方面緩解了企業的用工成本壓力，另一方面還能保證企業研發所需的巨額開支。當然，本章的發現對於政策制定者而言具有非常重要的實踐意義。對於政策制定者而言，為了有效地推動企業創新、加快中國經濟發展方式的轉型，政府部門可以適度地提高製造業部門的最低工資標準。

# 9 國有股權、最低工資標準與企業創新

利用最低工資標準數據匹配世界銀行提供的中國製造業企業營商環境質量調查數據，探究了最低工資標準和國有股份對企業創新的影響。研究結果表明，最低工資標準的上浮會妨礙企業探索式創新和開發式創新，不過，隨著國有股份比例的增加，最低工資標準對企業探索式創新和開發式創新的消極影響會逐漸弱化。此外，研究還發現，隨著國有股份比例的增加，企業探索式創新水準會顯著降低，而開發式創新水準並未顯著降低。文章的發現整合了制度邏輯和效率邏輯，不僅豐富和拓展了企業創新影響因素的相關文獻，同時也為制定和完善企業創新驅動的相關政策提供了一定的啓發。

## 9.1 引言

最低工資標準上調究竟會對企業創新產生什麼影響呢？在理論上，一方面最低工資標準上調有可能會激勵企業通過創新來提高市場競爭力，以便獲得更多的利潤來彌補由於最低工資標準上調導致的薪資缺口；另一方面，為了彌補最低工資標準上調帶來的薪資缺口，企業有可能會擠占或減少分配到創新項目上的資金，從而降低企業的創新水準。因此，現有理論無法預測最低工資標準上調給企業創新帶來的淨影響。在實證上，現有研究主要從政治關聯（謝家智等，2014；曾萍、宋鐵波，2011；袁建國等，2015）、銀行信貸（李後建、劉思亞，2015）、產權制度（李春濤、宋敏，2010；李文貴、餘明桂，2015）、政府管制（秦雪徵等，2012；張峰等，2016）和勞動力成本（趙西亮、李建強，2016；林煒，2013；程虹、唐婷，2016；董新興、劉坤，2016）等角度探討中國企業創新的影響因素。鮮有研究直接檢驗最低工資標準對企業創新的淨

影響。在現有的文獻中，與本章研究最為相關的是那些研究勞動力成本對企業創新影響的文獻（趙西亮、李建強，2016；林煒，2013；程虹、唐婷，2016；董新興、劉坤，2016）。不過，最低工資標準與勞動力成本是兩個並非完全相同的概念，最低工資標準是政府部門干預勞動力市場的重要手段之一，相對於單個企業而言，它是一種外生政策，是企業必須遵守的規定。而企業勞動力成本具有一定的內生性，企業可以採取各種措施來降低自身的勞動力成本。因此，由探究勞動力成本與企業創新之間關係而得出的結論並不能用來理解最低工資標準對企業創新的影響，更不能為最低工資標準政策科學制定提供有效參考。不過，最低工資標準與勞動力成本之間也有一定的聯繫，其中最重要的聯繫就是最低工資標準有可能會導致企業勞動力成本的上升（馬雙等，2012）。

鑑於現有文獻的不足，本章利用世界銀行提供的關於中國製造業企業營商環境質量調查數據來檢驗最低工資標準對企業創新的影響。更重要的是，本章將國有股份比例作為企業對最低工資標準遵守程度的代理變量，考察最低工資標準遵守程度不同的條件下，最低工資標準上調對企業創新影響的異質性，在一定程度上彌補了現有文獻在考慮最低工資標準遵守程度不同的條件下對最低工資標準與企業創新之間關係研究的不足。

同樣地，本章的研究結論對政策制定者而言也是至關重要的。首先，驅動企業創新是推動中國經濟轉型的根本出路之一。然而，為了提高低收入勞動者的勞動報酬，應對人口紅利消失帶來的挑戰，近些年來，中國政府部門在不斷地提高最低工資標準。不斷攀升的最低工資標準會不會給企業創新帶來負面衝擊，對這一問題的回答有助於政策制定者深刻理解最低工資標準上浮如何影響企業創新，從而為推動中國經濟轉型制定有效的勞動力管制政策。其次，本章研究結論為政策制定者在提高最低工資標準後如何抑制企業降低創新提供了政策啟示。

## 9.2 理論基礎與研究假設

### 9.2.1 最低工資標準與企業創新

第一，為了應對最低工資標準上浮帶來的壓力，企業可能會減少非工資性福利的支付，大量文獻識別出了最低工資與各種非工資性福利之間的替代效應，如培訓投資（Acemoglu & Pischke, 2003；Hashimoto, 1982；Neumark & Wascher, 2001；馬雙、甘犁, 2013）、保險、養老金福利、教育福利以及工

作場所的安全性（Simon & Kaestner, 2004; Long & Yang, 2016）。根據社會交換理論可知，非工資性福利的減少會弱化員工對企業的歸屬感，降低了其「禮物交換」的意願，從而降低了員工的創新能力。第二，最低工資標準上浮會迫使企業加大員工的工作強度，延長員工的工作時間，剝削了員工的閒暇時間（Zavodny, 2000），這顯然會弱化員工「禮物交換」的意願，降低他們的創新能力。第三，最低工資標準上浮會迫使企業解雇一部分低技能的員工（Acemoglu & Pischke, 2003）。Bell（1997）提供的經驗證據表明，最低工資標準上浮會使得哥倫比亞的部分低技能員工失去工作崗位。然而，低技能員工與高技能員工的有效互補對於推動創新具有至關重要的作用。現有研究表明，技能和教育背景的多樣性會在員工之間產生更強的知識溢出和技能互補效應，從而促進企業創新（Parrotta et al., 2014）。事實上，企業創新所需的新理念和技術通常源於多樣化、非冗餘的信息和資源（Gilsing et al., 2008; Koka & Prescott, 2008）。因此，最低工資標準上浮可能會破壞企業資源的多樣性，從而妨礙企業創新。第四，最低工資標準上浮不僅抑制了企業出口（孫楚仁等，2013），而且還會降低企業出口的產品質量（許和連、王海成，2016）。根據出口學習理論（learning by exporting hypothesis, LBE）可知，參與出口的企業通常能夠在出口中學習到國際經驗和相關技術，從而促進企業創新（亢梅玲等，2016）。更重要的是，出口擴大了企業的市場銷售範圍，使得參與出口的企業面臨更大的市場競爭壓力，這些競爭壓力會迫使企業更加積極地進行創新（亢梅玲等，2016）。由此可見，最低工資標準上浮會通過弱化出口學習效應來抑制企業創新；最後，根據工作轉換模型可知，由於當期勞動合同對雇傭時長、補償支付的提前協定以及雇傭新的勞動力存在招聘成本和培訓成本的原因，企業解除雇傭關係的意願通常較低，因此，最低工資標準上浮不會促使企業在短期內調整雇傭結構（鄭曉燕，2015）。在雇傭結構保持不變的情況下，最低工資標準上浮會直接導致企業的薪酬成本上升，為了彌補薪酬缺口，企業可能會擠占創新項目的資金，從而弱化了企業的創新能力。基於以上論述，本章建立研究假設1a和研究假設1b。

研究假設1a：最低工資標準上調會顯著降低企業探索式創新。

研究假設1b：最低工資標準上調會顯著降低企業開發式創新。

### 9.2.2 國有股份與企業創新

傳統的經濟學觀點表明國有制企業通常伴隨著低效率（Megginson & Netter, 2001）。根據代理理論可知，所有權和經營權的分離會引發代理問題，職業經

理人會利用自己的信息優勢，犧牲委託人的利益來謀取個人私利（Jensen & Meckling, 1976）。由於委託人和代理人的利益目標不一致，並且代理人通常有更多的內幕消息，因此，委託人並不能確保代理人總是以公司利益最大化來行事。

為了減少代理問題，委託人通常會與職業經理人簽訂詳細的雇傭合同來明確基於績效考核的激勵結構（Jensen & Meckling, 1976）。委託人也可以通過監控經理人來降低委託人和代理人之間的信息不對稱（Beatty & Zajac, 1994）。當然，減少代理問題的關鍵就是保證代理人的行為目標與委託人保持一致，使得委託人的代理成本和監督成本最小化（Eisenhardt, 1989）。

相比其他企業而言，國有股份企業通常面臨更加嚴重的雙重委託代理問題。

首先，國有股份企業通常沒有明確地界定委託人（Shleifer, 1998）。這是因為國有股份企業原則上屬於全民所有，它不屬於任何私人所有（Shleifer & Vishny, 1994）。那些名義上是國有股份企業的所有者沒有足夠的動力促使代理人的利益目標與全民的利益目標一致（Cuervo-Cazurra et al., 2014）。在缺乏有效的監督機制下，地方官員通常會尋求使得自身利益最大化的機會，達到增加他們升遷機會的目的（Khwaja & Mian, 2005）。當地方官員為了個人利益利用國有股份企業時，他們將不可避免地干預國有股份企業的正常營運（Khwaja & Mian, 2005），從而降低國有股份企業的創新水準（Zhou et al., 2017）。

其次，在許多新興經濟體中，出於某些政治原因，地方官員通常被任命為國有股份企業的管理者（Qian, 1996；Ramaswamy, 2001）。因此，國有股份企業的管理者通常是地方官員而非真正的商人，他們缺乏適當的能力或技能來確保國有股份企業高效地營運（Xu & Zhang, 2008）。由於國有股份企業通常缺乏積極的利益分享激勵機制，這使得那些國有股份企業的經理人無法從成功的創新中獲益更多。因此，即使是那些高素質的國有股份企業管理者，他們也缺乏追求創新的強烈動機（Shleifer, 1998）。更重要的是，國有股份企業承擔著更多的政治任務，除了推動本地的經濟增長外，還要提高當地的就業率，確保社會福利的最大化而非企業利益的最大化。很顯然，這些政治任務妨礙了國有股份企業的發展（Ramaswamy, 2001）。當然，作為國有股份企業的管理者，他們只是為了履行行政職責，而缺乏足夠的追求創新活動的動力（Freund, 2001）。根據以上觀點，本章建立研究假設2a和研究假設2b。

研究假設2a：隨著國有股份比例的升高，企業探索式創新水準會逐漸降低。

研究假設 2b：隨著國有股份比例的升高，企業開發式創新水準會逐漸降低。

### 9.2.3 國有股份的調節效應

政府官員可以利用國有控股企業來最大化社會福利而非企業價值（Vickers & Yarrow, 1991），同時追求政治和社會理想目標，如降低失業率並增加國內投資（Beuselinck et al., 2017）。在以相對經濟績效考核為中心的政治晉升錦標賽下，政治官員不僅希望國有控股企業提升本地的就業率和經濟增長率，還希望國有控股企業貫徹執行政府部門下達的各項指令和規定，從而發揮領頭羊和示範作用。在政府部門下達的各項指令和規定中，最低工資規定是政府部門改善民生的一項正式制度安排，這對政治官員實現政治和社會理想目標至關重要。因此，政治官員會更加希望國有控股企業能夠有效地遵守最低工資標準。同時，大量的資源掌握在政府手中，政治官員可以根據國有企業在實現特定政治和社會目標的貢獻程度來分配這些資源。為了從政府部門獲得更多的資源，國有控股企業通常會迎合政治官員的要求，貫徹執行政府部門下達的各項指令和規定，其中包括嚴格遵守和執行政府部門制定的最低工資標準。

現有的研究表明，最低工資標準能否發揮有效作用通常與企業能否有效遵守和執行最低工資標準息息相關（Yaniv, 2006；Danziger, 2009）。由於國有股份企業比其他類型的企業更願意遵守和執行最低工資標準。當最低工資標準上浮時，國有股份企業為了嚴格遵守和執行最低工資標準，通常可能會更大幅度地削減研發投資來彌補薪資缺口，從而導致創新水準更低。由此可知，隨著國有股份比例的增加，最低工資標準上調對企業創新的消極影響會更加強烈。

然而，在中國這樣一個新興的經濟體中，制度缺失（如資本市場渠道不暢、技術工人短缺以及獨立的金融仲介機構缺乏等）嚴重妨礙了企業的營運與發展（Ramamurti, 2000），包括限制了企業進行創新項目投資的動機和能力（Chen et al., 2014）。解決這種制度缺失的一個有效方法就是與政府部門建立聯繫，因為政府部門能夠通過政策制定和資源配置來強烈地影響商業營運（Musacchio & Lazzarini, 2014）。通常地，政府部門通過一系列的規制政策來達到干預企業活動的目的。政府部門也會通過國家戰略計劃、反壟斷政策和銀行監管等措施為某些特定的企業提供保護。例如，政府部門只允許國有股份企業營運重要的戰略行業，例如石油冶煉（Musacchio & Lazzarini, 2014）。同樣地，政府部門在諸如資金、土地和工程基礎設施等關鍵資源的配置上起著至關重要的作用（Sheng et al., 2011；Chen et al., 2014）。在這種制度環境下，國有股份

企業通常享有政府部門和相關機構賦予的特權來克服制度缺失。因此，我們認為國有股份企業通常能夠在研發投資活動中獲得更多的資源。毋庸置疑，創新這種高風險的投資活動通常需要大量的資源，但是在許多新興經濟體中，這些資源通常受到政府部門的嚴格監管（Musacchio & Lazzarini, 2014）。在中國，那些控制了大量借貸資本的國有銀行在信貸資金配置時會優先考慮國有股份企業（Chen et al., 2014）。因此，國有股份能夠幫助企業以更低的成本借到更多的資金（Khwaja & Mian, 2005），同時還能優先獲得政府補貼（Ramaswamy, 2001）。在這種情況下，國有股份企業通常擁有更多的資金來彌補由於最低工資標準上調導致的薪資缺口。因此，隨著國有股份比例的增加，最低工資標準對企業創新的消極影響會弱化。

此外，在政企相依的情況下，國有企業和非國有企業在工資水準上出現了制度型的割裂，國有企業的職工工資水準要顯著高於非國有企業（馬雙等, 2012；陸正飛等, 2012）。這使得最低工資標準上浮對工資水準較低的非國有企業有更大的工資溢出效應，而給國有企業帶來的成本效應相對較小（許和連、王海成, 2016），這顯然會弱化最低工資標準對企業創新的消極影響。綜上所述，本章建立研究假設 3a 和研究假設 3b。

研究假設 3a：國有股份比例會弱化最低工資標準對企業探索式創新的消極影響。

研究假設 3b：國有股份比例會弱化最低工資標準對企業開發式創新的消極影響。

## 9.3 研究設計

### 9.3.1 數據來源與樣本分佈

本章的研究數據主要來源於 2011 年 12 月至 2013 年 2 月世界銀行對中國製造業企業的問卷調查數據，目的在於瞭解中國製造業企業所面臨的營商環境。該調查問卷分為兩個部分：第一部分包括企業基本信息、基礎設施和公共服務、顧客和供應商、競爭環境、創新與科技、政府與企業關係、營運障礙等問題；第二部分包括企業的財務現狀，如成本、現金流、員工結構、存貨管理等。為了保證研究具有良好的代表性，世界銀行通過以企業註冊域名為抽樣框的分層隨機抽樣來確定被調查企業。被調查對象為企業的高層管理者。這次調查主要通過郵件和電話回訪的方式來回收樣本，歷經一年多的調查，共收集到

有效樣本2,848個，其中國有獨資企業為148個，占總樣本比例的5.2%，其餘為非國有獨資企業。這些企業均勻分佈在參與調查的25個城市、26個行業領域，充分考慮地區、行業和企業差異。因此，這次調查所確定的樣本具有良好的代表性。刪除了存在缺失值的樣本之後，我們最後得到可用的樣本為1,519個樣本。由於關鍵變量信息缺失致使大量樣本丟失，這有可能會破壞原始調查過程中抽樣的科學性，從而影響到有效樣本的整體代表性。為此，我們將總體樣本和有效樣本進行獨立樣本t檢驗，發現其他主要信息在這兩組樣本之間並不存在明顯的差異，這意味著樣本的大量丟失並不會對抽樣的科學性造成實質性的損害。

各城市最低工資標準來源於我們手工整理的最低工資標準數據庫，具體而言，我們通過瀏覽各級政府網站、政策文件、統計公報、官方報紙等多種方式查找，搜集了2009年25個城市的最低工資標準。我們將25個城市2009年的最低工資數據與世界銀行提供的企業問卷調查數據庫進行匹配和整理加工，以便檢驗最低工資標準對企業創新的影響及作用機制。

### 9.3.2 計量模型與變量定義

現實中，影響企業創新的因素眾多。除了本章關注的最低工資標準和國有股份比例之外，企業年齡、規模等特徵以及企業所處的地域和行業特徵都會影響企業創新。有鑒於此，我們建立如下計量模型來評估最低工資標準對企業創新的影響：

$$(exploratory/exploitative)\,innovation_i = \alpha + \beta_1 hw_c + \beta_2 SO_i + \beta_3 hw \times SO_i + \Gamma X_i + \varepsilon_i \tag{9-1}$$

其中$innovation_i$表示第$i$個企業的創新活動，我們使用了問卷「創新與科技」一節中的問題「近三年，企業致力於哪些創新活動」。這些創新活動包括：①為產品或流程改造引進新技術和設備（innovation1）；②在生產或營運的過程中引入新的質量控制程序（innovation2）；③引入新的管理和行政流程（innovation3）；④為員工提供技術方面的指導（innovation4）；⑤引入新產品或新服務（innovation5）；⑥為現有產品或服務添加新功能（innovation6）；⑦採取措施降低生產成本（innovation7）；⑧採取措施提高生產的靈活性（innovation8）。對於每種創新活動，被調查者可供選擇的答案：「是」和「否」。我們將答案為「是」賦值為1，「否」賦值為0。根據張峰和王睿（2016）的建議以及探索式創新和開發式創新的定義，我們將這些創新活動中的（1）（2）（3）和（5）定義為探索式創新（exploratory innovation），而將

(4)(6)(7)和(8)定義為開發式創新（exploitative innovation）。通過主成分分析法，我們分別將這兩類創新活動所對應的指標賦予相應的權重。並最終將它們的因子得分合成一個取值介於0~1，且是分別正向度量探索式創新和開發式創新的相對指數①。

關鍵解釋變量$hw_c$表示第$c$個城市的每小時最低工資標準，這一指標的計算是最低月工資除以每月法定工作小時；$SO_i$表示第$i$個企業的國有股份比例，定義為所有制結構中國有股份所占比例；$hw \times SO$表示每小時最低工資標準與國有股份比例的交互項，用以評估國有股份比例對最低工資標準與企業創新之間關係的調節效應。

X表示基於企業、城市和城市-行業層面的三類控制變量，控制變量的選擇建立在既有文獻的基礎之上（張峰、王睿，2016；李後建、張劍，2015）。其中，企業層面的控制變量包括：①企業規模（lnscale），定義為企業職工總數的自然對數；②企業年齡（lnage），定義為調查年份減去企業成立年份，然後取其自然對數；③外資控股比例（foreign），定義為所有制結構中外資股份比例；④勞動生產率（lnproductivity），定義為2010年企業年度銷售額除以職工總數，然後取自然對數；⑤灰色競爭（competition），定義為是否與非正規企業或未註冊企業進行競爭，若是賦值為1，否則賦值為0；⑥專業化水準（specialization），定義為主要產品占企業年度銷售額的比例；⑦國際質量認證（certification），定義為企業是否擁有國際質量標準認證，若企業擁有國際質量標準認證，則賦值為1，否則賦值為0；⑧省級市場（local），若主要產品大多在本省內銷售則賦值為1，否則賦值為0；⑨全國市場（national），若主要產品在全國範圍內銷售則賦值為1，否則賦值為0；⑩女性總經理（female），定義為若總經理為女性則賦值為1，否則賦值為0；⑪工作經驗，定義為高層管理者在本行業內的工作年限；⑫外部技術許可證（licence），定義為若企業現在使用外資公司的技術許可則賦值為1，否則賦值為0。

城市層面的控制變量包括：①企業所在的城市是否為主要的商業城市，若是則賦值為1，否則賦值為0；②城市的經濟發展水準，定義為城市人均GDP的自然對數（lnpgdp）；③城市的就業規模，定義為城市就業人口總數的自然對數（lnemployee）；④城市職工平均薪資水準，定義為城市職工平均薪資水準

---

① 需要強調的是，探索式創新量表和開發式創新量表的KMO值都超過了0.6，表明這兩個量表適合進行因子分析，此外，兩個量表的累積方差貢獻率都超過了60%，表示損失了少部分信息，不過這些信息還是能夠較大程度反應企業的探索式創新和開發式創新水準。合成方法為$(x_i - x_{min})/(x_{max} - x_{min})$。

的自然對數（lncsalary）；同一城市-行業層面（local-industry）的控制變量包括：①政府規制（regulation），定義為企業在處理政府監管要求時所花費的時間比例，為了減低度量誤差、緩解雙向因果關係等導致的內生性問題，本章使用聚合在同一城市-行業層面的政府規制；②法治質量（law），來自調查問卷中設置的問題：「法院系統是公正、公平和廉潔的」，受試的企業管理層可供選擇的答案是「非常不同意」「傾向於不同意」「傾向於同意」和「非常同意」。根據這些答案，依序賦值為1、2、3、4。進一步地，本章使用聚合在同一城市-行業層面的法治質量。除此之外，我們還進一步控制了行業固定效應，以控制行業特徵對企業創新的影響。各主要變量描述性統計如表9-1所示。

表9-1　主要變量描述性統計

|  | Obs | Mean | Std.Dev. | Min | Max |
| --- | --- | --- | --- | --- | --- |
| exploratory innovation | 1,519 | 0.519 | 0.401 | 0 | 1 |
| exploitative innovation | 1,515 | 0.653 | 0.351 | 0 | 1 |
| hw | 25 | 5.615 | 0.588 | 4.300 | 6.690 |
| so | 1,519 | 4.880 | 20.24 | 0 | 100 |
| size | 1,519 | 324.0 | 1,549 | 5 | 30,000 |
| age | 1,519 | 14.30 | 9.074 | 1 | 126 |
| foreign | 1,519 | 4.905 | 19.16 | 0 | 100 |
| productivity | 1,519 | 555,985 | 1.952e+06 | 7,417 | 5.220e+07 |
| competition | 1,519 | 0.514 | 0.500 | 0 | 1 |
| specialization | 1,519 | 95.09 | 8.488 | 30 | 100 |
| certification | 1,519 | 0.722 | 0.448 | 0 | 1 |
| local | 1,519 | 0.178 | 0.382 | 0 | 1 |
| national | 1,519 | 0.730 | 0.444 | 0 | 1 |
| female | 1,519 | 0.080,3 | 0.272 | 0 | 1 |
| experience | 1,519 | 17.09 | 7.581 | 1 | 47 |
| license | 1,519 | 0.243 | 0.429 | 0 | 1 |
| business | 1,519 | 0.864 | 0.343 | 0 | 1 |
| lnpgdp | 25 | 11.054 | 0.312 | 10.431 | 11.579 |
| lnemployee | 25 | 10.636 | 0.189 | 10.306 | 11.183 |
| lncsalary | 25 | 4.751 | 0.638 | 3.144 | 6.472 |
| regulation | 1,519 | 1.282 | 1.693 | 0 | 12.67 |
| law | 1,519 | 2.643 | 0.376 | 1 | 4 |

## 9.4 實證結果與分析

### 9.4.1 基準迴歸分析

在估計的過程中，我們先採用 OLS 對計量模型（9-1）進行估計。一般地，在處理微觀數據的過程中，標準誤差通常需要通過聚類進行調整以便處理異方差問題。不過，在具體操作過程中，當聚類個數比較少時（例如少於 42 個），聚類標準誤差可能是有偏的。由於本章中聚類的行業個數為 26，城市個數為 25，因此，我們在估計的過程中計算的是懷特穩健性標準誤差。

表 9-2 展示的是最低工資標準和國有股份比例對企業創新影響的最小二乘迴歸估計結果。其中模型（1）至模型（3）報告的是最低工資標準和國有股份比例對探索式創新的影響，模型（4）至模型（6）報告的是最低工資標準和國有股份比例對開發式創新的影響。研究假設 1a 預測最低工資標準對企業探索式創新具有消極影響。與研究假設 1a 一致的是，模型（1）至模型（3）的結果顯示，在納入所有控制變量和行業固定效應之後，最低工資標準（hw）的係數為負，且在 10% 的顯著性水準上顯著，因此，研究假設 1a 獲得實證支持。同樣地，模型（4）至模型（6）的結果顯示，最低工資標準（hw）的係數在 1% 的顯著性水準上顯著為負，這意味著最低工資標準對企業開發式創新具有顯著的消極影響，因此，研究假設 1b 獲得實證支持。

表 9-2 最低工資標準和國有股份比例對企業創新的影響

|   | exploratory innovation ||| exploitative innovation |||
|---|---|---|---|---|---|---|
|   | (1) | (2) | (3) | (4) | (5) | (6) |
| hw | -0.063,6*** | -0.046,0** | -0.041,8* | -0.111,3*** | -0.100,0*** | -0.092,6*** |
|   | (0.020,9) | (0.022,9) | (0.023,3) | (0.018,7) | (0.020,3) | (0.020,8) |
| SO | -0.342,7*** | -0.210,6*** | -0.278,2*** | -0.078,2 | -0.015,3 | -0.022,8 |
|   | (0.053,5) | (0.056,5) | (0.061,3) | (0.047,7) | (0.050,0) | (0.054,7) |
| hw×SO |  | 0.309,7* | 0.362,4** |  | 0.302,8** | 0.311,2** |
|   |  | (0.168,5) | (0.169,3) |  | (0.149,2) | (0.151,0) |
| lnsize | 0.046,6*** | 0.049,6*** | 0.047,2*** | 0.035,0*** | 0.035,4*** | 0.035,5*** |
|   | (0.008,0) | (0.007,9) | (0.008,0) | (0.007,1) | (0.007,0) | (0.007,1) |
| lnage | 0.019,3 | 0.026,1 | 0.020,0 | 0.007,5 | 0.011,1 | 0.008,1 |
|   | (0.021,0) | (0.020,8) | (0.021,0) | (0.018,8) | (0.018,4) | (0.018,7) |

表9-2(續)

|  | exploratory innovation ||| exploitative innovation |||
| --- | --- | --- | --- | --- | --- | --- |
|  | (1) | (2) | (3) | (4) | (5) | (6) |
| foreign | 0.004,1 | 0.016,7 | 0.003,9 | 0.029,1 | 0.035,5 | 0.029,0 |
|  | (0.049,2) | (0.049,1) | (0.049,2) | (0.043,9) | (0.043,4) | (0.043,9) |
| lnproductivity | 0.050,6*** | 0.051,1*** | 0.049,3*** | 0.025,0*** | 0.025,2*** | 0.023,9*** |
|  | (0.009,0) | (0.008,9) | (0.009,0) | (0.008,1) | (0.007,8) | (0.008,1) |
| competition | 0.012,0 | 0.009,6 | 0.010,9 | −0.006,6 | −0.007,7 | −0.007,5 |
|  | (0.019,2) | (0.019,0) | (0.019,2) | (0.017,2) | (0.016,8) | (0.017,2) |
| specialization | −0.000,7 | −0.000,7 | −0.000,7 | 0.000,1 | 0.000,0 | 0.000,1 |
|  | (0.001,1) | (0.001,1) | (0.001,1) | (0.001,0) | (0.001,0) | (0.001,0) |
| certification | 0.069,0*** | 0.071,8*** | 0.068,1*** | 0.118,5*** | 0.117,5*** | 0.117,7*** |
|  | (0.023,2) | (0.022,9) | (0.023,2) | (0.020,7) | (0.020,3) | (0.020,7) |
| local | 0.007,4 | 0.016,5 | 0.007,2 | −0.052,8 | −0.052,9 | −0.052,9 |
|  | (0.039,6) | (0.038,8) | (0.039,5) | (0.035,3) | (0.034,3) | (0.035,2) |
| national | −0.002,9 | 0.001,0 | −0.004,5 | −0.016,5 | −0.017,1 | −0.017,9 |
|  | (0.033,4) | (0.033,0) | (0.033,4) | (0.029,8) | (0.029,2) | (0.029,7) |
| female | 0.091,1*** | 0.085,3** | 0.086,0** | 0.086,0*** | 0.080,8*** | 0.081,6*** |
|  | (0.034,2) | (0.033,9) | (0.034,3) | (0.030,4) | (0.029,9) | (0.030,5) |
| experience | 0.000,8 | 0.000,9 | 0.000,7 | 0.001,5 | 0.001,5 | 0.001,4 |
|  | (0.001,4) | (0.001,3) | (0.001,4) | (0.001,2) | (0.001,2) | (0.001,2) |
| license | 0.200,8*** | 0.206,6*** | 0.202,9*** | 0.112,7*** | 0.111,4*** | 0.114,5*** |
|  | (0.023,6) | (0.023,3) | (0.023,6) | (0.021,0) | (0.020,6) | (0.021,0) |
| business | 0.110,6*** | 0.104,0*** | 0.113,0*** | 0.021,6 | 0.018,4 | 0.023,7 |
|  | (0.028,8) | (0.028,8) | (0.028,8) | (0.025,7) | (0.025,5) | (0.025,7) |
| regulation | 0.018,0*** | 0.017,0*** | 0.017,9*** | 0.010,9** | 0.008,9* | 0.010,8** |
|  | (0.006,1) | (0.006,0) | (0.006,1) | (0.005,4) | (0.005,3) | (0.005,4) |
| law | 0.099,7*** | 0.109,8*** | 0.103,1*** | 0.086,9*** | 0.090,7*** | 0.089,8*** |
|  | (0.026,2) | (0.025,8) | (0.026,2) | (0.023,4) | (0.022,9) | (0.023,4) |
| lnpgdp | 0.114,6*** | 0.127,1*** | 0.113,5*** | 0.095,6** | 0.110,9*** | 0.094,7** |
|  | (0.042,8) | (0.042,1) | (0.042,8) | (0.038,3) | (0.037,3) | (0.038,2) |
| lnemployee | 0.077,7*** | 0.079,9*** | 0.077,7*** | 0.131,2*** | 0.134,7*** | 0.131,2*** |
|  | (0.019,3) | (0.019,1) | (0.019,3) | (0.017,2) | (0.016,9) | (0.017,2) |
| lncsalary | −0.426,4*** | −0.440,6*** | −0.431,4*** | −0.318,6*** | −0.330,8*** | −0.323,0*** |
|  | (0.089,1) | (0.088,6) | (0.089,0) | (0.079,5) | (0.078,5) | (0.079,4) |

表9-2(續)

|  | exploratory innovation ||| exploitative innovation |||
|---|---|---|---|---|---|---|
|  | (1) | (2) | (3) | (4) | (5) | (6) |
| Industry effect | YES | NO | YES | YES | NO | YES |
| Constant | 2.471,8*** | 2.299,2*** | 2.415,7*** | 2.116,3*** | 1.987,1*** | 2.068,5*** |
|  | (0.738,3) | (0.727,8) | (0.737,8) | (0.658,2) | (0.644,2) | (0.657,9) |
| Observations | 1,519 | 1,519 | 1,519 | 1,516 | 1,516 | 1,516 |
| R-squared | 0.255,0 | 0.238,6 | 0.257,3 | 0.226,0 | 0.220,2 | 0.228,2 |

註：*、**、*** 分別表示在10%、5%和1%的顯著性水準上顯著，括號內顯示的是懷特穩健性標準誤差。

研究假設2a和2b都表明，隨著國有股份比例的增加，企業探索式創新水準和開發式創新水準會降低。與研究假設2a一致的是，模型（1）至模型（3）報告的結果顯示，國有股份比例（SO）的係數在1%的顯著性水準上顯著為負，這意味著國有股份比例對企業探索式創新具有顯著的消極影響。因此，研究假設2a獲得實證支持。不過，模型（4）至模型（6）報告的結果顯示，國有股份比例（SO）的係數雖然為負，但在10%的顯著性水準上並不顯著，這意味著國有股份比例對企業開發式創新沒有顯著的消極影響。因此，研究假設2b沒有得到實證支持。

我們在表9-2中也表明了國有股份比例的調節效應，其中模型（1）至模型（3）的結果顯示，在10%的顯著性水準上最低工資標準與國有股份比例的交互項（hw×SO）對企業探索式創新有顯著的積極影響，這意味著國有股份比例會顯著弱化最低工資標準對企業探索式創新的消極影響。因此，本章研究假設3a獲得支持。同樣地，在5%的顯著性水準上最低工資標準與國有股份比例的交互項（hw×SO）對企業開發式創新具有顯著的積極影響，這意味著國有股份比例會顯著弱化最低工資標準對企業開發式創新的消極影響。由此，研究假設3b獲得支持。

進一步地，我們繪製了國有股份比例的調節效應圖，其中圖9-1顯示的是國有股份比例對最低工資標準與企業探索式創新的調節效應，由此可知，當企業擁有較高比例的國有股份時，最低工資標準對企業探索式創新呈現正向影響，而當企業擁有較低比例的國有股份時，最低工資標準對企業探索式創新呈現較強的負向影響。由此說明較高比例的國有股份會明顯削弱最低工資標準對企業探索式創新的消極影響，與研究假設3a是一致的。圖9-2展示的是國有股份比例對最低工資標準與企業開發式創新的調節效應，由此可知，當企業擁

有較高比例的國有股份時，最低工資標準對企業開發式創新呈現正向影響，而當企業擁有較低比例的國有股份時，最低工資標準對企業開發式創新呈現較強的負向影響。由此說明較高比例的國有股份會明顯削弱最低工資標準對企業開發式創新的消極影響，與研究假設 3b 是一致的。關於控制變量的影響，限於篇幅，本章不做闡述。

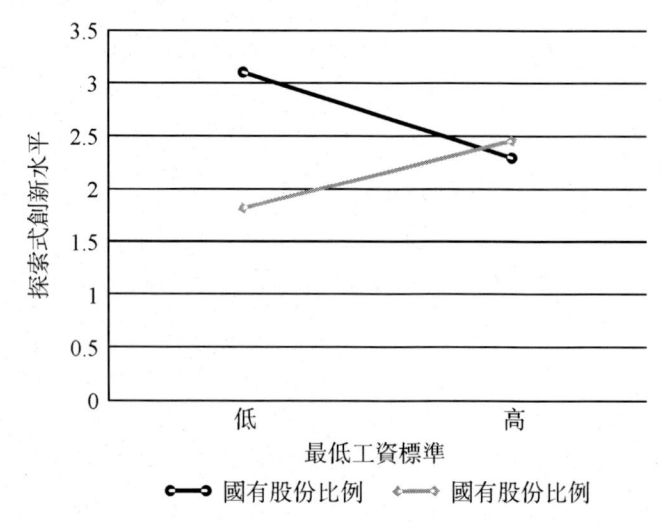

圖 9-1　最低工資標準與國有股份比例對企業探索式創新的交互影響圖

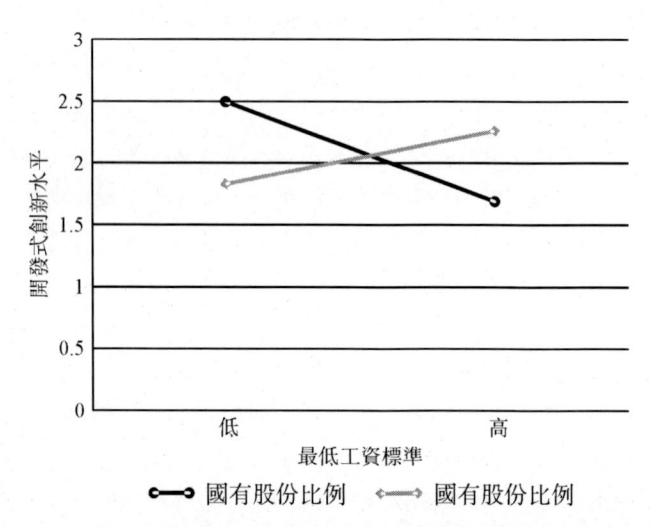

圖 9-2　最低工資標準與國有股份比例對企業開發式創新的交互影響圖

### 9.4.2 穩健性檢驗

（1）反向因果

由於政府部門會根據當地的實際情況對最低工資標準進行調整，對此，企業也會提前做出相應的調整來應對最低工資標準的變動。更重要的是，有著特定共同目的的企業通常會聯合起來遊說當地的政府部門，從而影響當地最低工資標準的變動。因此，對於當地的經濟發展而言，最低工資標準是內生的。為此，我們需要尋找一個合適的工具變量，並且保證這個工具變量與最低工資標準存在直接的關聯性，而與計量方程（9-1）中的擾動項無關。借鑑 Zhou 等（2017）、Wei 和 Wu（2001）的研究思路，我們將企業所在城市到主要港口的平均地理距離作為最低工資標準的工具變量。Frankel 和 Romer（1999）認為城市的地理位置是外生的，並且是由自然預先決定的。通常地，距離主要港口越近的城市，相關的制度體系建設也將更加完善（Wei & Wu, 2001），而最低工資標準作為一個城市的制度體系建設的主要內容，它必然會受到城市所在地理位置的影響。因此，最低工資標準通常與城市的地理位置是直接關聯的。我們根據球面距離公式以及城市的經度和緯度計算出了企業所在城市分別與上海和大連這兩個主要港口的最短球面距離[①]。利用這一工具變量，我們進行了工具變量迴歸，迴歸結果顯示，最低工資標準對企業探索式創新和開發式創新仍有顯著的消極影響，同樣地，最低工資標準與國有股份比例的交互項對企業探索式創新和開發式創新仍具有顯著的積極影響。這意味著研究假設 1a、1b 以及研究假設 3a、3b 仍然成立。

（2）樣本選擇偏差

由於企業的選址具有一定的內生性，如果創新型企業選擇到那些最低工資標準比較低的城市來更好地利用這些城市的勞動力成本優勢，此時，我們就有可能高估最低工資標準對企業創新造成的消極影響；如果創新型企業為了招募更多高技能勞動力而選擇到那些高技能勞動力比較密集的城市，此時，我們就有可能低估最低工資標準對企業創新造成的消極影響。因為，那些高技能勞動力比較密集的城市通常也是最低工資標準較高的城市。為了檢驗由於企業選址的內生性給估計結果是否帶來了偏差，我們根據企業成立時間分組考察最低工資標準對企業創新的影響，我們發現企業的成立時間越晚，最低工資標準對企

---

[①] 我們也計算了企業所在城市與其他主要港口（包括大連、秦皇島、上海和深圳）之間的最短球面距離作為工具變量，所得到的工具變量迴歸結果是一致的。

業創新的消極影響就越不明顯。這意味著企業選址的內生性的確給估計結果帶來了偏差。為了消除由於企業選址的內生性給估計結果帶來的偏差，我們將最低工資標準替換為一個二元變量，即企業所在城市在 2009 年若上調了最低工資標準，則賦值為 1，否則賦值為 0。我們使用傾向值得分匹配技術將影響企業最低工資標準的所有因素匹配起來，包括本地人均 GDP、本地就業規模、本地教育水準、本地的平均薪資水準以及本地第三產業占比等。傾向值得分匹配的結果表明，最低工資標準上調的確顯著降低了企業的創新水準，因此，研究假設 1a 和 1b 仍舊成立。採用同樣的方法，我們將擁有國有股份的企業與無國有股份的企業進行匹配，結果表明，國有股份對企業探索式創新有顯著的消極影響，而對開發式創新的消極影響並不明顯。因此，研究假設 2a 成立，而研究假設 2b 不成立。

（3）其他穩健性檢驗

除了上述穩健性檢驗外，我們還進行了其他一些穩健性檢驗：首先，考慮到本章涉及的主要變量為兩個水準（two-level），即城市水準和企業水準。因此，我們進行了組內相關性檢驗，發現組內相關程度明顯高於組間相關程度。基於此，我們使用兩水準的混合效應模型進行迴歸，結果發現，迴歸結果與基準迴歸是一致的，因此，本章的研究結果具有較強的穩健性。其次，我們剔除了上海和北京這兩個帶有強烈政治色彩的城市內樣本，利用基準迴歸模型重新迴歸後發現研究結果並未發生明顯改變。最後，我們考慮到探索式創新和開發式創新之間具有明顯的關聯性，因此，利用單方程獨立估計出來的結果會存在一定的偏差。為此，我們使用似不相關迴歸方法將探索式創新方程和開發式創新方程進行聯合估計，發現研究結果並未發生明顯變化，由此說明本章的研究結果具有較強的穩健性。

## 9.5 本章小結

利用最低工資標準數據匹配世界銀行提供的中國製造業企業營商環境質量調查數據，本章探討了最低工資標準和國有股份比例對企業探索式創新和開發式創新的影響。我們發現，在短期內，最低工資標準會對企業探索式創新和開發式創新產生顯著的消極影響。不過，這種消極影響會隨著企業國有股份比例的增加而逐漸弱化。此外，我們還發現國有股份比例會消極影響企業探索式創

新，而對企業開發式創新的消極影響並不顯著。這些發現在以下兩個方面豐富和拓展了現有文獻。

首先，本章研究豐富了公共規制政策中最低工資規制對企業行為影響的相關文獻。通常地，最低工資規制是政府對勞動力市場進行經濟性規制的重要措施，也是政府干預市場的一種重要手段。儘管最低工資標準在某種程度上是為了保障勞動者勞動權益，促使收入的公平分配，但從現有的經驗來看，它起到的收入分配作用甚微（翁杰、徐聖，2015）。相反地，它給社會造成了一些尚未預料到的負外部性。本章的研究結果表明，在短期內，最低工資標準對企業創新造成了顯著的消極影響。因此，在推動中國經濟由要素驅動轉向創新驅動的過程中，大幅度地提高最低工資標準可能會在短期內妨礙這一進程的有效推進。為此，政府部門在勞動力市場干預的過程中除了考慮市場干預帶來的負外部性外，清晰地界定政府與市場的邊界顯得至關重要。

其次，我們為國有股份對企業創新的影響分析提供了一個新的框架。根據代理理論可知，國有股份通常會消極影響企業創新（Ramaswamy, 2001）。然而，我們不能忽視國有股份給企業帶來的資源優勢，尤其是在新型經濟體中，國有股份通常能夠幫助企業有效地克服外部環境的制度缺失（Musacchio et al., 2015）。本章的研究結果表明，國有股份能夠顯著降低最低工資標準對企業創新造成的消極影響。這或許源於國有股份能夠給企業帶來更多的資金。很顯然，充足的資金弱化了最低工資標準上調對企業研發投資產生的擠占效應。不過，由於雙重代理問題，國有股份企業也會遭受低效率詛咒：國有股份企業的創新效率低下，尤其是探索式創新效率。在本章中，我們發現，國有股份比例能夠顯著地降低企業的探索式創新水準，不過，由於開發式創新所要求的資源轉化能力相對較低，因此，國有股份比例對探索式創新水準的消極影響並不顯著。通過同時考慮與國有股份相關的資源分配優勢和資源利用劣勢，本章的分析框架有助於更加全面地理解國有股份在企業創新過程中所起到的作用（Ralston et al., 2006）。

本章的發現對於政策制定者和企業管理者而言具有非常重要的實踐意義。對於政策制定者而言，為了有效地推動企業創新，加快中國經濟發展方式的轉型，政府部門不宜在短期內大幅提高製造業部門的最低工資標準。當前，推動製造業企業發展由要素驅動走向創新驅動已經成為政府部門和業界的重要任務之一。然而，創新是一項高風險活動，它不僅包含著諸多不確定性，而且還要耗費企業大量的資金。在中國資本市場並不發達和經濟環境高度不確定的情況

下，最低工資標準上浮必將擠出企業對風險極度敏感的項目投資支出。對於企業管理者而言，企業管理者可以試圖與政府部門進行協商，幫助國有股份比例較高的企業實現所有制結構的多元化。通過稀釋國有股份的比例，企業不僅可以減少來自政府官員的干預，而且還可以保留獲取資源和創新的機會。

# 10 結論與展望

## 10.1 結論

  本書圍繞最低工資制度對現有研究進行了搜集和梳理，發現現有關於最低工資和企業行為的研究主要集中在就業、企業在職培訓、企業工資水準、企業生產效率等方面。然而，現有研究在變量的度量上存在一定缺陷。以在職培訓為例，現有研究多以工資增長作為企業在職培訓的代理變量，這會導致文章結論不夠準確。此外，現有研究忽視了最低工資對其他企業行為的影響，如企業創新、雇傭結構、產能利用等方面。事實上，在面臨最低工資制度時，企業不僅會調整工資水準、在職培訓等行為，也可能會改變雇傭結構、實施創新戰略。現有研究未能系統全面地反應最低工資制度下企業行為的變化，這導致政府在制定政策時缺乏充分的參考和依據。毋庸置疑，最低工資制度是中國政府管控勞動力市場的重要手段，它將對企業產生深遠的影響，而企業行為影響著中國經濟的發展方式及可持續性。因此，探究最低工資制度對企業行為的影響對中國經濟的發展具有至關重要的作用。

  基於此，本書在每個研究中都從理論上分析了最低工資與企業行為之間的關係。從理論上看，作為政府管制勞動力市場的政策工具，最低工資制度的建立目的在於保障勞動者的勞動權益，促進收入的公平分配。然而，最低工資的上漲也意味著企業用工成本的上升，企業會採取一系列的措施來緩解最低工資帶來的勞動力成本上升壓力，包括採用信息技術、調整雇傭結構和在職培訓比例、增加研發投入、提高產能利用水準和創新水準等手段。一方面，企業可以通過直接減少非工資性福利的支付來降低人力資本的投資力度，如減少在職培訓比例；另一方面，企業可以通過調整生產要素結構和管理手段來提升生產效率，緩解勞動力成本壓力，如用機械設備和信息技術替代大量低技能勞動者，

或是提高臨時工比例以提升用工靈活性。

為了驗證理論分析的正確性，本書利用 2011 年 12 月至 2013 年 2 月世界銀行對中國製造業企業問卷調查數據和全國 25 個城市的最低工資數據對最低工資標準和企業行為之間的關係進行理論探討和實證分析。具體地，我們重點分析了最低工資對信息技術應用、雇傭結構、產能利用率、在職培訓、研發投入以及企業創新等企業行為的影響。研究結果包括以下幾點：

第一，為探討企業如何調整要素資源配置來應對最低工資標準的變化，我們檢驗了最低工資標準上調對中國製造業企業信息技術應用的影響及其作用機制。結果表明，最低工資標準上浮會激勵企業提高信息技術應用水準。進一步地，研究還發現最低工資標準對企業信息技術投資水準的積極影響會隨著勞動生產率的提高而逐漸弱化，而企業規模則會顯著弱化最低工資標準對企業信息技術投資水準的積極影響。

第二，為分析企業如何通過調整雇傭結構應對最低工資制度，我們檢驗了企業如何調整非生產性、低技能正式職工和臨時工的比例。同時，我們還檢驗了最低工資標準變化對企業如何調整女性正式職工比例、女性非生產性正式職工比例以及女性臨時工比例的影響。實證結果表明，整體上最低工資標準對企業雇傭結構的影響與理論預期和中國勞動力市場上的制度背景是吻合的。當最低工資標準上調時，企業將會採取多種方式來調整雇傭結構以緩解最低工資標準上調帶來的勞動力成本壓力，降低非生產性正式職工比例和低技能正式職工比例以及削減人力資本培育力度是企業最先採取的應對措施。此外，最低工資上調會加重性別歧視問題，具體表現為降低女性正式職工比例，顯著降低女性非生產性正式職工比例和女性臨時工比例。但企業對雇傭結構的調整力度依舊取決於企業對最低工資制度的遵守程度。

第三，為了清楚地認識企業產能過剩的發生機制，本書探討了最低工資標準對企業產能利用率的影響機制。研究發現，最低工資標準上浮會顯著降低企業的產能利用率。具體地，隨著行賄成本和國有控股比例的增加，最低工資標準對企業產能利用率的平均邊際負效應會逐漸弱化。這意味著在強烈市場競爭的條件下，最低工資標準上浮導致的高成本壓力會促使企業通過實施賄賂來尋求庇護，從而削弱最低工資上漲對企業產能利用率的負面影響。

第四，為了探究最低工資標準影響企業員工在職培訓的作用機制，進一步揭開了勞動力市場制度影響企業人力資本投資的「黑箱」，本書實證研究了最低工資標準對企業在職培訓的影響機制。研究發現，最低工資標準會顯著降低企業對生產性和非生產性員工在職培訓的比例，而擁有更多國有股份的企業則

更傾向於提供在職培訓服務。此外，研究還發現國有股份會強化最低工資標準對生產性員工培訓的消極影響。具體地，隨著國有股份比例的上升，最低工資標準對企業培訓的抑制作用會被逐漸強化。

第五，在短期內，最低工資標準上浮弱化了企業的探索式創新和開發式創新。具體而言，首先，最低工資標準上浮迫使企業增加薪資成本，而薪資成本的增加不僅直接弱化了企業的探索式創新能力和開發式創新能力，還擠出了企業的研發支出，間接弱化了企業的探索式創新能力和開發式創新能力；其次，最低工資標準上浮會減少企業對員工的正式培訓，正式培訓的減少不僅直接降低了企業的探索式創新和開發式創新能力，而且還會迫使企業減少研發支出，從而間接降低了企業的探索式創新能力和開發式創新能力。進一步，最低工資標準對企業創新的影響存在明顯的邊界條件，即法制質量水準的提升和國有控股比例的增加，都會弱化最低工資標準對企業探索式創新和開發式創新的消極影響。

第六，考慮到企業可能會通過實施創新來提升效率，從而提高研發投入強度，我們檢驗了最低工資標準上調對企業研發投入強度的影響。研究發現，在短期內，最低工資標準會通過多種渠道對企業研發投入產生顯著的積極影響。具體而言，銀行授信和外部技術許都能在一定程度上緩解企業的用工成本壓力，保證企業研發所需的巨額開支。不過這種積極影響會隨著企業規模的擴大而逐漸弱化。此外，本書還發現，在各項制度並不健全的經濟體中，企業的規模越大，其研發投入的強度也會越高。

第七，本書將國有股份比例作為企業對最低工資標準遵守程度的代理變量，考察最低工資標準遵守程度不同的條件下，最低工資標準上調對企業創新影響的異質性。研究發現，在短期內，最低工資標準會對企業探索式創新和開發式創新產生顯著的消極影響。不過，這種消極影響會隨著企業國有股份比例的增加而逐漸弱化。此外，我們還發現國有股份比例會消極影響企業探索式創新，而對企業開發式創新的消極影響並不顯著。

## 10.2 展望

本書基於2011年12月至2013年2月世界銀行對中國製造業企業問卷調查數據，從現實和理論兩個角度探討了最低工資標準的調整對企業行為的影響及其作用機制，從企業行為的角度揭示了最低工資標準可能產生的經濟效應，

進而檢驗了中國最低工資政策的實際影響。本書的研究成果雖然達到了預期目標，但由於各種研究條件限制，研究工作仍存在許多不足：

第一，本書選擇的研究對象是針對中國製造業企業進行的問卷調查，這些企業均勻分佈在參與調查的 25 個城市、26 個行業領域，雖然涵蓋的地區和行業較為廣泛，但樣本相對偏少，可能無法全面完整地闡述中國地區最低工資對企業行為的影響，接下來應進一步擴大抽樣範圍和數量。

第二，本書主要通過郵件和電話回訪的方式來回收樣本，未來將拓寬數據來源通道以提高研究內容的效度。再者，本書的研究數據主要是 2012 年的截面數據，而最低工資標準會隨著時間不斷調整。因此，未來的研究應該收集時間序列數據，通過面板數據研究不同年份、不同最低工資標準對企業行為的影響。

第三，本書通過對最低工資標準與企業創新的探討，發現最低工資標準上浮會弱化企業的雙元創新行為。國內眾多研究將研發投入作為創新代理變量，而本書卻發現最低工資標準的上調會顯著提高企業研發投入強度。對不同代理變量的選取得到了相反結果，因此，為進一步探究和豐富影響企業創新行為的因素，需要尋找更加有效的代理變量，得出更加準確可靠的經驗結果。

# 參考文獻

[1] 蔡昉.人口轉變、人口紅利與劉易斯轉折點 [J]. 經濟研究, 2010 (4): 4-13.

[2] 陳華東.管理者任期、股權激勵與企業創新研究 [J]. 中國軟科學, 2016 (8): 112-126.

[3] 程虹, 唐婷.勞動力成本上升對不同規模企業創新行為的影響——來自「中國企業-員工匹配調查」的經驗證據 [J]. 科技進步與對策, 2016, 33 (23): 70-75.

[4] 邱俊鵬, 韓清.最低工資標準提升的收入效應研究 [J]. 數量經濟技術經濟研究, 2015, 32 (7): 90-103.

[5] 董新興, 劉坤.勞動力成本上升對企業創新行為的影響——來自中國製造業上市公司的經驗證據 [J]. 山東大學學報(哲學社會科學版), 2016 (4): 112-121.

[6] 付文林.最低工資、調整成本與收入分配效應的結構差異 [J]. 中國人口科學, 2014 (1): 85-95, 128.

[7] 龔強.最低工資制度對企業和勞動者福利的影響——基於一般均衡模型的擴展分析 [N]. 南京大學學報(哲學·人文科學·社會科學版), 2009 (2): 61-68, 143.

[8] 韓國高, 高鐵梅, 王立國, 等.中國製造業產能過剩的測度、波動及成因研究 [J]. 北京: 經濟研究, 2011 (12): 18-31.

[9] 韓國高, 王立國.中國鋼鐵業產能利用與安全監測: 2000—2010年 [J]. 改革, 2012 (8): 31-41.

[10] 呼建光, 毛志宏.國有企業深化改革中的公司治理——規制與激勵 [J]. 社會科學, 2016 (7): 48-56.

[11] 黃乾.城市農民工的就業穩定性及其工資效應 [J]. 人口研究,

2009, 33（3）：53-62.

［12］賈朋, 張世偉. 最低工資標準提升的就業效應——一個基於自然實驗的經驗研究［J］. 財經科學, 2012（5）：89-98.

［13］賈朋, 張世偉. 最低工資標準提升的勞動供給效應——基於迴歸間斷設計的經驗研究［J］. 中國人口科學, 2012（2）：25-35.

［14］賈朋, 張世偉. 最低工資標準提升的溢出效應［J］. 統計研究, 2013, 30（4）：37-41.

［15］蔣靈多, 陸毅. 最低工資標準能否抑制新僵屍企業的形成［J］. 中國工業經濟, 2017（11）：118-136.

［16］晉利珍. 改革開放以來中國勞動力市場分割的制度變遷研究［J］. 經濟與管理研究, 2008（8）：64-68.

［17］亢梅玲, 陳安筠, 李濤. 出口學習效應與企業創新［J］. 研究與發展管理, 2016, 28（2）：23-32.

［18］李春濤, 宋敏. 中國製造業企業的創新活動：所有制和CEO激勵的作用［J］. 經濟研究, 2010（5）：135-137.

［19］李根生. 勞動力成本上升對中國工業技術進步的影響研究［D］. 武漢：華中科技大學, 2015.

［20］李後建, 劉思亞. 銀行信貸, 所有權性質與企業創新［J］. 科學學研究, 2015, 33（7）：1089-1099.

［21］李後建, 張劍. 腐敗與企業創新：潤滑劑抑或絆腳石［J］. 南開經濟研究, 2015（2）：24-58.

［22］李後建, 馬朔. 官員更替、政府管制與企業賄賂［J］. 公共行政評論, 2016（3）：125-146.

［23］李後建, 蒲波, 陳瑤. 最低工資上調會激勵企業應用信息技術嗎？［J］. 中國經濟問題, 2018（3）：49-61.

［24］李後建, 秦杰, 張劍. 最低工資標準如何影響企業雇傭結構［J］. 產業經濟研究, 2018（1）：90-103.

［25］李後建, 王穎. 最低工資標準如何影響企業產能過剩［J］. 當代經濟科學, 2017, 39（6）：79-90, 125.

［25］李後建. 最低工資標準會倒逼企業創新嗎？［J］. 經濟科學, 2017（5）：95-112.

［26］李坤. 小微企業融資困境破解思路探析［J］. 財會通訊, 2014（2）：17-18.

［27］李文貴，餘明桂.民營化企業的股權結構與企業創新［J］.管理世界，2015（4）：112-125.

［28］李長娥，謝永珍.區域經濟發展水準、女性董事對公司技術創新戰略的影響［J］.經濟社會體制比較，2016（4）：120-131.

［29］林靈，悶世平.最低工資標準調整與企業外資持股行為［J］.中南財經政法大學學報，2017（2）：117-127.

［30］林煒.企業創新激勵：來自中國勞動力成本上升的解釋［J］.管理世界，2013（10）：95-105.

［31］林毅夫，李志贇.政策性負擔、道德風險與預算軟約束［J］.經濟研究，2004（2）：17-27.

［32］林毅夫，巫和懋，邢亦青.「潮湧現象」與產能過剩的形成機制［J］.經濟研究，2010，45（10）：4-19.

［33］劉柏惠，寇恩惠.最低工資相對價值變動對工資分佈的影響——基於縣級最低工資數據的分析［J］.經濟科學，2017（4）：5-21.

［34］劉貫春，陳登科，豐超.最低工資標準的資源錯配效應及其作用機制分析［J］.中國工業經濟，2017（7）：62-80.

［35］劉貫春，張軍.最低工資制度、生產率與企業間工資差距［J］.世界經濟文匯，2017（4）：1-26.

［36］劉貫春.金融結構影響城鄉收入差距的傳導機制——基於經濟增長和城市化雙重視角的研究［J］.財貿經濟，2017，38（6）：98-114.

［37］劉厚俊，王丹利.勞動力成本上升對中國國際競爭比較優勢的影響［J］.世界經濟研究，2011（3）：9-13.

［38］劉西順.產能過剩、企業共生與信貸配給［J］.金融研究，2006（3）：166-173.

［39］劉玉成，童光榮.最低工資標準上漲與城鎮正規部門女性就業擠出——基於中國城鎮單位省際面板數據的實證研究［J］.經濟與管理研究，2012（12）：66-76.

［40］劉志國，James Ma.勞動力市場的部門分割與體制內就業優勢研究［J］.中國人口科學，2016（4）：85-95，128.

［41］陸正飛，王雄元，張鵬.國有企業支付了更高的職工工資嗎？［J］.經濟研究，2012（3）：28-39.

［42］陸正飛，韓非池.宏觀經濟政策如何影響公司現金持有的經濟效應？——基於產品市場和資本市場兩重角度的研究［J］.管理世界，2013（6）：

43-60.

[43] 陸正飛, 王雄元, 張鵬. 國有企業支付了更高的職工工資嗎 [J]. 經濟研究, 2012 (3): 28-39.

[44] 羅小蘭. 中國最低工資標準農民工就業效應分析——對全國、地區及行業的實證研究 [J]. 財經研究, 2007 (11): 114-123, 143.

[45] 馬超, 顧海, 李佳佳. 中國勞動力市場上的性別工資差異變化研究——來自面板分位數迴歸分解方法的證據 [J]. 世界經濟文匯, 2013 (2): 96-108.

[46] 馬雙, 甘犁. 最低工資對企業在職培訓的影響分析 [J]. 經濟學 (季刊), 2013 (4): 1-26.

[47] 馬雙, 張劼, 朱喜. 最低工資對中國就業和工資水準的影響 [J]. 經濟研究, 2012 (5): 132-146.

[48] 馬雙, 甘犁. 最低工資對企業在職培訓的影響分析 [J]. 經濟學 (季刊), 2014 (1): 1-26.

[49] 馬雙, 李雪蓮, 蔡棟梁. 最低工資與已婚女性勞動參與 [J]. 經濟研究, 2017, 52 (6): 153-168.

[50] 馬雙, 邱光前. 最低工資對中國勞動密集型出口產品價格的影響 [J]. 世界經濟, 2016, 39 (11): 80-103.

[51] 寧光杰, 林子亮. 信息技術應用, 企業組織變革與勞動力技能需求變化 [J]. 經濟研究, 2014, 49 (8): 79-92.

[52] 錢誠, 胡宗萬. 中國最低工資調整對製造業人工成本變動影響研究 [J]. 中國人力資源開發, 2015 (23): 75-81.

[53] 秦雪徵, 尹志鋒, 周建波, 等. 國家科技計劃與中小型企業創新: 基於匹配模型的分析 [J]. 管理世界, 2012, 223 (4): 70-81.

[54] 任玉霜, 曲秉春, 李盛基. 最低工資制度會引起失業嗎？——基於空間面板Durbin模型估計結果 [J]. 管理世界, 2016 (12): 172-173.

[55] 申慧慧, 於鵬, 吳聯生. 國有股權、環境不確定性與投資效率 [J]. 經濟研究, 2012, 47 (7): 113-126.

[56] 沈藝峰, 陳旋. 無績效考核下外部獨立董事薪酬的決定 [J]. 南開管理評論, 2016, 19 (2): 4-18.

[57] 石桂峰. 地方政府干預與企業投資的同伴效應 [J]. 財經研究, 2015, 41 (12): 84-94, 106.

[58] 宋冬林, 王林輝, 董直慶. 技能偏向型技術進步存在嗎？——來自

中國的經驗證據[J].經濟研究,2010,45(5):68-81.

[59] 孫楚仁,田國強,章韜.最低工資標準與中國企業的出口行為[J].經濟研究,2013(2):42-54.

[60] 孫曉華,王昀.企業規模對生產率及其差異的影響——來自工業企業微觀數據的實證研究[J].中國工業經濟,2014(5):57-69.

[61] 孫義,黃海峰.基於企業型地方政府理論視角的產能過剩問題研究[J].現代管理科學,2014(3):70-72.

[62] 孫中偉,舒玢玢.最低工資標準與農民工工資——基於珠三角的實證研究[J].管理世界,2011(8):45-56,187-188.

[63] 孫中偉.最低工資標準對城鎮職工工資的「溢出效應」:基於宏觀和微觀數據的實證分析[J].公共行政評論,2017,10(4):115-134,195.

[64] 田彬彬,陶東杰.最低工資標準與企業稅收遵從——來自中國工業企業的經驗證據[J].經濟社會體制比較,2019(1):41-51.

[65] 王蓓.最低工資標準的科學測算與制度完善[J].山東大學學報(哲學社會科學版),2017(4):54-64.

[66] 王迪.中國煤炭產能過剩致因機理與治理政策研究評述[J].北京理工大學學報(社會科學版),2015,17(3):40-46.

[67] 王光榮,李建標.最低工資與勞動契約行為的匹配研究:實驗經濟學與行為經濟學的視角[J].經濟與管理研究,2013,34(3):121-128.

[68] 王光新,姚先國.中國最低工資對就業的影響[J].經濟理論與經濟管理,2014(11):66-76.

[69] 王佳菲.提高勞動者報酬的產業結構的升級效應及其現實啟示[J].經濟學家,2010(7):35-41.

[70] 王如玉,林劍威.企業生產率分佈的城市因素考量——基於珠三角紡織業數據的實證[J].廣東社會科學,2016(2):38-46.

[71] 王湘紅,汪根松.最低工資對中國工人收入及分配的影響——基於CHNS數據的經驗研究[J].經濟理論與經濟管理,2016(5):46-56.

[72] 王小霞,蔣殿春,李磊.最低工資上升會倒逼製造業企業轉型升級嗎?——基於專利申請數據的經驗分析[J].財經研究,2018,44(12):126-137.

[73] 王元地,劉鳳朝,潘雄鋒.專利許可、技術學習與企業創新能力成長[J].研究與發展管理,2012,24(5):55-63.

[74] 王增文,韓蘋,鄧大松.最低工資制度對青少年就業影響效應——

以江蘇省為例［J］.青年研究,2015（4）:19-28,94.

［75］翁杰,徐聖.最低工資制度的收入分配效應研究——以中國工業部門為例［J］.中國人口科學,2015（3）:17-31.

［76］吳群鋒,蔣為.最低工資會抑制創業嗎?——基於中國微觀數據的實證研究［J］.產業經濟研究,2016（6）:1-10.

［77］吳治鵬.要素價格扭曲對工業產能過剩的影響研究［D］.大連:大連理工大學,2014（7）.

［78］奚美君,黃乾,李蕾蕾.最低工資政策對中國製造業企業出口的影響研究——基於 DID 與 Heckman 兩步法相結合的方法［J］.財貿研究,2019,30（1）:43-54.

［79］向攀,趙達,謝識予.最低工資對正規部門、非正規部門工資和就業的影響［J］.數量經濟技術經濟研究,2016,33（10）:94-109.

［80］謝家智,劉思亞,李後建.政治關聯、融資約束與企業研發投入［J］.財經研究,2014,40（8）:81-93.

［81］邢斐,王紅建.企業規模、市場競爭與研發補貼的實施績效［J］.科研管理,2018,39（7）:43-49.

［82］許和連,王海成.最低工資標準對企業出口產品質量的影響研究［J］.世界經濟,2016（7）:73-96.

［83］薛欣欣.中國國有部門與非國有部門工資決定機制差異的實證研究［J］.產業經濟評論,2008（1）:60-81.

［84］楊北京,馮璐.國有股權、企業社會責任與信貸約束［J］.金融論壇,2019,24（2）:27-39.

［85］楊翠迎,王國洪.最低工資標準對就業:是促進,還是抑制?——基於中國省級面板數據的空間計量研究［J］.經濟管理,2015,37（3）:12-22.

［86］楊娟,李實.最低工資提高會增加農民工收入嗎?［J］.經濟學（季刊）,2016,15（4）:1563-1580.

［87］楊用斌.最低工資對外商直接投資企業規模的影響——基於全要素產出模型［J］.山西財經大學學報,2012,34（S4）:14-16.

［88］楊振.激勵扭曲視角下的產能過剩形成機制及其治理研究［J］.經濟學家,2013（10）:48-55.

［89］姚萍.最低工資應以最低為本位［D］.上海:華東政法大學,2011.

［90］葉林祥,李實,熊亮.中國企業對最低工資政策的遵守——基於中

國六省市企業與員工匹配數據的經驗研究 [J]. 經濟研究, 2015, 50 (6): 19-32.

[91] 葉林祥, T H Gindling, 李實, 等. 中國企業對最低工資政策的遵守——基於中國六省市企業與員工匹配數據的經驗研究 [J]. 經濟研究, 2015, 50 (6): 19-32.

[92] 於文超, 殷華, 梁平漢. 稅收徵管、財政壓力與企業融資約束 [J]. 中國工業經濟, 2018 (1): 100-118.

[93] 袁建國, 後青松, 程晨. 企業政治資源的詛咒效應——基於政治關聯與企業技術創新的考察 [J]. 管理世界, 2015 (1): 139-155.

[94] 約翰·奈特, 琳達·岳, 楊建玲. 中國的城市勞動力市場存在分割還是競爭? [J]. 國外理論動態, 2012 (7): 51-60.

[95] 翟志俊. 和諧社會的必然路徑——體面工資的提出及其意義 [C] // 上海市「馬克思主義中國化時代化大眾化與中國發展道路」理論研討徵文集. 2011: 9.

[96] 曾萍, 宋鐵波. 政治關係真的抑制了企業創新嗎?—基於組織學習與動態能力視角 [J]. 科學學研究, 2011, 29 (8): 1231-1239.

[97] 曾世宏, 鄭江淮. 低人力資本回報能否驅動產業結構演化升級—兼論國際金融危機對中國製造業自主創新的影響 [J]. 財經科學, 2009 (6): 71-78.

[98] 張丹丹, 李力行, 童晨. 最低工資、流動人口失業與犯罪 [J]. 經濟學 (季刊), 2018, 17 (3): 1035-1054.

[99] 張峰, 黃玖立, 王睿. 政府管制、非正規部門與企業創新: 來自製造業的實證依據 [J]. 管理世界, 2016 (2): 95-111.

[100] 張峰, 王睿. 政府管制與雙元創新 [J]. 科學學研究, 2016, 34 (6): 938-950.

[101] 張杰. 基於產業政策視角的中國產能過剩形成與化解研究 [J]. 經濟問題探索, 2015 (2): 10-14.

[102] 張軍, 趙達, 周龍飛. 最低工資標準提高對就業正規化的影響 [J]. 中國工業經濟, 2017 (1): 81-97.

[103] 張世偉, 賈朋. 最低工資標準調整的收入分配效應 [J]. 數量經濟技術經濟研究, 2014, 31 (3): 3-19, 37.

[104] 張五常. 中國的經濟制度 [M]. 北京: 中信出版社, 2009 (12): 67.

［105］張兆曙,陳奇.高校擴招與高等教育機會的性別平等化——基於中國綜合社會調查（CGSS2008）數據的實證分析［J］.社會學研究,2013（2）:173-196.

［106］趙秋運,張建武.中國勞動收入份額的變化趨勢及其驅動機制新解——基於國際貿易和最低工資的視角［J］.金融研究,2013（12）:44-56.

［107］趙瑞麗,孫楚仁,陳勇兵.最低工資與企業出口持續時間［J］.世界經濟,2016,39（7）:97-120.

［108］趙西亮,李建強.勞動力成本與企業創新——基於中國工業企業數據的實證分析［J］.經濟學家,2016,7（7）:41-49.

［109］鄭適,秦明,樊林峰,王志剛.最低工資、空間溢出與非農就——基於空間杜賓模型的分析［J］.財貿經濟,2016（12）:133-143.

［110］鄭曉燕.中國最低工資水準對企業創新的影響研究［D］.廈門:廈門大學,2015.

［111］周晨.政府規制與企業尋租——基於礦產資源開採企業生產行為的分析［J］.軟科學,2014（10）:60-64.

［112］周廣肅.最低工資制度影響了家庭創業行為嗎？——來自中國家庭追蹤調查的證據［J］.經濟科學,2017（3）:73-87.

［113］周黎安.中國地方官員的晉升錦標賽模式研究［J］.經濟研究.2007（7）:36-50.

［114］周良遇,金明偉.商業規制、企業性質與生產率影響效應——基於中國工業企業數據庫的實證研究［J］.經濟問題研究,2016（5）:15-26.

［115］鄒豐華,呂康銀.最低工資標準與企業勞動生產率［J］.稅務與經濟,2019（1）:42-48.

［116］鄒國平,劉洪德,王廣益.中國國有企業規模與研發強度相關性研究［J］.管理評論,2015,27（12）:171-179.

［117］ACEMOGLU D, ANGRIST J D. Consequences of employment protection? The case of the americans with disabilities Act［J］. Journal of Political Economy, 2001, 109（5）:915-957.

［118］ACEMOGLU D, PISCHKE J S. Beyond Becker: Training in imperfect labourmarkets［J］. The Economic Journal, 1999, 109（453）:112-142.

［119］ACEMOGLU D, PISCHKE J. Minimum wages and on-the-job training［J］. Social Science Electronic Publishing, 2001, 22（3）:159-203.

［120］ACEMOGLU D. Minimum wages and on-the-job training［M］//

Worker Well-Being and Publicy. Emerald Group Publishing Limited, 2003: 159-202

[121] ACEMOGLU D. Technical change, inequality, and the labor market [J]. Journal of Economic Literature, 2002, 40 (1): 7-72.

[122] AFUAH A. Redefining firm boundaries in the face of the Internet: Are firms really shrinking? [J]. Academy of Management Review, 2003, 28 (1): 34-53.

[123] AGENOR P R, AIZENMAN J. Macroeconomic adjustment with segmented labor markets [J]. Journal of Development Economics, 1999, 58 (2): 277-296.

[124] AIDIS R, ESTRIN S, MICKIEWICZ T. Institutions and entrepreneurship development in Russia: A comparative perspective [J]. Journal of Business Venturing, 2008 (23): 656-672.

[125] AKERLOF G A. Labor contracts as partial gift exchange [J]. The Quarterly Journal of Economics, 1982, 97 (4): 543-569.

[126] AKERLOF G A, YELLEN J. Efficiency wage models of the labor market [M]. Cambridge: Cambridge University Press, 1986.

[127] ALANIZ E, GINDLING T H, TERRELL K. The impact of minimum wages on wages, work and poverty in Nicaragua [J]. Labour Economics, 2011, 18 (S1): S45-S59.

[128] ANSARI A, MELA C F. E-customization [J]. Journal of Marketing research, 2003, 40 (2): 131-145.

[129] ARANGO C A A, PACHÓN A. Minimum wages in Colombia: Holding the middle with a bite on the poor [M]. Colombia: Banco de la República, 2004.

[130] ARANGO C A, PACHÓN A. The minimum wage in Colombia 1984—2001: Favoring the middle class with a bite on the poor [J]. Ensayos sobre política económica, 2007, 25 (55): 148-193.

[131] ARULAMPALAM W, BOOTH A L, BRYAN M L. Training and the new minimum wage [J]. The Economic Journal, 2004, 114 (494): 87-94.

[132] ATASOY H, BANKER R D, PAVLOU P A. On the Longitudinal effects of IT use on firm-level employment [J]. Information Systems Research, 2016, 27 (1): 6-26.

[133] BABAKUS E, BIENSTOCK C C, VAN SCOTTER J R. Linking per-

ceived quality and customer satisfaction to store traffic and revenue growth [J]. Decision Sciences, 2004, 35 (4): 713-737.

[134] BALSMEIER B. Unions, collective relations laws and randd investment in emerging and developing countries [J]. Research Policy, 2017, 46 (1): 292-304.

[135] BARDHAN I R. Toward a theory to study the use of collaborative product commerce for product development [J]. Information Technology and Management, 2007, 8 (2): 167-184.

[136] BASSANINI A, ERNST E. Labour market regulation, industrial relations, and technological regimes: A tale of comparative advantage [J]. CEPREMAP Working Papers (Couverture Orange), 2001, 11 (3): 391-426.

[137] BEATTY R P, ZAJAC E J. Managerial Incentives, monitoring, and risk bearing: A study of executive compensation, ownership, and board structure in initial public offerings [J]. Administrative Science Quarterly, 1994, 39 (2): 313-335.

[138] BECHEIKH N, RÉJEAN LANDRY, AMARA N. Lessons from innovation empirical studies in the manufacturing sector: A systematic review of the literature from 1993—2003 [J]. Technovation, 2009, 26 (5): 644-664.

[139] BECK T, DEMIRGUC-KUNT A. Small and medium-size enterprises: Access to finance as a growth constraint [J]. Journal of Banking and Finance, 2006, 30 (11): 2931-2943.

[140] BECK T, ASLI DEMIRGÜ-KUNT, MAKSIMOVIC V. Financing patterns around the world: Are small firms different? [J]. Journal of Financial Economics, 2008, 89 (3): 467-487.

[141] BELL L A. The impact of minimum wages in Mexico and Colombia [J]. labor Economics, 1997, 15 (S3): S102-S135.

[142] BENSAOU M. Interorganizational cooperation: The role of information technology an empirical comparison of US and Japanese supplier relations [J]. Information Systems Research, 1997, 8 (2): 107-124.

[143] BEUSELINCK C, BLANCO B, LARA J M G. The role of foreign shareholders in disciplining financial reporting [J]. Journal of Business Finance and Accounting, 2017 (44): 5-6.

[144] BHORAT H and KANBUR Rand MAYET N. The impact of sectoral minimum wage laws on employment, wages and hours of work in South Africa [C]. Work-

ing Papers 12154, University of Cape Town, Development Policy Research Unit, 2012.

[145] BHORAT H, KANBUR R, STANWIX B. Estimating the impact of minimum wages on employment, wages, and non-wage benefits: The case of agriculture in South Africa [J]. American Journal of Agricultural Economics, 2014, 96 (5): 1402-1419.

[146] BIRD K, MANNING C. Minimum wages and poverty in a developing country: Simulations from Indonesia's household survey [J]. World Development, 2008, 36 (5): 916-933.

[147] BRANDTS J, CHARNESS G. Do labour market conditions affect gift exchange? some experimental evidence [J]. Economic Journal, 2004, 114 (497): 684-708.

[148] BRESNAHAN T F, BRYNJOLFSSON E, HITT L M. Information technology, workplace organization, and the demand for skilled labor: Firm-level evidence [J]. The Quarterly Journal of Economics, 2002, 117 (1): 339-376.

[149] BROUWER E, KLEINKNECHT A. Firm size, small business presence and sales of innovative products: A micro-econometric analysis [J]. Small Business Economics, 1996, 8 (3): 189-201.

[150] BROWN C. Minimum wages, employment, and the distribution of income [J]. Handbook of Labor Economics, 1999, 3 (2): 2101-2163.

[151] BROWN J R, MARTINSSON G, PETERSEN B C. Do financing constraints matter for RandD? [J]. Social Science Electronic Publishing, 2012, 56 (8): 1512-1529.

[152] BRYNJOLFSSON E, MCAFEE A. The second machine age: Work, progress, and prosperity in a time of brilliant technologies [M]. New York: WW Norton and Company, 2014.

[153] CALIENDO M, KOPEINIG S. Some practical guidance for the implementation of propensity score matching [J]. Social Science Electronic Publishing, 2010, 22 (1): 31-72.

[154] CARD D, KRUEGER A B. Time-series minimum-wage studies: A meta-analysis [J]. The American Economic Review, 1995, 85 (2): 238-243.

[155] CARD D, KRUEGER A. Myth and measurement: The new economics of the minimum wages [M]. Princeton, New Jersey: Princeton University Press, 1995.

[156] CARDOSO A R. Long-term impact of youth minimum wages: Evidence from two decades of individual longitudinal data [J]. Iza Discussion Papers, 2009.

[157] CHEN V Z, LI J, SHAPIRO D M, et al. Ownership structure and innovation: An emerging market perspective [J]. Asia Pacific Journal of Management, 2014, 31 (1): 1-24.

[158] CHEN C J P, LI Z, SU X, et al. Rent-seeking incentives, corporate political connections, and the control structure of private firms: Chinese evidence [J]. Journal of Corporate Finance, 2011, 17 (2): 229-243.

[159] CHI W, LI B. Trends in China's gender employment and pay gap: Estimating gender pay gaps with employment selection [J]. Journal of Comparative Economics, 2014, 42 (3): 708-725.

[160] CLAESSENS S, LAEVEN L. Financial Development, Property Rights and Growth [J]. Journal of Finance, 2003 (58): 24-36.

[161] CLEMONS E K, ROW M C. Information technology and industrial cooperation: The changing economics of coordination and ownership [J]. Journal of Management Information Systems, 1992, 9 (2): 9-28.

[162] COMOLA M, MELLO L D. How does decentralized minimum wage setting affect employment and informality? The case of indonesia [J]. Review of Income and Wealth, 2011 (57): S79-S99.

[163] CUBITT R P, HARGREAVES-HEAP S P. Minimum Wage Legislation, Investment and Human Capital [R]. Novwich: Economics Research Centre, University of East Anglia, 1996.

[164] CUERVO-CAZURRA A, INKPEN A, MUSACCHIO A, et al. Governments as owners: State-owned multinational companies [J]. Journal of International Business Studies, 2014, 45 (8): 919-942.

[165] CYERT R M, MARCH J G, CLARKSON G P E. A behavioral theory of the firm [M]. Englewood Cliffs NJ: Prentice-Hall, 1963.

[166] CZARNITZKI D, HOTTENROTT H. RandD investment and financing constraints of small and medium-sized firms [J]. Small Business Economics, 2011, 36 (1): 65-83.

[167] DANZIGER L. Noncompliance and the effects of the minimum wage on hours and welfare in competitive labor markets [J]. Labour Economics, 2009, 16 (6): 625-630.

[168] DE FRAJA G. Minimum wage legislation, productivity and employment [J]. Economica, 2010, 66 (264): 473-488.

[169] DENIS FOUGÈRE, ERWAN GAUTIER, SÉBASTIEN ROUX. Wage floor rigidity in industry-level agreements: Evidence from France [J]. Labour Economics, 2018 (55): 72-97.

[170] DEVEREUX S. Can minimum wages contribute to poverty reduction in poor countries? [J]. Journal of International Development, 2005, 17 (7): 899-912.

[171] DINARDO J. Labor market institutions and the distribution of wages, 1973-1992: A semiparametric approach [J]. Econometrica, 1996, 64 (5): 1001-1044.

[172] DING S H. Employment effects of minimum wage regulation and cross effect of the employment contracts law [J]. Social Sciences in China, 2010, 31 (3): 146-167.

[173] DINKELMAN T, RANCHHOD V. Evidence on the impact of minimum wage laws in an informal sector: Domestic workers in South Africa [J]. Journal of Development Economics, 2012, 99 (1): 27-45.

[174] DOERINGER P B, PIORE M J. Internal labor markets and manpower analysis [M]. New York: ME Sharpe, 1985.

[175] DOLTON P, BONDIBENE C R, WADSWORTH J. Employment, inequality and the UK national minimum wage over the medium-term [J]. Oxford Bulletin of Economics and Statistics, 2012, 74 (1): 78-106.

[176] DUNLOP J T. The Task of Contemporary Wage Theory [M]. The Theory of Wage Determination, 1957.

[177] EISENHARDT K M. Building theories from case study research. [J]. Academy of Management Review, 1989, 14 (4): 532-550.

[178] ELSAID E, URSEL N D. CEO succession, gender and risk taking [J]. Gender in Management, 2011, 26 (7): 499-512.

[179] FACCIO M, MARCHICA M T, MURA R. CEO gender, corporate risk-taking, and the efficiency of capital allocation [J]. Journal of Corporate Finance, 2016 (39): 193-209.

[180] FAIRRIS D, PEDACE R. The impact of minimum wages on job training: An empirical exploration with establishment data [J]. Southern Economic Journal,

2004, 70 (3): 566-583.

[181] FAJNZYLBER, PABLO R. Minimum wage effects throughout the wage distribution: evidence from brazil's formal and informal sectors [C]. CEDEPLAR Working Paper No. 151, 2001.

[182] FANG T, LIN C. Minimum wages and employment in China [J]. IZA Journal of Labor Policy, 2015, 4 (1): 22-51.

[183] FLETCHER C. The implications of research on gender differences in self-assessment and 360 degree appraisal [J]. Human Resource Management Journal, 2010, 9 (1): 39-46.

[184] FLINN C J. Minimum wage effects on labor market outcomes under search, matching, and endogenous contact rates [J]. Econometrica, 2006, 74 (4): 1013-1062.

[185] FRANKEL J A, ROMER D, CYRUS T. Trade and growth in East Asian countries [J]. NBER Working Paper No. w5732, 1996.

[186] ROMER D H, FRANKEL J A. Does trade cause growth? [J]. American Economic Review, 1999, 89 (3): 379-399.

[187] FREUND E M. FIZZ, FROTH, FLAT: The challenge of converting China's SOEs into shareholding corporations [J]. Review of Policy Research, 2001, 18 (1): 96-111.

[188] GALLINI N T, WINTER R A. Licensing in the theory of innovation [J]. Rand Journal of Economics, 1985, 16 (2): 237-252.

[189] GAN L, HERNANDEZ M A, MA S. The higher costs of doing business in China: Minimum wages and firms' export behavior [J]. Journal of International Economics, 2016 (100): 81-94.

[190] GAVREL F, LEBON I, REBIÈRE T. Minimum wage, on-the-job search and employment: On the sectoral and aggregate equilibrium effect of the mandatory minimum wage [J]. Economic Modelling, 2012, 29 (3): 691-699.

[191] GEORGE J STIGLER. The Economics of Information [J]. Journal of Political Economy, 1961, 53 (6): 213-217.

[192] GILSING V, NOOTEBOOM B, VANHAVERBEKE W, et al. Network embeddedness and the exploration of novel technologies: Technological distance, betweenness centrality and density [J]. Research Policy, 2008, 37 (10): 1717-1731.

[193] GINDLING T H, TERRELL K. Minimum wages, globalization, and poverty in Honduras [J]. World Development, 2010, 38 (6): 908-918.

[194] GINDLING T H, TERRELL K. Minimum wages, wages and employment in various sectors in Honduras [J]. Labour Economics, 2009, 16 (3): 291-303.

[195] GINDLING T, TERRELL K. Minimum Wages and the Welfare of Workers in Honduras [C]. IZA Discussion Paper No. 2892, 2007.

[196] GOSAIN S, MALHOTRA A, EL SAWY O A. Coordinating for flexibility in e-business supply chains [J]. Journal of management information systems, 2004, 21 (3): 7-45.

[197] GRAMLICH E M, FLANAGAN R J, WACHTER M L. Impact of minimum wages on other wages, employment, and family incomes [J]. Brookings papers on economic activity, 1976 (2): 409-461.

[198] GROSSBERG A J, SICILIAN P. Minimum wages, on-the-job training, and wage growth [J]. Southern Economic Journal, 1999: 539-556.

[199] GROVER V, GOKHALE R A, NARAYANSWAMY R S. Resource-based framework for IS research: Knowledge firms and sustainability in knowledge markets [J]. Journal of The Association for Information Systems, 2009, 10 (4): 306-332.

[200] HAMBRICK D C, MASON P A. Upper echelons: The organization as a reflection of its top managers [J]. Academy of Management Review, 1984, 9 (2): 193-206.

[201] HARA H. Minimum wage effects on firm-provided and worker-initiated training [J]. Labour Economics, 2017 (47): 149-162.

[202] HASHIMOTO M. Minimum wage effects on training on the job [J]. The American Economic Review, 1982, 72 (5): 1070-1087.

[203] HAYES A F. Introduction to mediation, moderation, and conditional process analysis: A regression-based approach [M]. New York NY: Guilford Publication, 2013.

[204] HICKS J R. Marginal productivity and the principle of variation [J]. Economica, 1932 (35): 79-88.

[205] HICKS J R S. The theory of wage [M]. London: Macmillan, 1932.

[206] HIRSCH B T, KAUFMAN B E, ZELENSKA T. Minimum wage channels of adjustment [J]. Industrial Relations: A Journal of Economy and Society, 2015, 54

(2): 199-239.

[207] HOMBURG C, HOYER W D, FASSNACHT M. Service orientation of a retailer's business strategy: Dimensions, antecedents, and performance outcomes [J]. Journal of Marketing, 2002, 66 (4): 86-101.

[208] HUDSON J, ORVISKA M. Firms' adoption of international standards: One size fits all? [J]. Journal of Policy Modeling, 2013, 35 (2): 289-306.

[209] Introduction to sas. Ucla: Statistical Consulting Group [EB/OL]. (2016-08-22). https://stats.idre.ucla.edu/sas/modules/sas learning-moduleintroduction-to-the-features-of-sas.

[210] IYENGAR K, SWEENEY J R, MONTEALEGRE R. Information technology use as a learning mechanism: The impact of IT use on knowledge transfer effectiveness, absorptive capacity, and franchisee performance [J]. Mis Quarterly, 2015, 39 (3): 615-641.

[211] JENSEN M C, MECKLING W H. Theory of the firm: Managerial behavior, agency costs, and ownership structure [J]. Journal of Financial Economics, 1976, 3 (4): 305-360.

[212] JOGULU U, VIJAYASINGHAM L. Women doctors, on working with each other [J]. Gender in Management: An International Journal, 2015, 30 (2): 162-178.

[213] KARLSSON C, OLSSON O. Product Innovation in Small and Large Enterprises [J]. Small Business Economics, 1998, 10 (1): 31-46.

[214] KAUFMAN B E. Institutional economics and the minimum wage: broadening the theoretical and policy debate [J]. Industrial and Labor Relations Review, 2010, 63 (3): 427-453.

[215] KERR C. Balkanization of labor markets [M]. Colifornia: University of California, 1954.

[216] KHWAJA A I, MIAN A. Unchecked intermediaries: Price manipulation in an emerging stock market [J]. Journal of Financial Economics, 2005, 78 (1): 203-241.

[217] KIM S M, MAHONEY J T. Mutual commitment to support exchange: relationn emerging stocstem as a substitute for managerial hierarchy [J]. Strategic Management Journal, 2006, 27 (5): 401-423.

[218] KLASA S, MAXWELL W F, HERNÁN ORTIZ-MOLINA. The strategic

use of corporate cash holdings in collective bargaining with labor unions [J]. 2009, 92 (3): 421-442.

[219] KLEINKNECHT A. Is labour market flexibility harmful to innovation? [J]. Cambridge Journal of Economics, 1998, 22 (3): 387-396.

[220] KOKA B R, PRESCOTT J E. Designing alliance networks: the influence of network position, environmental change, and strategy on firm performance [J]. Strategic Management Journal, 2008, 29 (6): 639-661.

[221] LAKONISHOK J, SHLEIFER A, VISHNY R W. Contrarian Investment, Extrapolation, and Risk [J]. Journal of Finance, 1994, 49 (5): 1541-1578.

[222] LECHTHALER W, SNOWER D J. Minimum wages and training [J]. Labour Economics, 2008, 15 (6): 1223-1237.

[223] LEE D S. Wage inequality in the United States during the 1980s: Rising dispersion or falling minimum wage? [J]. The Quarterly Journal of Economics, 1999, 114 (3): 977-1023.

[224] LEIBENSTEIN H. On relaxing the maximization postulate [J]. Journal of Behavioral Economics, 1986, 15 (4): 3-16.

[225] LEMOS S. Minimum wage effects in a developing country [J]. Labour Economics, 2009, 16 (2): 224-237.

[226] LIU W. Knowledge exploitation, knowledge exploration, and competency trap [J]. Knowledge and Process Management, 2010, 13 (3): 144-161.

[227] LONG C, YANG J. How do firms respond to minimum wage regulation in China? Evidence from Chinese private firms [J]. China Economic Review, 2016 (38): 267-284.

[228] KILIAN L, TAYLOR M P. Why is it so difficult to beat the random walk forecast of exchange rates? [J]. Journal of International Economics, 2003, 60 (1): 85-107.

[229] MATSA D A. Capital Structure as a strategic variable: Evidence from collective bargaining [J]. The Journal of Finance, 2010, 65 (3): 1197-1232.

[230] MAGRUDER J R. Can minimum wages cause a big push? Evidence from Indonesia [J]. Journal of Development Economics, 2013, 100 (1): 48-62.

[231] MALONE T W, YATES J, BENJAMIN R I. Electronic markets and electronic hierarchies [J]. Communications of the ACM, 1987, 30 (6): 484-497.

[232] MALONEY W F, MENDEZ J N. Measuring the Impact of minimum wa-

ges: Evidence from Latin America [M]. Washington DC: The World Bank, 2001.

[233] MANNING A. The real thin theory: monopsony in modern labourmarkets [J]. Labour Economics, 2003, 10 (2): 105-131.

[234] MATSA D A. Capital structure as a strategic variable: Evidence from Collective Bargaining [J]. The Journal of Finance, 2010, 65 (3): 1197-1232.

[235] MEGGINSON W L, NETTER J M. From state to market: A survey of empirical studies on privatization [J]. Journal of Economic Literature, 2001, 39 (2): 321-389.

[236] METCALF D. The impact of the national minimum wage on the pay distribution, employment and training [J]. Economic Journal, 2010, 114 (494): C84-C86.

[237] METCALF D. Why has the British national minimum wage had little or no impact on employment? [J]. Journal of Industrial Relations, 2008, 50 (3): 489-512.

[238] MILGROM P, ROBERTS J. Complementarities and fit strategy, structure, and organizational change in manufacturing [J]. Journal of Accounting and Economics, 1995, 19 (2): 179-208.

[239] MINCER J. Unemployment effects of minimum wages [J]. Political Economy, 1976, 84 (4): S87-S104.

[240] MINCER J. Unemployment effects of minimum wages [J]. Nber Working Papers, 1974, 84 (4): 87-104.

[241] MITHAS S, ALMIRALL D, KRISHNAN M S. Do CRM systems cause one-to-one marketing effectiveness? [J]. Statistical Science, 2006: 223-233.

[242] MONTENEGRO C, PAGÉS C. Who benefits from labor market regulations? Chile 1960-1998 [J]. Nber Working Papers, 2003, 31 (1): 120-121.

[243] MORLEY S. Structural adjustment and the determinants of poverty in latin America [M] // NORA LUSTIG. Coping with austerity: Poverty and Inequality in Latin America. Washington DC: The Brookings Institution, 1995.

[244] MORTENSEN D T, PISSARIDES C A. Job creation and job destruction in the theory of unemployment [J]. The Review of Economic Studies, 1994, 61 (3): 397-415.

[245] MOWDAY R. T. Leader characteristics, self-confidence and methods of upward influence in organizational decision situations [J]. The Academy of Manage-

ment Journal, 1979, 22 (4), 709-725.

[246] MURAVYEV A, OSHCHEPKOV A. The effect of doubling the minimum wage on employment: Evidence from Russia [J]. IZA Journal of Labor and Development, 2016, 5 (1): 6.

[247] MURPHY K M, SHLEIFER A, VISHNY R W. Industrialization and the big push [J]. Journal of Political Economy, 1989, 97 (5): 1003-1026.

[248] MUSACCHIO A, LAZZARINI S G, AGUILERA R V. New varieties of state capitalism: Strategic and governance implications [J]. Academy of Management Perspectives, 2015, 29 (1): 1-19.

[249] NAGAR V, RAJAN M V. Measuring customer relationships: The case of the retail banking industry [J]. Management science, 2005, 51 (6): 904-919.

[250] NEUMARK D, SCHWEITZER M, WASCHER W. The effects of minimum wages on the distribution of family incomes a nonparametric analysis [J]. Journal of Human Resources, 2005, 40 (4): 867-894.

[251] NEUMARK D, WASCHER W L. Minimum wages [M]. Cambridge: MIT Press, 2008.

[252] NEUMARK D, WASCHER W. Minimum wages and skill acquisition: Another look at schooling effects [J]. Economics of Education Review, 2003, 22 (1): 1-10.

[253] NEUMARK D, WASCHER W. Minimum wages and training revisited [J]. Journal of Labor Economics, 2001, 19 (3): 563-595.

[254] NEUMARK D, WASCHER W. Minimum-wage effects on school and work transitions of teenagers [J]. The American Economic Review, 1995, 85 (2): 244-249.

[255] NEUMARK D, SCHWEITZER M, WASCHER W. Minimum wage effects throughout the wage distribution [J]. The Journal of Human Resources. 2004, 39 (2): 425-450.

[256] NEUMARK D, WASCHER W. Employment effects of minimum and subminimum wages: Reply to Card, Katz, and Krueger [J]. Working Paper Series / Economic Activity Section, 1993, 47 (3): 497-512.

[257] NEVO S, WADE M R. The Formation and Value of IT-Enabled Resources: Antecedents and Consequences [J]. Management Information Systems Quarterly, 2010, 34 (1): 163-183.

[258] NOORI J, NASRABADI M B, YAZDI N, et al. Innovative performance of Iranian knowledge-based firms: Large firms or SMEs? [J]. Technological Forecasting and Social Change, 2016, 122.

[259] NORRIS G, WILLIAMS S, ADAM-SMITH D. The implications of the national minimum wage for training practices and skill utilisation in the United Kingdom hospitality industry [J]. Journal of Vocational Education and Training, 2003, 55 (3): 351-368.

[260] OGUTU S O, QAIM M. Commercialization of the small farm sector and multidimensional poverty [J]. World Development, 2019, 114: 281-293.

[261] OSTERMAN P. Institutional labor economics, the new personnel economics, and internal labor markets: A reconsideration [J]. Industrial and labor relations review, 2011, 64 (4): 637-653.

[262] OWENS M F, KAGEL J H. Minimum wage restrictions and employee effort in incomplete labor markets: An experimental investigation [J]. Journal of Economic Behavior and Organization, 2010, 73 (3): 317-326.

[263] PARROTTA P, POZZOLI D, Pytlikova M. The nexus between labor diversity and firm's innovation [J]. Journal of Population Economics, 2014, 27 (2): 303-364.

[264] PARROTTA P, POZZOLI D, PYTLIKOVA M. Labor diversity and firm productivity [J]. European Economic Review, 2014 (66): 144-179.

[265] PAVLOU P A, EL SAWY O A. From IT leveraging competence to competitive advantage in turbulent environments: The case of new product development [J]. Information Systems Research, 2006, 17 (3): 198-227.

[266] PEREIRA S C. The impact of minimum wages on youth employment in Portugal [J]. European Economic Review, 2003, 47 (2): 229-244.

[267] PHELPS E S, et al. Microeconomic foundations of employment and inflation theory [M]. New York: W W Norton, 1970.

[268] PISANO G P, WHEELWRIGHT S C. The new logic of high-tech RandD [J]. Long Range Planning, 1995, 28 (6): 128-128.

[269] PISSARIDES C A. Equilibrium unemployment theory [M]. Cambridge: MIT press, 2000.

[270] QIAN Y. Enterprise reform in China: Agency problems and political control [J]. Economics of Transition, 1996, 4 (2): 427-447.

[271] RALSTON D A, TERPSTRA-TONG J, TERPSTRA R H, ET AL. Today's state-owned enterprises of China: Are they dying dinosaurs or dynamic dynamos? [J]. Strategic Management Journal, 2006, 27 (9): 825-843.

[272] RAMAMURTI R. A multilevel model of privatization in emerging economies [J]. Academy of Management Review, 2000, 25 (3): 558-592.

[273] RAMASWAMY K. Organizational ownership, competitive intensity, and firm performance: An empirical study of the indian manufacturing sector [J]. Strategic Management Journal, 2001, 22 (10): 989-998.

[274] REBECCA RILEY, CHIARA ROSAZZABONDIBENE. Raising the standard: Minimum wages and firm productivity [J]. Labour Economics, 2016, 44: 27-50.

[275] REBITZER J B. Job safety and contract workers in the petrochemical industry [J]. Industrial Relations, 1995, 34 (1): 40-57.

[276] RILEY R, BONDIBENE C R. Raising the standard: Minimum wages and firm productivity [J]. Labour Economics, 2017, 44 (1): 27-50.

[277] RIPHAHN R T, ZIBROWIUS M. Apprenticeship, vocational training and early labor market outcomes - in east and west Germany [J]. Social Science Electronic Publishing, 2016, 24 (1): 33-57.

[278] RIVERS D, VUONG Q H. Limited information estimators and exogeneity tests for simultaneous probit models [J]. Journal of Econometrics, 1988, 39 (3): 347-366.

[279] ROSEN S. Learning and experience in the labor market [J]. Journal of Human Resources, 1972, 7 (3): 326-342.

[280] ROSENBAUM P R, RUBIN D B. The central role of the propensity score in observational studies for causal effects [J]. Biometrika, 1983, 70: 41-55.

[281] ROTHWELL R, ZEGVELD W. Innovation and the Small and Medium Sized Firm [J]. Social Science Electronic Publishing, 1982, 62 (11): 3734-3743.

[282] SADOULET E, DE JANVRY A. Quantitative development policy analysis [M]. Baltimore and London: The Johns Hopkins University Press, 1995.

[283] SAINT-PAUL G. Do labor market rigidities fulfill distributive objectives? Searching for the virtues of the european model [J]. Staff Papers, 1994, 41 (4): 624-642.

[284] SALOP S. A model of the natural rate of unemployment [J]. American

Economic Review, 1979, 69 (1): 17-25.

[285] SAMBAMURTHY V, SUBRAMANI M. Special issue on information technologies and knowledge management [J]. MIS quarterly, 2005, 29 (1): 1-7.

[286] SANYAL R N, NEVES J S. A study of union ability to secure the first contract in foreign-owned firms in the USA [J]. Journal of International Business Studies, 1992, 23 (4): 697-713.

[287] SAPIENZA P. The effects of government ownership on bank lending [J]. Journal of Financial Economics, 2004, 72 (2): 357-384.

[288] SARAF N, LANGDON C S, GOSAIN S. IS application capabilities and relational value in interfirm partnerships [J]. Information systems research, 2007, 18 (3): 320-339.

[289] SCHIANTARELLI F. Financial constraints and investment: Methodological issues and international evidence [J]. Oxford Review of Economic Policy, 1996, 12 (2): 70-89.

[290] SCHUMANN M. The Effects of minimum wages on firm-financed apprenticeship training [J]. Labour Economics, 2017 (47): 163-181.

[291] SEGARS A H, WATSON R T. Realizing the promise of e-business: Developing and leveraging electronic partnering options [J]. California management review, 2006, 48 (4): 60-83.

[292] SHAPIRO C, STIGLITZ J E. Equilibrium unemployment as a worker discipline device [J]. The American Economic Review, 1984, 74 (3): 433-444.

[293] SHEN Y, YAO Y. Does grassroots democracy reduce income inequality in China? [J]. Journal of Public Economics, 2008, 92 (10-11): 2182-2198.

[294] SHENG S, ZHOU K Z, LI J J. The effects of business and political ties on firm performance: Evidence from China [J]. Journal of Marketing, 2011, 75 (1): 1-15.

[295] SIMON K I, KAESTNER R. Do minimum wages affect non-wage job attributes? Evidence on fringe benefits [J]. Industrial and Labor Relations Review, 2004, 58 (1): 52-70.

[296] SMITH R J, BLUNDELL R W. An exogeneity test for a simultaneous equation Tobit model with an application to labor supply [J]. Econometrica, 1986, 54 (3): 679-685.

[297] STIGLER G J. The economics of minimum wage legislation [J]. The

American Economic Review, 1946, 36 (3): 358-365.

[298] STIGLITZ J E. Alternative theories of wage determination and unemployment in LDC's: The labor turnover model [J]. The Quartaly Journal of Economics, 1974, 88 (2): 194-227.

[299] VERGEER R, KLEINKECHT A. Jobs versus productivity? the causal link from wages to labor productivity growth [J]. EAEPE Conference paper, 2007.

[300] VERKAART S, MUNYUA B G, MAUSCH K, et al. Welfare impacts of improved chickpea adoption: A pathway for rural development in Ethiopia? [J]. Food Policy, 2017 (66): 50-61.

[301] VICKERS J, YARROW G. Economic Perspectives on Privatization [J]. Journal of Economic Perspectives, 1991, 5 (2): 111-132.

[302] WANG J, GUNDERSON M. Adjustments to minimum wages in China: Cost-neutral offsets [J]. Relations Industrielles, 2015, 70 (3): 510-531.

[303] WANG J, GUNDERSON M. Minimum wage effects on employment and wages: dif-in-dif estimates from eastern China [J]. International Journal of Manpower, 2012, 33 (8): 860-876.

[304] WANG J, GUNDERSON M. Minimum wage impacts in China: Estimates from a prespecified research design, 2000—2007 [J]. Contemporary Economic Policy, 2011, 29 (3): 392-406.

[305] WEI S J, WU Y. Globalization and Inequality: Evidence from within China [J]. Social Science Electronic Publishing, 2001.

[306] WEIGELT C, SHITTU E. Competition, regulatory policy, and firms' resource investments: The case of renewable energy technologies [J]. Academy of Management Journal, 2016, 59 (2): 678-704.

[307] WELCH F. Minimum Wage Legislation in the United States [J]. Economic Inquiry, 2010, 15 (1): 139-142.

[308] WELCH F. Rising impact of minimum wages [J]. Regulation, 1978 (2): 28-37.

[309] WOOLDRIDGE J M. Control function methods in applied econometrics [J]. Journal of Human Resources, 2015, 50 (2): 420-445.

[310] XU E, ZHANG H. The impact of state shares on corporate innovation strategy and performance in China [J]. Asia Pacific Journal of Management, 2008, 25 (3): 473-487.

[311] YANIV G. On the employment effect of noncompliance with the minimum wage law [J]. International Review of Law and Economics, 2006, 26 (4): 557-564.

[312] ZAVODNY M. The effect of the minimum wage on employment and hours [J]. Labour Economics, 2000, 7 (6): 729-750.

[313] ZENGER T R, HESTERLY W S. The disaggregation of corporations: Selective intervention, high-powered incentives, and molecular units [J]. Organization Science, 1997, 8 (3): 209-222.

[314] ZHOU K Z, GAO G Y, ZHAO H. State ownership and firm innovation in China: An integrated view of institutional and efficiency logics [J]. Administrative Science Quarterly, 2017, 62 (2): 375-403.

# 後記

　　本書基於 2011 年 12 月至 2013 年 2 月世界銀行對中國製造業企業的問卷調查數據而撰寫，目的在於研究在最低工資標準不斷調整的情況下，中國製造業企業面對勞動力成本上升如何做出應對戰略決策。本書在對已有理論進行整理分析的基礎上，剖析了最低工資標準與中國企業行為的現狀及存在的問題，並分別從理論和實證的角度探討了最低工資標準對企業行為的影響及其作用機制，並在此基礎上提出針對性的政策建議。作為世界上最大的新興經濟體，中國為我們提供了檢驗發展中國家的企業如何應對最低工資標準變化的特殊制度環境。中國當前正處在人口紅利消失以及人口老齡化加速的關鍵轉折期，不斷上調的最低工資標準給企業帶來了嚴峻的挑戰。在這種情境下，檢驗中國最低工資政策的實際影響具有重要的理論和現實意義。它有助於我們深刻理解最低工資標準可能產生的經濟效應，為相關部門制定有效的勞動力市場政策提供一定的參考。

　　最低工資標準是由中國各省、自治區、直轄市政府勞動保障行政部門、同級工會、企業聯合會、企業家協會共同擬訂的，其目的是維護勞動者取得勞動報酬的合法權益，保障勞動者個人及其家庭成員的基本生活。最低工資標準每年會隨著生活費用水準、平均工資水準、經濟發展水準的變化而由當地政府進行調整。實行最低工資制度，為勞動關係中的勞動報酬部分提供了一個法律依據，既有利於準確地確定勞動關係，也為企業內部分配提供了一個基礎。最低工資制度的實施深化企業內部工資制度改革提供了法律依據，事業單位加快工資制度改革提供了基礎。同時，最低工資標準的確定和調整，企業會根據市場狀況並結合自身的優勢來選擇的占優策略組合以應對最低工資標準的上調。從理論和數據上看，最低工資標準同時具

有積極作用和消極作用。為了能夠更好地體現政策的作用，我們應更關注最低工資標準的制定，這對於完善最低工資制度具有重要意義。同時，關於最低工資制度的發展方向，學者們應高度關注和重視。

感謝在研究過程中一直支持我的領導、專家、同事、學生和親朋好友，你們的幫助和支持讓我得以順利完成本書的撰寫。我將一如既往地關注最低工資標準制度可能產生的經濟效應，繼續投身於中國企業金融事業。

李後建

國家圖書館出版品預行編目（CIP）資料

最低工資標準對企業行為影響機制研究 / 李後建 編著. -- 第一版.
-- 臺北市：財經錢線文化, 2020.06
　　面；　公分
POD版

ISBN 978-957-680-450-2(平裝)

1.基本工資 2.企業

556.138　　　　　　　　　　　　　　109007587

書　　名：最低工資標準對企業行為影響機制研究
作　　者：李後建 編著
發 行 人：黃振庭
出 版 者：財經錢線文化事業有限公司
發 行 者：財經錢線文化事業有限公司
E - m a i l：sonbookservice@gmail.com
粉絲頁：　　　　　網址：
地　　址：台北市中正區重慶南路一段六十一號八樓 815 室
8F.-815, No.61, Sec. 1, Chongqing S. Rd., Zhongzheng
Dist., Taipei City 100, Taiwan (R.O.C.)
電　　話：(02)2370-3310　傳　真：(02) 2388-1990
總 經 銷：紅螞蟻圖書有限公司
地　　址：台北市內湖區舊宗路二段 121 巷 19 號
電　　話：02-2795-3656　傳真：02-2795-4100　　網址：
印　　刷：京峯彩色印刷有限公司（京峰數位）

　本書版權為西南財經大學出版社所有授權崧博出版事業股份有限公司獨家發行電子
　書及繁體書繁體字版。若有其他相關權利及授權需求請與本公司聯繫。

定　　價：420 元
發行日期：2020 年 06 月第一版
◎ 本書以 POD 印製發行